柳林香严寺

研究与修缮报告

◎ 乔云飞 著

文物出版社

责任印制：陆　联

责任编辑：李　东

图书在版编目（ＣＩＰ）数据

柳林香严寺研究与修缮报告 / 乔云飞著. -- 北京：
文物出版社，2013.6
　ISBN 978-7-5010-3733-9

　Ⅰ.①柳… Ⅱ.①乔… Ⅲ.①寺庙－研究－柳林县②
寺庙－古建筑－修缮加固－研究报告－柳林县 Ⅳ.
①K878.64②TU746.3

　中国版本图书馆CIP数据核字（2013）第118300号

柳林香严寺——研究与修缮报告

编　者　乔云飞

出版发行　文物出版社
社　　址　北京市东直门内北小街 2 号楼
网　　址　www.wenwu.com
邮　　箱　web@wenwu.com
印　　制　北京图文天地制版印刷有限公司
经　　销　新华书店
开　　本　889×1194　1/16
印　　张　19.25
版　　次　2013年9月第1版
印　　次　2013年9月第1次印刷
书　　号　ISBN 978-7-5010-3733-9
定　　价　320.00元

序 [一]

　　从2002年开始香严寺的勘察设计工作算起，到今天《柳林香严寺研究与修缮报告》付梓出版整整用了十年时间。对于已存世千年的香严寺，十年不过转瞬而逝的弹指之间；但对于不过是几个十年堆积的一个人的一生，十年就显得极为珍贵。尤其是对本书的作者，从刚入而立之年接手担任香严寺文物保护工程项目负责人，到步入不惑之年编著此书出版，个中艰辛，个中幸福，更是他人难以体会。

　　我从2000年5月到2011年3月担任山西省文物局局长。2004年初秋日，我陪国家文物局领导察看平遥古城墙保护情况。在现场，我注意到了这位个子不高，戴副眼镜的"小老头"。我即问此君何人，随行的山西省文物局董养忠处长给我介绍，他是山西省古建筑保护研究所的设计室主任，是平遥城墙抢险保护方案的项目负责人。2006年乔云飞同志担任了省古建研究所的副所长。2007年，由于山西南部古建筑保护工程工作需要，云飞同志调到了省文物局文物处工作，担任副处长，我们一起工作了五年。

　　云飞的聪颖、坚韧和执着在《柳林香严寺研究与修缮报告》编写中得到了充分的体现。俗话说"地上文物看山西"，在拥有全国近80%早期木构古建筑的山西，柳林香严寺或许并不突出，但以建筑风格之多样，建造年代之延续，香严寺却是山西吕梁地区古建筑群保存时代最连续的孤例。经勘察与研究，香严寺始建于唐（德宗）贞元年间，寺内现存十三座木构古建筑构造年代最早为宋金时期，其年代可概括为"一宋、两金、五元、三明、两清"，是一组集宋、金、元、明、清历代建筑遗存于一体的木构古建筑群，是山西乃至全国少有的多朝代并存的木构古建筑群之一。对于多数古建筑史研究者而言，会惊喜于这座蕴含极高历史价值、艺术价值和科学价值的寺庙所提供的难得实物资料；但对于修缮者而言，却意味着要面对更加复杂的先期研究与更加两难的取舍。因为，经过历世的重建和修缮，古建筑中许多隐蔽的做法、原物和后人附加、甚至改造的部分、构件的隐残等随着工程的进度逐渐反映出来。如何使文物的"原状"得到更为妥善的保护，如何贯彻文物保护工程中的"修旧如旧"这一重要理念，需要尽快给出现实的答案。因此，对香严寺从历史、格局、形制、技术和艺术等方面所承载的文物价值进行梳理和研究就显得格外的重要，也是对修缮工作者提出了格外严苛的要求。我们欣喜地看到，本书给出了我们满意的答卷，这是本书其中的一个亮点。

这本书另外一个亮点是对香严寺保护工程实施过程中的保护规划制定、修缮设计研究及施工组织管理等实践信息全过程的记录与归纳。文物的"保护"和"利用"是相辅相成的两个重要组成部分，没有"利用"的"保护"文物必然缺乏活力，而没有"保护"的"利用"文物必然缺乏生命力。沟通"保护"和"利用"的桥梁，科学的文物保护规划必不可少。近年来，随着国家文物局越来越强调文物保护工程修缮报告的编写和出版工作，见诸于世的修缮报告越来越多，其中也不乏研究透彻、编著严谨的优秀作品，但普遍缺乏保护规划内容，而云飞新作恰恰弥补了这一缺憾。同时，本书还以举例的形式对修缮中的具体步骤和做法进行了阐释，这在同类报告中也是难能可贵的。因此，该书的撰写和出版对当今文物保护修缮工作具有重要的现实意义。

"十年磨一剑，砺得梅花香"，从接手柳林香严寺文物保护修缮工程到本书出版，云飞度过了他人生一个重要的十年，曾经的乌发青年而今已满头白发，其中《柳林香严寺研究与修缮报告》"贡献"几多我们不好妄加揣测，但我们知道，以一部经典报告的问世回报这十年的努力，足矣。

特此为序。

施联芳

2013年5月28日

序 [二]

　　柳林香严寺是古永宁州著名的佛教寺院之一，始建于唐（德宗）贞元年间，寺内现存十三座木结构古建筑，各建筑年代可概括为"一宋、两金、五元、三明、两清"，是山西吕梁地区古建筑群保存时代最为连续的孤例，也是我国早期传统佛寺建筑的典型代表之一。1986年，柳林香严寺被山西省人民政府公布为省级文物保护单位，2001年被国务院公布为全国重点文物保护单位。

　　柳林香严寺地处山区，建筑的屋面举折、梁架构造、斗拱形式、门窗式样等，因时代不同而各有特色：宋代建筑东配殿整体比例、梁架构造、构件特征及铺作尺度都基本遵循了宋《营造法式》规定；金代建筑大雄宝殿和毗卢殿，不仅其构造采用金代常用的减柱、移柱手法，同时两座建筑铺作令拱制为斜拱，又是宋代与金代建筑在铺作演变过程的一个特征，成为古建筑断代的重要依据。

　　2002年，柳林县人民政府委托山西省古建筑保护研究所编制柳林香严寺保护规划和保护方案。当时担任设计室主任的乔云飞同志是项目负责人。他亲自带领项目组深入现场，经过调查、测绘、评估、研究等，完成了文物保护规划和修缮设计工作。2003年又担当了施工项目负责人，以高效率和优质量组织完成了修缮工程。完整经历了香严寺保护工程的全过程，这是他撰写本书最让人信服的所在。

　　本书分为香严寺基础研究和工程研究两大部分。在基础研究部分，云飞依托相关史志、碑文、题记等历史史料，详尽论述了香严寺的历史沿革；他根据现场勘查情况，对香严寺选址、布局以及各建筑形制作了较为详尽的记述，进而展开到对宋、金、元、明各个时期建筑技术的对比分析，这是很见理论功底的。应该说，通过他的归纳总结，深入阐述，香严寺的历史、科学、艺术以及社会价值得以充分发掘和展示。在工程研究部分，云飞紧紧围绕香严寺保护工程中规划、设计、施工三个环节，将他长期从事古建筑保护工作实践积累的一些技术方法进行了整理、研究和探讨，尽管不能说是尽善尽美，但确实充满了个人的经验和创见，富于参考和借鉴意义。

　　该书的撰写和出版，其实也是柳林香严寺保护工程的重要组成部分。按照通常的理解，也标志着柳林香严寺保护工程的最后竣工，实为可喜可贺。云飞在繁忙的行政和管理工作之余笔耕不辍，反映出他深厚的学术基础和勤勉好学的品性，也是可敬可佩的。他提出让我写序，我自觉资质不够，一度未敢应允。后来，云飞以施联秀同志已经惠然赐序为说，让我不好再做推辞。联秀同志是我十分敬重的兄长，一向对我和中国文化遗产研究院的工作给予全力支持，特别是他同意了我院调云飞同志来京工作，使我院多了一位文武双全的干将。我愿借此机会，再次感谢联秀同志，也感谢云飞同志两年多来的辛勤工作。

　　是为序。

刘明东

2013年6月16日

目　录

第四章　保护规划研究与实践

第五章　修缮工程研究

第六章　修缮工程施工技术

附　录

插图目录

第一章　历史沿革

第一节　柳林地区佛教历史

柳林县位于山西省西北部，黄河中游东岸，晋西黄土高原边陲，属吕梁地区（图1-1），其在汉代属西河郡，唐代属石州。明隆庆元年，蒙古汗俺答攻陷石州后，知州李春芳因石、失二字谐音，以为不吉，请改州名为永宁州，隶属于冀南道汾州府。该县东背倚吕梁，西隔河望秦，南毗邻石楼，北接壤临县。早在新石器时代，就有人在这里刀耕火种，繁衍生息，从战国开始这里一直是军事重地、交通要冲。历史上封建帝王几度在这里设置郡。今县城所在地原为柳林镇，柳林镇兴盛于明代，清代时期曾繁盛一时，店铺林立、商贾云集，现存于县城的明清一条街依稀可以看到昔日的繁华景象。

佛教在柳林县内的活动，最早始于魏晋南北朝时期。据残存碑刻考证，唐、宋、元、明、清各朝，境内均出过德高誉远的名僧。佛教活动兴盛时期，香严寺、龙泉寺、灵泉寺、柳溪寺等大寺院均有僧人二三百名（龙泉寺被拆毁后至20世纪60年代存僧寮100余孔窑洞；灵泉寺塔林有僧人墓碑500余块）。清末，

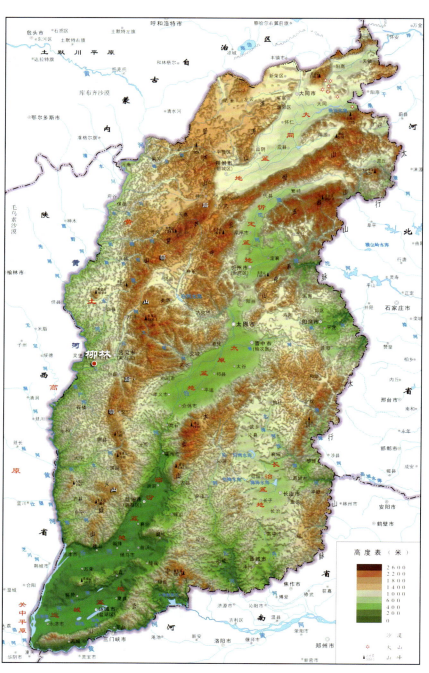

· 图1-1　山西地图示意图

境内计有寺院30余座，尼庵5处，佛庙100余处。民国十五年（1926年），佛教界成立居士联络组，后改为佛教协会，会址设在柳林香严寺。会长先后由刘发云、高殿功等人担任。20世纪30年代后期，全县佛教居士尚有100余名。日本侵占柳林后停止佛事活动。20世纪40年代后，残存寺院陆续被学校占用，和尚大部分还俗，只有极少数依靠香火布施维生者照守山门。1956年，72岁的香严寺和尚高殿功圆寂后停止了佛事活动[1]。

柳林县现存佛教寺庙众多，其中全国重点文物保护单位有香严寺（图1-2）；山西省重点文物保护单位有：观音殿、南山寺、双

· 图1-2　香严寺

[1]　李九林主编：《柳林县志》中国海潮出版社，1995年10月。卷二十四《风俗民情》，第558页。

塔寺（图1-3、1-4、1-5）；柳林县重点文物保护单位有东岳庙（图1-6）、大觉寺、关帝庙、龙王庙、小寺庙、华严寺、真武庙、正果寺、老爷庙、云山寺、石塔寺（图1-7）、龙泉寺、华君庙、黑龙庙、观音楼、清泉寺、永宁寺（图1-8）、白龙庙、河神庙等。

· 图1-3　玉虚宫

· 图1-4　薛村观音庙

· 图1-5　双塔寺

· 图1-7　杨家坪石塔寺

· 图1-6　冯家垣东岳庙

· 图1-8　下寺头永宁寺

第二节　香严寺历史沿革

据清嘉庆十六年（1811年）版的《永宁州志·寺庙篇》记载："……香严寺在州西六十里，贞元年间（785～805年）唐德宗赐'香严'，改旧名'阁则寺'……"

据乾隆版《汾州府志》、光绪版《永宁州志》记载，"香严寺在永宁州西六十里。唐贞元中敕赐额。金正隆、大定间重修，有碑"（图1-9）。

据此可知，香严寺的创建时间最晚应在唐德宗贞元年间（785年～805年）。

又据现存寺内的大明天顺元年（1457年）《香严院》碑中记载："……择胜地建刹于此，自唐宋迄今世革兴□，历代有建，正殿巍巍，廊堂齐整，东有伽蓝殿，时深木朽，墙壁崩颓，无人修葺至今，

景泰初（1450年）……"大明宣德九年（1434年）《重修香严院碑记》记载："为因年深，时逢天雨淋漏，檩木朽坏，琉璃宝尾，少缺无存。墙壁□塌……拜请本院主持僧觉缘共意舍财帛……一载之间寺貌重修鲜完□玉后新画可美矣……本村石匠贺□□立"。

由此可知，香严寺自唐代建成，宋元后世屡有修葺，尤其是明代时期。

另外，香严寺创于唐代，可以从曾经镶嵌在香严寺藏经殿壁上一块石碣上的记载得到印证，该碣上有"唐皇诏尉迟敬德令寺僧化布施置水坪地敕建香严寺"一段文字。石碣文字所反映的"尉迟敬德"这一信息，为我们推断香严寺的建造背景提供

·图1-9　永宁州志（清光绪）

了重要线索。

尉迟敬德生于隋开皇五年（585年），卒于唐显庆三年（658年）。历经唐高祖、太宗、高宗三朝，更是唐太宗李世民的亲信干将，为唐太宗打天下和玄武门事变夺权都立下了汗马功劳。现今虽然缺乏尉迟敬德建造香严寺的详细记录，然而参考敬德奉敕督造另一座同样位于柳林县的寺院南山寺的情况，也可以推知一二。

雍正版《山西通志》记载："灵泉寺在（永宁）州西南百二十里之南顶，旧名南山寺。唐贞观中太宗幸此，敕尉迟恭监造。"据南山寺寺院内保存的《南山灵泉寺始末碑记》的记载，可知太宗"幸此"、尉迟恭监造的准确时间是在贞观十三年（639年）。南山寺与香严寺所处的位置，在唐代都位于石州定胡县，后世同在永宁州八大唐代官寺之列。就在尉迟恭奉唐太宗监造南山寺的这一时期，命令有关僧人利用布施所得购买了一块"水坪平地"，在此基础上建造了香严寺。参考《旧唐书·尉迟敬德传》，敬德晚年韬光养晦，在家求仙问道，"不与外人交通，凡十六年"，可知大约在监造南山灵泉寺后不久，尉迟敬德便几乎停止了社会活动，则香严寺的建造应该大体与南山寺同时，应为贞观十三年前后。

清嘉庆十六年版《永宁州志》的《寺庙》篇载："香严寺在州西六十里，贞元年间唐德宗敕赐'香严'，改旧名'阁则寺'。"贞元，是唐德宗李适的第二个年号，距离唐太宗贞观（627～649年）已有一百多年的历史。唐德宗在此时将一座百年老寺更名赐额，以示重视，又是在怎样的历史背景下发生的呢？

唐代的社会风气，原本就尊崇佛教，而安史之乱后，此风更炽。究其原因，则是当时藩镇割据，兵乱不休，从天子乃至庶人，都有朝不保夕的感觉，因此把崇奉释氏、修建浮屠当作自己的"功德"，期望得到神佛的保佑。唐德宗的父亲代宗在位时，内乱未平，回纥、吐蕃强敌窥边，皇帝大臣不思富国强兵之道，把心思都用在求神拜佛上。唐

代宗曾问宰相元载："佛言报应，果为有无？"回答说："国家运祚灵长，非宿植福业，何以致之！福业已定，虽时有小灾，终不能为害，所以安、史悖逆方炽而皆有子祸；回纥、吐蕃大举深入，不战而退：此皆非人力所及，岂得言无报应也！"代宗大以为然，"由是深信之"，史书记载，代宗"常于禁中饭僧百余人，有寇至则令僧讲仁王经以禳之，寇去则厚加赏赐。京畿良田美利多归僧寺，敕天下无得箠曳僧尼。由是中外臣民承流相化，皆废人事而奉佛，政刑日紊矣"。

元载的观点很能反映出当时统治者的心态，据此不难理解唐代宗、德宗及以后的宪宗种种崇佛、佞佛的举动。唐德宗当政时正值多事之秋，即位后第四年发生了泾原兵变，乱兵拥立朱泚在长安称帝。德宗狼狈逃往奉天，又逃汉中，费了很大力气才勉强平定叛乱。德宗在封赏有功之臣的同时，多少也将之归功于佛祖保佑。据史书记载，贞元六年（790年）春，"诏出岐山无忧王寺佛指骨迎置禁中，又送诸寺以示众，倾都瞻礼，施财巨万。"唐德宗迎佛骨和赐额香严寺的这一系列行为，都可看作是祈求国家灵运长远的举动。

德宗赐寺名"香严"，可能取自"香光庄严"之意。香光庄严，佛教术语，出自《楞严经》卷五："子若忆母如母忆时，母子历生不相违越。若众生心忆佛念佛，现前当来必定见佛。去佛不远，不假方便自得心开。如染香人身有香气，此则名曰香光庄严。"其意以为心念佛，佛随逐于吾身，犹如染香气之人身有香气也。

《楞严经》据传在唐中宗神龙年间（705～707年），由梵僧般剌密帝将经卷缝入手臂带到中国，沙门怀迪证译，并由宰相房融笔受。此说的真实性未知，但据考《楞严经》的译出时间约在唐中宗、睿宗时，距唐德宗贞元年已有八十年左右的历史。此经在后世影响极大，明清时有所谓"自从一见《楞严》后，不读人间糟粕书"的说法。在唐代该经的地位虽然尚不如后世那么尊崇，但业已流行

开来。德宗以"香严"作为寺名，顾名思义，是希望寺众敬佛礼佛，便能"去佛不远"，得到佛的保佑，以期国泰民安，皇位永固。

根据《汾州府志》、《永宁州志》的记载，香严寺在金正隆、大定间经历了重修。正隆（1156～1161年）是金主完颜亮的年号，距离唐德宗贞元年已有了三百多年的时间，大概唐代的老建筑历经风雨，此时已不得不重修翻新。有趣的是正隆前一个年号也叫"贞元"，历史的巧合，不禁使人追忆起唐朝时天子赐额的风光。大定，是金世宗完颜雍的年号（1161～1189年）。史载正隆六年（1161年），金主完颜亮纠集三十二总管之兵南下侵宋。从征的女真猛安（千夫长）完颜福寿率万余人于中途叛乱，逃回辽阳，杀东京副留守高存福，拥立留守完颜雍即帝位，是为金世宗。既云"正隆、大定间"，想必正是这一时期。香严寺就在这动荡的年月里焕发出了新的光彩。

在香严寺测绘与修缮中，发现了有两通碑和两处题记可以相互印证修缮和建造历史。碑刻其一为元代大德二年（1298年）无名碑（图1-10），记载了砌造龙凤花锦供床的时间；碑刻其二为明代宣德九年（1434年）香严院碑记(图1-11)，记载了瓦顶、神像维修工程及修造佛龛台的时间。这些碑刻又和大雄宝殿西墙补修时所发现记有"大德九年七月十一日表墙修造"方砖以及大殿明间脊榑底皮墨书题迹"大明国宣德九年七月十三日"相互佐证（图1-12），充分证明了大殿在元代和明代进行了维修，建造了七佛殿内佛龛台。

此后，香严寺又经历了多次维修工作：正统四年（1439年）至六年（1441年）重修妆塑佛像。明正统十一年（1446年）对毗卢殿进行维修，屋顶换绿色琉璃，正统十四年（1449年）完工。明

· 图1-10　元大德二年重修无名碑

· 图1-11　明代宣德九年重修香严院碑记

· 图1-12　脊槫底皮大明宣德九年重修题记

· 图1-13　清康熙三十四年重修地藏十王殿碑记

天顺元年（1457年）寺内正殿西建五檩四橼三间殿一座（藏经殿）。弘治十一年（1504年）耗银三百余两，在南京印制卷，修造藏经龛柜。嘉靖四十二年（1563年）修复七佛殿，并重塑佛像、悬塑、壁画。明万历四十二年（1614年）重修藏经殿。清康熙三十四年（1695年）修缮地藏十王殿（图1-13）。宣统三年（1911年）由贺寿临摹，将山门"香严寺"匾额重修。

历史上，香严寺后曾建有千佛宝塔一座，元中统年（1260～1264年）重修，塔径约五米，平面呈六角形，实心砌体，分三层，每层布满拱券洞，置佛像。明景泰三年（1451年）又一次重修，并改称万佛宝塔。1938年10月，日军侵占柳林，将千佛塔拆毁改建为碉堡。

据清道光二十七年（1847年）所立的《香严寺历年献戏成规碑》，香严寺寺内东隅，旧建有关圣帝君正殿三楹。碑文上说："柳林之东有寺焉，号曰香严。其地居山之巅、临水之湄，势如龙盘虎踞。仰瞻翠柏森森，俯视清流泼泼，川媚山辉，大有钟灵毓秀者在。斯固神灵之所乐栖，士人所游赏之胜境也。……有庙无祭，神将安享乎？……议定每年择日祭享，献戏三天，一应经费，按名公摊……"可见香严寺在晚清时期是迎神献祭的一个重要所在。

香严寺自唐宋迄明清，历千余年，几经修葺，增建，形成现在之规模，是古代僧侣、信士借以供俸、礼拜、讲经说法、阐演佛法佛礼之所。一直到现在每年农历四月初八至四月十八这段时间，都要在这里举行庙会活动。该寺也经历了许许多多的历史事件。明崇祯十七年（1644年）二月，闯王李自成曾率义军路过柳林，在该寺驻扎过近两千余人。清光绪二十六年（1900年）夏，柳林镇秀才高清鼎，农民高锡荣、高锡惠组织义和团，率众三百余人在香严寺起灶操练，群众称之为神兵。成为中国历史上赫赫有名的明末农民起义和义和团运动的见证者，是香严寺历史上极为特殊的一笔。

1986年香严寺被山西省人民政府公布为山西省重点文物保护单位，2001年被国务院公布为第五批全国重点文物保护单位。

第二章　格局与形制

第一节　香严寺选址

　　中国古代佛寺建筑选址遵循"天人合一"的哲理思想，老子就曾提出"人法地，地法天，天法道，道法自然"的观点，明确指出了人与自然的关系。几千年来，"天人合一"集天文、地文、人文为一体，凝结为上下合一的宇宙哲学观，并已上升为中国古代传统文化的核心价值。这种师法自然的传统理念，与佛教追求的超凡脱俗的"涅槃"境界不谋而合，因此佛教寺院的选址也秉承这一思想，多因地制宜，选址于景色优美的山林之中，香严寺即为此思想的典型实例。

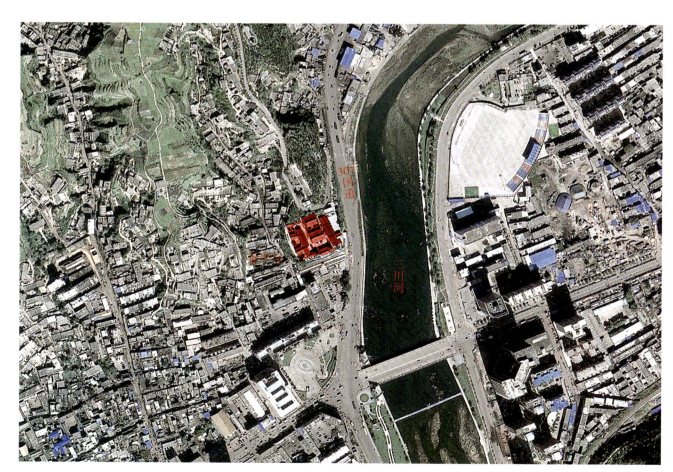

· 图2-1　香严寺区位图（图片来自谷歌卫星图）

· 图2-2　香严寺全景

　　香严寺位于吕梁山脉西麓、柳林县城东北隅的小山岗上。地理位置东经111.23°、北纬37.2°，海拔760米。前有"四十里抖气河"环抱前脚，后有千佛塔为倚背，气魄宏伟（图2-1）。山周翠柏绵延数里，郁郁葱葱、青苍如黛，庙宇巍然毓秀，与宝宁山玉虚宫、凤翅山弥陀庵遥遥相对，呈鼎足之势。香严寺因地势而建，高低层叠，坐北朝南，四面山峰环抱，且三川河绕寺而过。登山俯瞰，柳林尽望（图2-2）。旧时寺院还有一副木刻对联"青龙温泉誉满山右，香严古刹雄踞镇东"。这一副对联，不仅描绘了香严古刹的宏伟气势与独特地理位置，同时也点出了青龙泉在三晋的地位——山西十大名泉之一。

　　香严寺以自然和谐为尺度，钟情于山水滋养的良好环境。整个寺院处于较为封闭的山林之中，寺之东侧青龙河水缓缓流过，完美的掩映在苍翠的树荫之下。借环境净化信徒尘劳世间的心灵，从而渲染一种宁静淡远的宗教意境。建筑与环境和谐相映，共同构成一幅"天人合一"的完美画面，并渲染出一种宗教的神秘氛围。通过这种氛围引发人们内心对佛祖的皈依感和崇拜感。

第二节　香严寺布局

香严寺为古永宁州佛教名刹，四面环山、坐北向南，南北长74.33米，东西宽54.29米，占地面积6160平方米。寺院平面遵循传统"礼制"思想格局，沿中轴线采用均衡对称布局。同时因地制宜，利用自然的山形地势，分设主轴线和偏轴线。主轴线上设置三级平台，增加并突显佛寺主要建筑的空间感和建筑等级。在偏轴线上，按照前后序列布设殿宇，在最北端再次利用地形，又将佛寺建筑与地方传统窑洞式建筑进行了有机的融合。在有限的场地中，巧妙地实现了建筑功能、建筑空间和建筑等级制度的融合统一（图2-3）。

香严寺现存古建筑十三座，由中轴线上的两进院落和西侧轴线的三座建筑组成。中轴线由南向北依次为天王殿即山门、大雄宝殿、毗卢殿。天王殿东西两侧为钟、鼓楼。一进院落两侧为东配殿和建筑遗址；大雄宝殿东侧为伽蓝殿，西侧为地藏十王殿；二进院落东为观音殿，西为慈氏殿。西侧轴线由南向北依次为藏经殿、崇宁殿和下层为窑洞的二层建筑七佛殿（图2-4）。

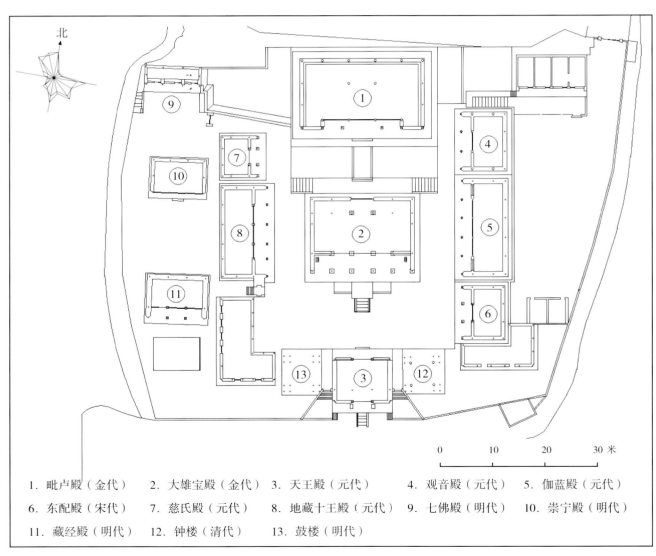

北

1. 毗卢殿（金代）　　2. 大雄宝殿（金代）　　3. 天王殿（元代）　　4. 观音殿（元代）　　5. 伽蓝殿（元代）

6. 东配殿（宋代）　　7. 慈氏殿（元代）　　8. 地藏十王殿（元代）　　9. 七佛殿（明代）　　10. 崇宁殿（明代）

11. 藏经殿（明代）　　12. 钟楼（清代）　　13. 鼓楼（明代）

· 图2-3　香严寺总平面图

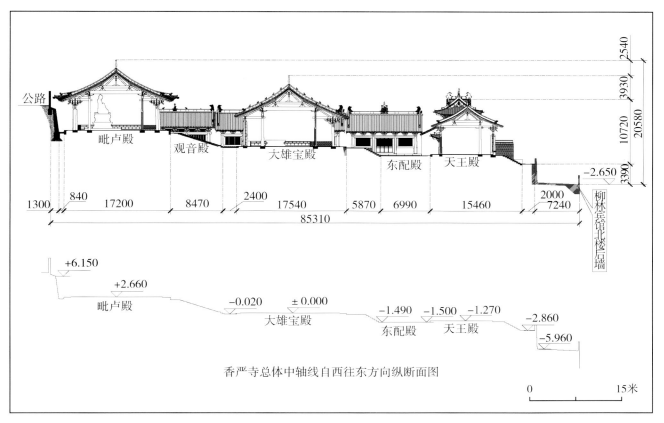

公路

毗卢殿　观音殿　大雄宝殿　东配殿　天王殿

柳林宾馆北楼层墙

2540
3930
20580
10720
3300

1300　840　17200　8470　2400　17540　5870　6990　15460　2000　7240

85310

+6.150

+2.660
毗卢殿

−0.020　±0.000
大雄宝殿

−1.490　−1.500　−1.270
东配殿　天王殿

−2.650

−2.860

−5.960

香严寺总体中轴线自西往东方向纵断面图

0　15米

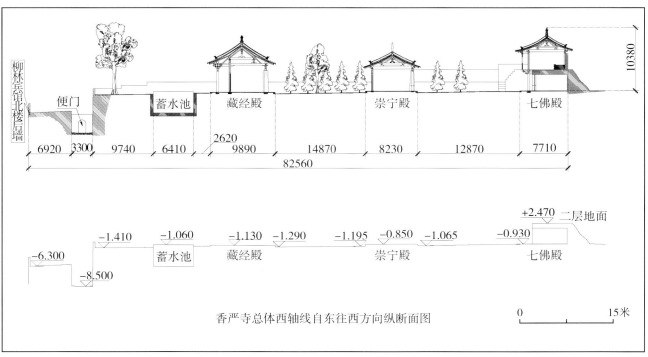

柳林宾馆北楼层墙

便门　蓄水池　藏经殿　崇宁殿　七佛殿

10380

6920　3300　9740　6410　2620　9890　14870　8230　12870　7710

82560

−1.410　−1.060　−1.130　−1.290　−1.195　−0.850　−1.065　−0.930

+2.470 二层地面

−6.300

蓄水池　藏经殿　崇宁殿　七佛殿

−8.500

香严寺总体西轴线自东往西方向纵断面图

0　15米

· 图2-4　香严寺总体断面图

第三节　香严寺各建筑形制

香严寺是山西吕梁地区现存规模较大的古建筑群之一，寺内保存木构古建筑十三座。其中东配殿为宋代建筑，毗卢殿与大雄宝殿为金代建筑，天王殿、观音殿、慈氏殿、伽蓝殿、地藏十王殿为元代建筑，崇宁殿、藏经殿、七佛殿为明代建筑，钟楼、鼓楼为清代建筑。

一、中院建筑

中院建筑由天王殿、大雄宝殿、毗卢殿、东配殿、观音殿、慈氏殿、伽蓝殿、地藏十王殿、钟楼、鼓楼十座建筑组成。

天王殿

天王殿即香严寺山门，位于中院轴线最南端，面宽三间，进深四椽，单檐悬山顶，建筑面积147.57平方米（图2-5、6）。殿身台明下脚用条砖砌成平台，前后施压沿石。平台外南临悬崖、东西两侧铺筑条砖礓磋坡道，是古制由城内登临寺院的必经之路。

殿宇创建时代不详，根据清宣统三年重修碑记载"唯天王殿□题坠落尾土堆地非特无以女，神灵亦且无以壮观瞻也。……重修奈工程浩大，为费亦巨，而寺无积……不得已一面派人募化，一面将寺中柏树二株伐以变价计共积钱七百有余□，于宣统三年五月间集材鸠工……废者修缺者补。辉煌壮丽，固非前日之可圮……"可知在清宣统三年（1911年）对天王殿进行了一

· 图2-5　天王殿（南立面）

次大修。现存建筑主体结构为元代，瓦顶、装修是清代风格。

天王殿前后檐台明外侧条砖砌筑，其上压沿石扎边，紧贴两山墙与钟鼓楼台基之间用条砖独立铺砌寺院通道。台基上共立圆形木柱四排，总计十四根。前、后檐各立柱四根，柱底径35、柱头径30、柱高354厘米，柱身露明、柱头卷刹，其上施阑额、普柏枋连构，再上为四铺作；两山墙内设山柱四根，柱径35、柱高523厘米，柱头上直接施攀间斗拱承两山平梁，无普柏枋之设；殿内前槽立金柱两根，柱底径45、柱头径35、柱高500厘米，柱身三椽栿及前檐搭牵结构其内，柱头通过攀间斗拱承平梁。

·图2-6　天王殿（北立面）

前、后檐布列铺作总计十四朵，分别为柱头铺作八朵，补间铺作六朵（图2-7）。柱头四铺作，单昂、蚂蚱形耍头，栌斗内设十字相构的异形拱，之上泥道拱与昂十字相交，再上泥道慢拱与耍头十字相扣，最上施素枋一道，置正心榑，各层拱枋之上以散斗隔承；昂上施交互斗，斗内令拱与耍头十字相构，令拱两端斜抹通过斜散斗承随榑枋、檐榑；里转单抄、单拱，施罗汉枋一道。补间四铺作基本同柱头铺作，不同之处是昂为真昂（昂尾做成蚂蚱形），其下华头子后尾制成抄头，设散斗出华楔。

·图2-7　天王殿前檐柱头铺作

梁架共计四缝，明间殿内构架为三椽栿对前搭牵梁通檐用三柱。三椽栿前端与搭牵梁后尾对接于金柱身内（图2-8），后槽平榑通过三椽栿上设置的驼峰、攀间斗拱支承；两山梁架为平梁对前后搭牵梁通檐用四柱，平梁直接由山柱头的攀间斗拱承载。平梁中段立蜀柱，柱脚施合榻稳固，柱头施栌斗、攀间枋、丁华抹亥拱托承脊榑，下脚通过两侧的叉手戗捧。

两山墙外壁用条砖随木构架的形制砌成五花山墙形式，墙头砌于平梁、达牵梁底部，墙内壁白灰抹面。前檐明间施板门，门侧置余塞板，门额上方悬清宣统二年"香严寺"匾额一块（图2-9）。经与当地年长者座谈和相关图片资料比对分析，天王

·图2-8　天王殿明间西缝梁架

殿东西次间砌墙封闭，现于墙上劈设六边形木质心屉的槛窗各一。其后檐原明间施四扇六抹心屉为码三箭隔扇四扇，东、西两次间施棂条槛窗，棂条断面为"▽"形。

屋顶为筒板布瓦顶，排山铃挡脊，黑琉璃脊兽，正脊中央施脊刹，脊上布列力士、凤凰、狮子等脊饰（图2-10）。

· 图2-9　匾额

· 图2-10　明代黑酱色琉璃脊筒

大雄宝殿

大雄宝殿位于天王殿以北，为整座寺院的核心建筑（图2-11），殿内原供奉释迦牟尼佛，为众僧朝暮、集中修持的地方。殿身面宽五间，进深六椽，前檐廊式，单檐悬山顶，建筑面积为393.25平方米。

大殿通面阔为22.34米，通进深18.61米，当心间面阔4.1米，次间3.76米，稍间3.76米，柱直径为38~48厘米。柱网布列为金、元时期特有的减柱、移柱造做法，现存主体结构为金代。补修墙体中在大殿西墙内发现一块方砖记有："大德九年（1305年）七月十一日表墙修造记年限"；明间脊槫底皮墨书题迹"大明国宣德九年（1434年）七月十三日"，可知该殿重修于元明两代。

大雄宝殿建于高1.43米的台基上，台明四周条砖淌白砌，之上施压沿石一周。前檐明间由台明向外凸出月台，月台宽4.1米，深3.2米，高1.2米，月台前部砌踏跺、东西两侧条砖墁出礓磋坡道。

台基之上并列设圆形木柱四排，总计二十二根。前檐廊柱六根，柱径38厘米，柱高3.53米；前槽金柱六根，柱径36厘米，柱高5.5米，两山柱砌于山墙内，柱间设装修；殿内后槽金柱四根，明间立柱二根、山柱二根，减去了次间金柱，明间金柱与山柱之间施断面高86厘米的大内额，次间的四椽栿横跨其上；后檐柱六根，均砌于檐墙内，明间两根柱间设板门一道。

前檐施柱头铺作六朵、补间铺作五朵，五铺作单抄单下昂、重拱计心造（图2-12）。辅作材宽13厘米，单材高18.5厘米，足材高26厘米，总出跳80厘米。后檐柱头铺作六朵，把头交项造，栌斗内泥道拱与搭牵梁十字相交，拱上置散斗承替木托撩檐槫；前后槽金柱头四铺作，泥道拱与槫头十字相

· 图2-11　大雄宝殿

交、泥道慢拱与四椽栿相构，榻头前端越过金柱中线，制成拱头设交互斗承随槫枋，随槫枋与四椽栿出头十字相构，共同承载下平槫。

殿身梁架总计六缝。明间构架为四椽栿对前后达牵梁通檐用四柱（图2-13），达牵梁前端结构于柱头铺作上、后尾插入金柱内（图2-14），四椽栿两端由金柱上的斗拱托承；次间构架基本同明间，不同之处是后檐达牵梁采用自然弯木随构架结构于金部铺作内，由次间的通内额承载。四椽栿背施驼峰、攀间斗拱承平梁，平梁上立蜀柱、柱脚安合榻、柱头通过攀间枋及丁华抹亥拱等支承脊槫，每缝槫条上下之间均施托脚戗撑。

两山及后檐墙用条砖砌筑檐墙封护，两山墙头砌于平梁、达牵梁底皮，后檐墙头砌于小额枋底部，内壁为抹灰墙面、土坯背里。殿内依东西山墙、后檐墙下脚用方砖砌成佛台（金代原物），其立面用条砖制成线道将总高分成四部分，由下而上为立砖砌圭角、两层陡板、上枋。上下层陡板在立面上呈"丁"字形分布，陡板内采用剔地起凸的手法高浮雕各种花卉、祥瑞禽兽图案。

据现场勘察与研究，前檐金柱之间于明、次间施隔扇，稍间施破子棂窗，后檐明间在墙上劈设板门一道。殿内地面为方砖铺墁。

柳林香严寺——研究与修缮报告

• 图2-12　前檐斗拱

• 图2-13　殿内梁架

• 图2-14　大雄宝殿前檐搭牵

毗卢殿

毗卢殿是香严寺建筑等级最高的殿宇，主要供奉毗卢舍那佛，为金代建筑（图2-15），位于大雄宝殿以北。面宽五间，进深六椽，前檐明、次间出廊，廊部进深一椽，两稍间砌檐墙，单檐歇山顶，建筑面积为301.58平方米。

殿宇砌筑于砖砌高台之上，台高约3.5米，台壁用条砖砌筑，顶面施压沿石一周。登临其内首先由大雄宝殿后檐两侧的坡道通过，然后再由高台中部的条砖礓磋登至。平台之上，砌有建筑独立的台基，总宽26.5米、总深17.2米、高45厘米。台基之上布列四排六列的柱网结构，建造时对殿内前槽金柱四根进行了移位、对后槽两次间金柱进行了消减，这种建造手法体现了金元时期特有的减柱、移柱造。

台基之上共立柱四排。前檐柱六根，木质断面圆形，明间两根檐柱向两次间移位1.2米，柱头小额枋联构，上施平板枋承周檐铺作；前槽金柱六根，明、次间的金柱四根向南移动一个步架，柱头直接承载下平槫荷载，边间金柱置于山墙内；后槽次间的两根金柱减去后，由明间金柱柱头与两山金柱柱头的乳栿梁托承四椽栿尾部；后檐柱六根，全部砌于后檐墙内。

周檐铺作总计三十二朵。按种类形制分为前檐柱头铺作、前檐补间铺作、两山柱头铺作、两山补间铺作、后檐柱头铺作及转角铺作六种。

前檐柱头铺作，五铺作计心造，单抄单昂、蚂蚱形耍头，里转重拱计心造。栌斗内华拱与泥道拱十字相交，其上以散斗隔承泥道慢拱、素枋

· 图2-15　毗卢殿

两层；华拱端部设交互斗，斗内昂与瓜子拱十字相构，瓜子拱上以散斗托瓜子慢拱及罗汉枋一道；蚂蚱形耍头系前檐达牵梁出头制成，与令拱一起托承撩檐槫下的随槫枋。

前檐补间铺作与柱头铺作基本一致，（图2-16）不同之处是昂为真昂，后尾制成斜向上的挑斡一道，挑斡与耍头之间嵌塞靴楔与里转的罗汉枋十字相交。

两山柱头铺作与补间铺作每面各五朵（不含转角铺作），由于柱网布列及结构功能的使然，使其形成的构造与前后檐铺作从本质上相反。前、后槽的补间铺作后尾分别为丁栿直接穿构前金柱、乳栿梁结构于殿内明间金柱身内的形制，也就是说将两山常规的柱头铺作结构转移到补间铺作上，形成了补间铺作起结构功能、柱头铺作为结构造型。这种形成的结构，梁身直接承载转角大角梁尾部的荷载；柱头铺作后尾不施梁栿，里转为双抄计心造，蚂蚱形耍头，正中补间铺作同前檐铺作，后尾制成双层挑斡托承两山四椽栿下。

后檐柱头铺作基本同前檐铺作，相异之处为前檐为双层的梁栿穿构，后檐为单根达牵梁直接穿入金柱身内。

转角铺作（图2-17），45度方向外转角华拱、角昂、由昂各一道。角华拱、角昂里转制成华拱两跳，由昂里转为蚂蚱形耍头，其上平置大角梁，梁尾由丁栿背上垫木支顶，梁顶置四铺作斗拱，承载十字相构的下平槫与两山四椽栿。

殿内梁架为四椽栿对前、后达牵梁，通檐用四柱（图2-18），殿内前后槽的金柱为减柱、移柱造，这种格局扩大了室内空间。周檐檐柱等高，前檐两次间金柱与山面铺作的丁栿联构；檐下铺作四面交圈，四角制成翼角，前后檐的大角梁后尾分别搭压在丁栿、乳栿梁，构成歇山屋架。

前檐明间、次间辟隔扇门，稍间为墙体封砌。两山及后檐砌筑墙体，下部为条砖槛墙，背里土坯，外壁红会抹面，内壁白灰墙面，墙头至小额枋下斜抹。

· 图2-16 前檐铺作

· 图2-17 转角斗拱

· 图2-18 殿内梁架

注：毗卢、毗卢舍那（亦译作毗卢遮那）之省称。原出自《华严经》，但因译音不同，造成后世各佛教宗派对它有不同的解释。按照佛教"三身佛"的说法，"三身"即法身、报身、应身三种佛身，又叫自性身、受用身、变化身。华严宗认为：毗卢遮那与卢舍那分别为音译的全称和略称。"毗卢遮那"为报身佛，是《华严经》所说莲华藏世界（佛报身之净土）的教主。天台宗以毗卢遮那佛为法身佛、卢舍那佛为报身佛、释迦牟尼佛为应身佛。法相宗与上述解释相同。密宗视毗卢遮那佛即"大日如来"（摩诃毗卢遮那，梵文Mahā vairocana）为理智不二的法身佛，为密宗尊奉的主尊之一。

东配殿

东配殿位于第一进院落东侧，大雄宝殿东南，宋代建筑（图2-19）。坐东向西，面阔三间，进深四椽，前檐廊式，单檐悬山顶，建筑面积为112.66平方米。

台基南北宽10.98米，东西深10.26米，高25厘米。其上并列设木质圆形柱十四根，通面阔9.94米，其中明间面宽3.54米，次间面宽3.2米；通进深7.77米，其中前廊进深1.9米，殿内进深5.83米。前檐柱径33厘米，柱头径28厘米，柱高2.84米，角柱升起1.5厘米，础石为传统的覆盆式柱础；前槽金柱径39厘米，高4.36米。

构架总计四缝。明间梁架为三椽栿对前搭牵用三柱，两山梁架为平梁对前后搭牵梁通檐用四柱，平梁直接由墙内山柱头的攀间斗拱承载。明间三椽栿前端穿过金柱后与搭牵梁后尾做水平插接方式结构，梁栿底部由贯穿于金柱前后的丁头拱扶承，三椽栿后端经过后檐柱头铺作的栌斗向外出头制成长方形。栿背上的平槫结点由下而上依次为驼峰、栌斗、捧节令拱、散斗、替木重叠，平梁端部与捧节令拱十字相交于栌斗内承托平槫。平梁背部施合榻稳固蜀柱柱脚，柱头设大斗，斗内丁华抹亥拱与攀间枋相交，与叉手一同组成支承脊槫的结点（图2-20）。

·图2-19　东配殿

前檐柱头施阑额、普柏枋各一道，再上设四铺作计心造斗拱（图2-21）。栌斗内泥道拱与华拱十字相交，泥道慢拱与耍头十字相构，各层拱枋通过散斗隔承，柱轴线位置拱上设素枋两层（上层枋子承托正心槫），外檐华拱上置交互斗，斗内令拱与耍头十字相交承随槫枋。随槫枋与搭牵梁十字相交托檐槫，梁出头制成麻叶头，里转令拱施罗汉枋一道连构。后檐柱头仅施阑额，无普柏枋之设，柱头铺作为把头绞项造。

两山及后檐砌墙封闭，墙体由下槛墙、抹灰墙身、墙肩构成。槛墙较为规整、细致，用砍磨条砖叠涩收份砌成丝缝墙，其中圭角三层（外凸2厘米）、墙身九层（高54厘米，收份2.5厘米，每层条砖退台0.3厘米）、墙肩二层条砖（上、下斜抹2厘米）组成，总计条砖十四层。墙身外壁红灰抹面，内壁白灰墙面，内外壁面收份5厘米；墙肩抵于小额枋底部，弧形斜抹。

槫条上铺钉圆椽，前、后檐不施飞椽。屋面为筒板布瓦覆盖，后檐保存有部分重唇滴水（图2-22），形制古朴，脊为琉璃正脊、垂脊、吻兽。两山保留原木质博缝、悬鱼。

据现场勘察与调查，装修设于前檐金柱间，明间为四扇四抹隔扇，心屉为码三箭心屉；两次间为条棂槛窗。

· 图2-20 殿内梁架

· 图2-21 前檐柱头铺作

· 图2-22 东配殿瓦面

观音殿

观音殿位于毗卢殿东南，南与伽蓝殿紧邻（图2-23），为元代建筑。

据梁栿彩画及脊槫攀间枋上斑驳的题记可见"大明"字迹，并从寺内《重修香严院碑记》中知："大明宣德玖年"（1434年）对该殿进行了大修，依此判断部分木构件为明代更换。

殿坐东向西，面阔三间，进深四椽，悬山顶。明间面宽3.81米，北次间面宽3.50米，南次间面宽3.54米，通面阔10.85米；通进深8.67米，其中前廊进深2.15米，建筑面积为101.50平方米。

殿内前、后檐铺作按其位置共分为四种：前檐柱头铺作、前檐补间铺作（图2-24）、后檐柱头铺作、后檐补间铺作（图2-25）。按其构造形式可分为前檐四铺作、后檐把头绞项造二种：前檐铺作均为四铺作，里外并一抄，计心造，其要头、搭牵梁后尾并列叠压伸至金柱内，搭牵梁后尾与三椽栿端部相构，要头后尾穿过金柱身出头后制成榻头，扶托于三椽栿底部（结构较合理）；后檐铺作为把头绞项造。

观音殿梁架为厅堂式四架椽屋，明间梁架为三椽栿对前搭牵梁通檐用三柱，两山梁架为平梁对前后搭牵梁通檐用四柱，平梁直接由墙内山柱头

• 图2-23 观音殿西立面

·图2-24 前檐铺作

·图2-25 后檐补间铺作

的攀间斗拱承载，为吕梁地区早期元代建筑常用的梁架结构方式（图2-26）。

屋顶为灰布筒板瓦屋面，正脊、垂脊、脊刹与鸱吻均为当地特有的明代黑酱色琉璃，檐头用当地特有的勾头、滴水（图2-27、28）。

两山及后檐砌墙封闭，墙体由下槛墙、抹灰墙身、墙肩构成。据现场调查，装修设于前檐金柱间，明间为四扇六抹隔扇，心屉为正搭正交正方格心屉；两次间为条棂槛窗。

·图2-26 梁架构造

·图2-27 明代黑酱色琉璃脊刹

·图2-28 明代黑酱色琉璃猫头

慈氏殿

慈氏殿位于毗卢殿西南，与地藏十王殿北侧紧邻，即二进院落的西配殿，元代建筑（图2-29）。

据大清康熙三十四年（1695年）《重修地藏十王殿碑记》中记载："两翼谷殿之重修者更艰难□□……再岁告竣，慈氏殿亦连及之而两殿之金壁交映……"由此可知：慈氏殿与地藏十王殿为同一时期维修。

该殿面宽三间，进深四椽，悬山顶建筑，通面阔8.45米，通进深6.9米，建筑面积为59.53平方米。其中明间面阔3.22米，北次间2.2米，南次间2.3米，檐柱径为32厘米。

殿内前后檐铺作按其位置分四种：前檐柱头铺作（图2-30）、前檐明间补间铺作（图2-31）、后檐柱头铺作、补间铺作（图2-32）。按其构造形式可分为二种：前檐铺作均为四铺作，外转单昂、蚂蚱形耍头，计心造，里转单拱，令拱与耍头十字相交承罗汉枋一道；后檐铺作为把头绞项造。现铺作之间仍保存着明清时期的拱眼壁画，约3平方米（图2-33）。

梁架为厅堂式四架椽屋，总计四缝。明间梁架为三椽栿对前搭牵梁通檐用三柱，两山梁架为平梁对前后搭牵梁通檐用四柱，平梁直接由墙内山柱头的攀间斗拱承载。三椽栿背在后槽柱对应处设大额枋一道，上承攀间斗拱，令拱与平梁十字相构托平槫及替木（图2-34）。

· 图2-29　慈氏殿

注：慈氏，佛教菩萨名，即弥勒菩萨。弥勒，梵语Maitreya意译为"慈氏"，在未来人寿八万岁时成佛以后，将是释迦牟尼佛的继任者，常尊称为弥勒佛。

屋顶为灰布筒板瓦屋面，正脊、垂脊、脊刹与鸱吻均为当地特有的明代黑酱色琉璃（图2-35），檐头用当地特有的勾头、滴水。

两山及后檐砌墙封闭，墙体由下槛墙、抹灰墙身、墙肩构成。两山及后檐墙外壁于柱身位置砌有通风口，口外侧用一块整砖雕刻成镂空砖进行装饰。

据考证，装修设于前檐金柱间，明间为四扇六抹隔扇，心屉为正搭正交正方格心屉；两次间为楞条槛窗。

·图2-30 前檐柱头铺作

·图2-31 后檐柱头铺作

·图2-32 后檐补间铺作

·图2-33 慈氏殿拱眼壁画

·图2-34 殿内梁架

·图2-35 明代黑色琉璃脊饰

伽蓝殿

伽蓝殿位于中院大雄宝殿东侧，厢房居中位置，南接东配殿，北连观音殿，坐东朝西，元代建筑。其位置与地藏十王殿对称，其建筑构造和形制与地藏十王殿基本相似（图2-36）。面宽五间，进深两间，梁架结构为三橼栿对前搭牵梁通檐用三柱，前出廊式，悬山顶（图2-37）。

殿内前、后檐铺作按其位置分四种：前檐柱头铺作（图2-38）、前檐补间铺作、后檐柱头铺作、后檐补间铺作。按其构造形式分为二种：前檐铺作均为四铺作里外并一抄，计心造；后檐为把头绞项造。

屋面瓦件、脊兽为当地常用的代灰布质。正脊与垂脊脊筒为手工捏花的高浮雕花卉图案，正脊两端置大吻，居中脊刹两侧设相背的大象。

装修设于前檐金柱间，明次间为四扇六抹隔扇，明间心屉为三交六碗球纹隔眼，次间为45度斜方格心屉；两稍间为棂条槛窗。明间的装修心屉从制作、工艺上都是寺内保存较好的构件。

注：伽蓝为僧伽蓝摩的简称，意为众园，即僧众所居住的园庭，亦即寺院的通称。伽蓝神指保护伽蓝（寺庙）的神。佛说有十八神保护伽蓝，即美音、梵音、天鼓、叹妙、叹美、摩妙、雷音、师子、妙叹、梵响、人音、佛奴、颂德、广目、妙眼、彻听、彻视、遍视。统称伽蓝圣众菩萨。在中国的佛教中，常以关公为伽蓝神，与韦驮菩萨并称佛教寺院的两大护法神。

· 图2-36　伽蓝殿

· 图2-37　前檐搭牵构造

· 图2-38　前檐柱头铺作

地藏十王殿

地藏十王殿位于中院大雄宝殿西侧，坐西面东平面呈长方形，元代建筑。台基南北宽19.66米，东西深10.3米，建筑面积为162.71平方米（图2-39）。

据大清康熙三十四年（1695年）《重修地藏十王殿碑记》中记载："所谓阎罗君邪是□……香严寺郡西大观□作无稽金大定间重修□□，犹有存焉者，大约为隋唐旧物也……"由此可知：地藏十王殿创建年代在隋唐时期，金大定年间（1161～1175年）、清康熙三十四年（1695年）均有重修。从现存的斗拱和梁架结构来看，为元代遗构。

地藏十王殿面阔五间，进深四椽，单檐悬山顶。平面布列四排六列断面圆形的木柱总计20根，通面阔17.87米，通进深8.28米，其中当心间面阔3.85米，北次间3.85米，南次间3.90米；南稍间3.16米，北稍间3.16米。

该梁架同寺内慈氏殿、观音殿、伽蓝殿，均为厅堂式四架椽屋搭牵，三椽栿对前搭牵梁通檐用三柱，为元代建筑常用的梁架结构（图2-40）。

殿内前、后檐铺作按其位置分三种：前檐柱头铺作（图2-41）、前檐补间铺作、后檐柱头铺作（后檐无普柏枋，故无补间铺作）。按其构造形式可分为二种：前檐铺作均为四铺作里外并一抄，计心造；后檐为把头绞项造。

· 图2-39　十王殿立面

屋面瓦件、脊兽为当地常用的灰陶质。正脊与垂脊脊筒为手工捏花的高浮雕花卉图案，正脊两端置大吻，居中脊刹两侧设相背的大象（图2-42）。

· 图2-40 殿内梁架

· 图2-41 前檐柱头铺作

注：地藏菩萨，梵名"乞叉底蘖沙"。据《地藏十轮经》讲，其"安忍不动如大地，静虑深密如秘藏"，故名地藏。与观音、文殊、普贤一起并称为佛教四大菩萨。一般民间视地藏菩萨为地狱之最高主宰，称之为幽冥教主，其下管辖十殿阎罗王。"十王"一词最早出现于初唐《佛说十王经》，论述地狱十殿阎王及所辖地狱情形。经首次提出了完整的十王名号，依次为：一殿秦广王，二殿初江王，三殿宋帝王，四殿五官王，五殿阎罗王，六殿卞成王，七殿泰山王，八殿平正王，九殿都市王，十殿五道转轮王。对地藏十王的崇拜，不仅为拯救亡魂出离地狱，还由此来宣传在世时应多行善，以减轻地狱酷刑之苦。

· 图2-42 脊刹及正脊

钟、鼓楼

钟、鼓楼位于天王殿东西两侧，为清代建筑（图2-43、图2-44）。楼身木构，平面方形，面宽、进深各三间。四根通柱由底至顶，形成主体框架结构，通柱腰部施楼板，将楼身分作上、下两层，通柱以外均施廊柱，二层瓦檐十字歇山顶，总高10.49米。

台基高17.5厘米，宽7.63米，四周虎头砖扎边，楼内地面铺墁条砖，建筑面积66.53平方米。

通柱高5.63米，直径44厘米，柱开间4.29米，柱身腰际四面用承椽枋围成圈梁，承椽枋上施楼楞承楼板，每面承椽枋的侧面承载下层廊部檐椽后尾。通柱柱头小额枋、平板枋四面交圈，形成柱头围箍，平板枋上承檐头斗拱。

在一层通柱外施廊柱，柱径28厘米，柱高2.4米，廊深1.1米，廊柱头平板枋上设一斗三升交麻叶斗拱（斗口9.5厘米）承檐檩，廊柱与通柱间以单步梁贯连，梁尾由柱中出头，制成长方形。

大角梁尾部插入通柱，前端叠压在搭交檐檩上皮，形成了翼角结构。一层屋顶椽出93厘米，角部斜出40厘米，升起40厘米。通柱之间的每根承椽枋出头部位再施楞木四面交圈。其作用一是承托楼板的边沿，二是在其上立设上层廊柱。

上层檐下斗拱共计12攒，斗口9厘米，三踩单昂造，昂头呈如意式。每攒平身科里转向角部的一侧与昂身相交出斜拱一道，托承四角抹角梁，抹角梁两端通过斗拱中线向外延伸，搭压在正心瓜拱、昂身交接处。

角部穿插枋、大角梁凭借抹角梁作为支点四角悬挑垂柱各一根，垂柱头施大斗托短替，搭交金檩叠压其上。四面金檩中段立脊瓜柱承脊檩。楼中央在十字相交的脊檩下悬吊雷公柱，柱子的荷重主要由贯穿于柱身的两根上、下半叠压的横枋承载，横枋两端贯穿于脊瓜柱身内。由搭交金檩斜向上至十字脊檩交接处施簇角梁，脑椽下脚铺钉梁上。

上层廊柱柱身与通柱头的斗拱间施穿插各一根，柱头通过花替托置直径为18厘米的檩子一根，支撑在檐椽下。廊柱柱脚施条棂勾栏，起围护作用。

屋顶施灰陶筒板瓦，各脊兽除下层套兽为黑琉璃质地外，其余均为灰陶质。

· 图2-43　钟楼

· 图2-44　鼓楼

二、西院建筑

在西院轴线上建主殿三座，南殿称为藏经殿，中殿为崇宁殿，后殿是七佛殿。

藏经殿

藏经殿位于西院轴线上最南端，明代建筑（图2-45）。面宽三间，进深五架，单檐悬山顶。明间开间3.52米，两次间开间3.28米，总开间11.65米，总进深8.4米，建筑面积为94.99平方米。

台基为独立砌，台壁条砖垒砌，上施压沿石一周。台上立柱总计十四根，前后廊（檐）柱、檐柱直径在300～340毫米之间，柱头卷刹为铧砍而成，是明清时期惯用的手法。柱础石为一方形砂石制成，无柱鼓石。

柱头为三踩单翘斗拱，按形制分前檐柱头科、平身科（图2-46）、后檐柱头科，总计11攒。大

斗内十字相交形成异形拱（山西明代建筑斗拱特有的做法），之上正心瓜拱与头翘十字相交，再上正心万拱与耍头十字相扣，最上施正心枋一道，承垫木、正心檩。各层的拱枋以槽升子间隔，翘头上置十八斗承外拽厢拱，厢拱与耍头相交共同承挑随檩枋及檐檩。斗拱里转耍头、单步梁后尾穿构檐柱柱身内，结构稳定。另在正心瓜拱与外拽厢拱之间设置厚20毫米的如意型异形拱，麻叶头、蚂蚱头均为清代通用做法。从斗拱的形制、尺寸来分析，与清《营造则例》接近。

该殿梁架为四架梁对前单步梁通檐用三柱（图2-47），构架虽为明代建筑，但受寺内建筑构造及手法影响，明建的构架方式及形制同观音殿。前檐为四六举，后檐为四五举，脊部七八举，总举高2.39米，平均前檐、后檐均为六二举，前后檐均不施飞

・图2-45　藏经殿

子。但其脊部举架为该寺内最大的举架。

屋面为灰陶仰合瓦，正脊、垂脊与东西大吻、居中脊刹为手工捏花琉璃质，其正脊立面饰行龙牡丹花卉，大吻为本地区常见的形制及手法，脊刹、正脊是整个寺院屋顶构件中的上品（图2-48）。

两山及后檐砌墙封闭，墙体整体为条砖砌，下槛墙为顺砌、墙身为条砖一顺一立砌筑。据考证，明、次间装修安于前檐廊柱间，全为四扇五抹隔扇门，心屉为正搭正交式。

·图2-46　前檐补间斗拱

·图2-47　殿内梁架

·图2-48　脊刹

崇宁殿

崇宁殿位于西院轴线居中位置，明代建筑。面宽三间，进深五架，单檐悬山顶（图2-49），建筑面积为71.20平方米，是寺内唯一不出廊的建筑。

建筑建于独立台基上，平面并列立柱三排，总计10根。明间面宽3.37米，东次间面宽3.20米，西次间面宽3.23米，总面宽9.80米，总进深6.54米。前、后檐柱径在30～36厘米之间，柱头卷刹为锛砍而成，是明清时期惯用的手法。柱础为砂石制成的覆盆式柱础（图2-50）。

崇宁殿构架为五架梁通达前后檐（图2-51），梁头至檐外根据一斗二升的形制在端部制出假大斗、耍头，承挑檐檩。梁背于金檩位置设梯形垫墩、支顶结构断面呈椭圆形的攀间枋，直接承载三架梁头（梁头做法同五架梁，端部一体制出假大斗、耍头）。三架梁中段不设瓜柱，置宽80厘米，高32厘米的雕花垫墩、承平板枋托脊部隔架科，大斗内瓜拱与丁华抹亥拱十字相交（图2-52），与叉手共同戗撑脊檩。两山构架为中柱式，中柱直接支顶至脊檩底部，前后双步梁、单步梁穿构于柱身内，双步梁背设垫墩承载单步梁头。

瓦顶为灰陶质仰合瓦屋面。正、垂脊和吻、兽均为手工捏花灰陶质地方常规式样。两山施木质博缝板、悬鱼、惹草。

两山及后檐砌墙封闭，墙体由下槛墙、抹灰

· 图2-49　崇宁殿

墙身、墙肩构成。槛墙较为规整、细致，用砍磨条砖叠涩收份砌成丝缝墙，其中圭角三层、墙身六层（收份2.5厘米，每层条砖退台0.3厘米）、墙肩二层条砖（上、下斜抹2厘米）组成，总计条砖十一层；墙身外壁红灰抹面，内壁白灰墙面；后

檐墙肩抵于小额枋底部，弧形斜抹，两山至双步梁下部斜抹。

装修设于前檐柱间，据现场勘察分析，明次间全为四扇五抹隔扇门，心屉为正搭正交式；横楣也为正搭正交式样。

· 图2-50　柱础

· 图2-51　脊部斗拱

· 图2-52　殿内梁架

七佛殿

七佛殿位于西轴线上最北端，与毗卢殿相邻，现存为明代建筑。是香严寺唯一利用地形高差建成的下为窑洞，上为木构的二层建筑，总高10.4米（图2-53）。下层在土崖上劈窑洞三孔、上层建三开间悬山顶建筑，殿身前檐由底向上立设通柱四根，通柱腰部施平座斗拱承托上层前檐廊的楼板、勾栏及廊柱，从而使建筑的立面形成了二层楼、前檐廊的造型。

据康熙五年（1666年）《重修七佛殿罗汉殿碑记》记载："……七佛殿罗汉殿仍故释子兴□颜兹□坏……康熙五年（1666年）"。又据脊檩下襻间枋上题有"大明嘉靖四十年……"即1561年重修（图2-54）。由此可知：七佛殿创建年代虽不详，但明嘉靖四十年即1561年，康熙五年（1666年）

屡有重修或维修。因上层殿内依后壁用土坯砌有佛台、台上存明代泥塑坐佛三尊，菩萨四尊，总计塑像七尊，故称为七佛殿。

七佛殿一层为三间砖包土窑，前檐设廊，明间面宽3.81米，西次间面宽3.24，东次间面阔3.26米，总面宽12.78米，总进深7.1米，建筑面积73.76平方米。前檐西侧设砖砌台阶，为登楼踏步。二层为面宽三间，进深六架的木构建筑。

该殿梁架为六架前廊式，明间横断面为五架梁对前单步梁通檐用三柱（图2-55）。

二层泥塑和彩画保存非常丰富、且较为完整，是全寺内保存附属文物最多的殿宇。尤以佛像、东山际上的彩画和壁画最为突出，其壁画为佛教人物和水墨山水画（图2-56）。

· 图2-53　七佛殿

· 图2-54 梁架题记

· 图2-55 二层梁架

· 图2-56 二层彩绘、悬塑

· 图2-57 泥塑佛像

· 图2-58-1　泥塑佛像

七佛殿内保存有明代泥塑七尊。佛像的服饰装饰华丽，衣纹雕饰流畅、飘逸，佛颈项上的璎珞雕刻的异常精制，可谓是上乘之作（图2-57、图2-58-1、图2-58-2），虽该殿破损严重，但因当地气候干燥，风化、酥碱的病害对佛像造成的影响并不严重。佛首被盗，是造成佛像损坏的主要原因。

·图2-58-2　泥塑佛像

第三章　建筑技术与艺术

　　香严寺建筑类型多样，建筑跨越宋、金、元、明、清五个时代，可称为吕梁古建筑博物馆（图3-1）。寺内现存木构古建十三座，其中宋代建筑一座（东配殿），金代建筑两座（毗卢殿与大雄宝殿），元代建筑五座（天王殿、伽蓝殿、观音殿、地藏十王殿、慈氏殿），明代建筑三座（藏经殿、崇宁殿、七佛殿），清代建筑二座（钟楼、鼓楼）。

　　建筑类型有木结构单层建筑、窑楼二层建筑、楼阁二层建筑等；建筑的屋顶形式有悬山顶、歇山顶、十字歇山顶等三种形式。

　　香严寺大雄宝殿内保存有金代砖雕佛台27平方米，七佛殿内保存有明代塑像7尊、明代泥塑佛台 8.27 平方米。同时寺内保存有历代重修碑刻27通，柳林特有的黑色建筑琉璃脊兽，建筑拱眼壁画及梁架彩绘等，这些文物构件和附属文物为研究柳林县乃至于吕梁地区从宋迄清的古代建筑提供了宝贵的实物例证，具有较高的技术与艺术成就。

・图3-1　香严寺总体鸟瞰

第一节　建筑技术

香严寺现存的大小十三个殿宇，从宋代建筑、金代建筑、元代建筑到明清建筑应有尽有，是山西吕梁山区唯一保存建筑时代最连续的早期传统佛寺。其建筑技术和建筑风格各异，是研究山陕黄河峡谷处古建筑的重要实物例证，也是古建筑断代的重要依据。

一、宋代建筑

寺内唯一一座宋代建筑——东配殿（图3-2），体量不大，位于前院东侧。建筑创建准确年代无从考证，从现存建筑的整体比例、梁架构件的造型特征、铺作尺度的适当比例，建筑平面、立面与剖面的构成比例等方面，都诠释着这座建筑具有宋代特征。

早期建筑的构造是以材分制度为基本模数单位，即"凡构屋之制，皆以材为祖"。为此，相同时代、同等级别、同一地域的建筑，无论在开间、柱高、构架、铺作等方面，都存在共性，也具有特性。修缮前期将东配殿实测数据与《营造法式》规定进行了以下对比分析研究。

实测东配殿铺作（图3-3、4）材宽12.5厘米，单材高19厘米，足材高27厘米，按《营造法式》中宋代1寸为3.12厘米，单材高19厘米的材广为6.09寸，略大于六等材一点；又按其规定"各以其材之广，分为十五份，以十份为其厚"，厚应为12.67厘米，现材宽为12.5厘米，几乎相同。东配殿铺作中材广高、厚宽的尺度及比例，完全符合《营造法式》规定的六等材，因此可看出铺作是按规定的厅堂之制而建造。

· 图3-2　东配殿

柳林香严寺——研究与修缮报告

表3-1　东配殿实测尺寸材分值分析

注：1份为1.27厘米

名称		实测尺寸（厘米）	折合分值（份）	法式规定
总开间		994	782.7	
明间开间		354	278.7	
次间开间		320	252	
总进深		773	608.7	24尺，合748.8厘米
廊步尺度		190	149.6	6尺，合187.2厘米
殿内尺度		583	459.1	18尺，合561.6厘米
前檐柱径		33	26	两材，合38厘米
前檐柱高		284	223.6	规定11尺，合343.2厘米
铺作高		103	81.1	规定3.69尺，合115厘米，计90份
铺作出跳		39	30.7	30份
前后檐槫的总步架		803	632.3	26尺，合811.2厘米
总举高		232	182.7	7尺，合218.4厘米
前出檐		113	89	3.5尺，合109.2厘米
后出檐		95	74.8	3.5尺，合109.2厘米
两山出际		96	75.6	3~3.5尺，合93.6~109.2厘米
下出檐		154	121.3	
普柏枋	宽	25	19.7	
	高	15.5	12.2	
兰额	高	25	19.7	25
	宽	12.5	9.84	16.7
搭牵梁	高	26	20.5	35
	宽	14	11	23
三椽栿	高	36	28.3	50
	宽	31	24.4	25
平梁	高	44	34.6	42
	宽	30	23.6	28
槫条		22	17.32	18
椽子		10	7.87	7

表3-2　东配殿铺作构件材分值分析

注：1份为1.27厘米

名称		实测尺寸（厘米）	折合分值（份）	法式规定（份）
单材	高	19	15	15
	宽	12.5	9.8	10
足材	高	27	21.26	21
	宽	12.5	9.8	10
出跳		39	30.7	30
耍头出长		39	30.7	25
泥道拱		85	67	62
泥道慢拱		126	99	92
令拱		92	72	72
栌斗	上宽	42	33	37
	下宽	31	24.4	29
	上深	36	28.35	32
	下深	25	19.7	24
	耳	10	7.87	8
	平	4.5	3.54	4
	欹	10	7.87	8
散斗	上宽	20	15.75	16
	下宽	15	11.81	12
	上深	18	14.17	14
	下深	13	10.24	10
	耳	3.5	2.76	4
	平	3	2.36	2
	欹	4.5	3.54	4
交互斗	上宽	24	18.9	18
	下宽	18	14.17	14
	上深	22	17.32	16
	下深	16	12.6	12

・图3-3 东配殿前檐补间铺作立面

・图3-4 东配殿前檐柱头铺作侧面

由表3-1、2内数字可以看出，铺作构件的尺度与法式规定相差无几。东配殿梁架举折较为平缓，其中前檐为五举，后檐为四二举，脊部六八举，总举高（2.32米）与前后撩檐槫中距（8.03米）之比为 1.16：4，与《营造法式》"若厅堂造以前后檐槫心距远近每四份中举起一份又以所得丈尺每一尺加八分" 的举屋之制相比较，其总举高比法式规定尺寸大12厘米（图3-5、6）。

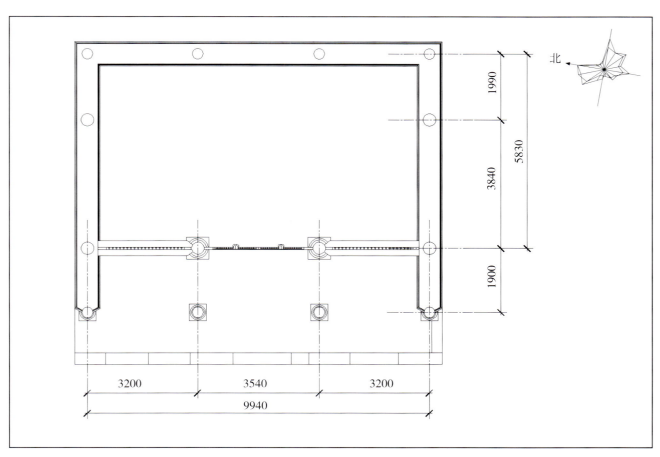

・图3-5 东配殿平面（单位：毫米）

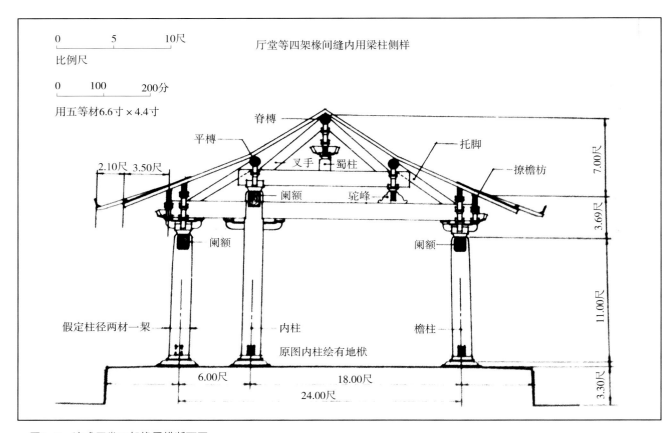

厅堂等四架椽间缝内用梁柱侧样

· 图3-6　法式厅堂四架椽屋横断面图

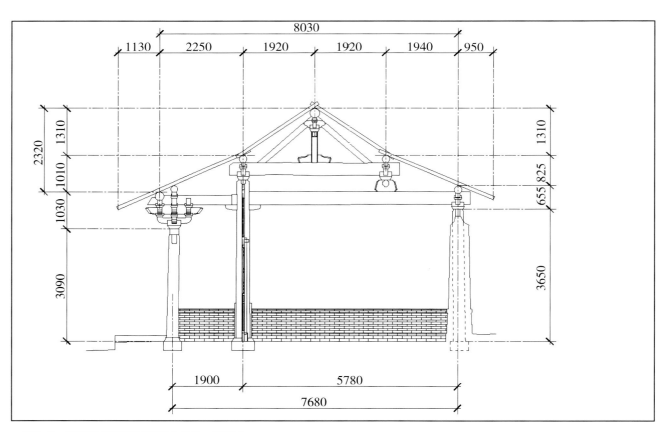

· 图3-7　东配殿横断面示意图（单位：毫米）

表3-3　东配殿主要部位比例分析

名称（部位）	比例	法式规定
总进深：总开间	1：1.29	
次间：明间	1：1.06	
明间：总开间	1：2.81	
次间：总开间	1：3.11	
柱径：柱高	1：8.58	1：10
柱高：明间	1：1.25	
铺作高：柱高	1：2.75	1：3
殿身高：檐高	1：1.05	11尺与10.69尺 1：0.97
铺作高：檐高	1：4.18	1：3.98
总出跳：檐高	1：11	
总步架：总举高	4：1.16	4：1

因宋代建筑柱身有侧角、柱头有明显的升起，屋面形成一条缓缓的曲线，立面体现柔美、端庄、醇和。经过现状勘察，数据整理，从开间、进深、柱高、铺作、屋面举折等方面进行对比分析，再加上铺作与柱高的比例，建筑檐下与屋顶的比例分析，都可以印证。

由表3-3统计、分析的数值看，整个建筑的构架设计基本遵循了宋《营造法式》的规定，特别是进深、举架的设计与规定相差不大（图3-7）；相邻结构的比例也按法式规定进行建造，形成的构架及立面具有早期手法。可以说，东配殿的建造结构、比例等都诠释了宋《营造法式》。

东配殿从建筑构造也有许多宋代建筑特点。从柱头的卷刹、构造方式，叉手戗设的角度（约合42度），梁栿背上施用的垫墩、合榻及梁架节点攀间斗拱的用材、结构等都体现了宋代做法。（图3-8）如：后檐柱头不施普柏枋，栌斗直接坐柱头的手法（图3-9），体现早期构造；斗拱不施用斜拱；脊部构架虽为单材造，但与次间蜀柱头的阑额，在立面上形成隔间上下相闪，明间攀间枋伸至次间半拱在外，次间阑额伸至明间出头制成蚂蚱形耍头（图

· 图3-8　东配殿殿内构架

・图3-9 后檐铺作直接坐栌斗上

・图3-10 脊部构架

柳林香严寺——研究与修缮报告

・图3-11 后平槫节点

・图3-12 三椽栿端部结构方式

3-10、11）。

综上所述，东配殿的大木构架为小式厅堂造，这种构造是为官式建筑中等级较低的建筑，其基本特点是不位于中轴线上，不采用周匝副阶的做法，内外柱不等高；明间构架与两山构造不同。东配殿木构件搭交的几个特点：

①后檐阑额由角柱向外出头，与柱头作卡腰榫结构，起到了联构檐柱的作用。

②十字交割的拱枋除了上下刻半扣搭榫外，构件榫接的侧面还向内刻出平面为银锭式的"隐口"榫。

③达牵梁与三椽栿为水平叉接，上下贯穿直梢一根。

④次间脊部的攀间枋与蜀柱柱头的榫卯呈半箍头榫式，在柱子中线位置由枋上凿设方卯，其内栽直梢，梢子上端插入栌斗底部；

⑤三椽栿后端与后檐斗拱结构方式是：先将梁栿头部全部抵于柱头素枋内侧，并由栿底的两个侧面向上截出一个斗耳的高度，剩余的高度搭压在斗耳的上方，梁栿头部向外出头制成一个材宽的长方形梁头，梁头底部按栌斗隔口包耳的形制刻出相应的卯口骑搭于栌斗内，并与拱枋进行扣接（图3-12）。栿端上部约3/5的高度全部搭压在斗耳上方，为一种"不损材"的合理结构与制作手法。

⑥各架槫条对接榫为螳螂勾头榫卯，阑额与柱头作银锭榫结构，柱头作馒头榫与普柏枋结构，装修的抹头与边挺结构为双榫式软交割榫。

二、金代建筑

香严寺中轴线上现存两座金代建筑——大雄宝殿和毗卢殿，是寺内最主要的建筑。

金代建筑典型的特点就是减柱、移柱造，而寺内两座建筑完全体现了这一时代的特征。减柱就是在既有的纵横柱网格局下，在不影响建筑结构的前提下将个别的柱子减除，称之为"减柱造"；而移柱造，是为了扩大殿内空间，将位于柱网上的柱子加以移位，改变了柱网布局。这种做法在宋《营造法式》中没有提及，也未在现存的宋代建筑中有所体现，但在现存的金代建筑中，甚至于元代建筑中此种做法较为常见。

（1）大雄宝殿台基之上并列设圆形木柱四排，总计二十二根。殿内后槽金柱按柱网应为六根，现采用了金代建筑特有的手法将次间两根减除，成为后槽金柱四根，柱头施大内额的构造方式，次间的四椽栿横跨其上的结构(见图3-13)。殿内后槽构造使

用了减柱做法，遵循金代的特点，但在整体构造上又遵循传统的柱网轴线、左右对称的格局。

（2）毗卢殿前后槽的金柱构造为典型的减柱、移柱造。台基之上按进深方向立柱四排，在开间方向将柱网格局打破，采用减柱、移柱手法组成构架，形成歇山屋顶。具体手法是将前檐明间两根檐柱向两次间移位1.2米；前槽金柱六根，明、次间

· 图3-13　大雄宝殿后槽次间构架

· 图3-14　毗卢殿殿内构架

的金柱四根向南移动一个步架，柱头直接承载下平
槫荷载，边间金柱置于山墙内；后槽次间的两根金
柱消减后，由明间金柱柱头与两山补间铺作后尾的
乳栿梁托承四椽栿尾部，这种构造扩大了室内空间
（图3-14）。

　　两山铺作的迥异，柱头铺作与补间铺作每面各
五朵（不含转角铺作），由于柱网布列及结构功能
的使然，使其形成的构造与前后檐铺作从本质上相
反。前、后槽的补间铺作后尾分别为丁栿直接穿构

· 图3-15　山面补间铺作的后尾结构于金柱内

前金柱（图3-15）、乳栿梁结构于殿内明间金柱
内的形制，也就是说将两山常规的柱头铺作结构转
移到补间铺作上，形成了补间铺作起结构功能、柱
头铺作为结构造型的形制及手法（图3-16）。

　　殿内前后槽构造使用减柱、移柱的做法，将殿
内空间进行了最大程度的扩大；而且将古制中两山
柱头铺作后尾起结构承重功能的手法，大胆、科学
地在毗卢殿上进行了转变，将常规的两山柱头铺作
当做补间铺作，而让补间铺作来承载结构。这种做
法打破了常规手法，表现出建造者的胆识及技艺，
殿宇构架保存至今较稳定，证明了构造合理科学。

　　另外，这两座建筑铺作的令拱采用了斜拱，与山
西其他保存下的金代建筑相同，是铺作由宋代往金代
演变的一个特有手法，这种构造直接体现金代特征。
同时殿内构架施用早期特有的驼峰、托脚，以及四
椽栿两端采用斗口跳的手法，这都也是早期建筑的特
点。与此同时，大雄宝殿、毗卢殿内保存的金代砖砌
佛台，也可印证这两座建筑是金代建筑。

· 图3-16　毗卢殿山面构架

三、元代建筑

寺内现存的建筑中，元代建筑保存居多，分别为天王殿、伽蓝殿、观音殿、地藏十王殿、慈氏殿。除天王殿位于中轴线最南端外，其余建筑都位于院落的两侧。

这五座建筑时代同为元代，但因位置不同、使用功能不同，所祈神祇主次有别，因而建筑级别、风格形制也有所差异。其中天王殿因通行，前后檐设装修，其余建筑分别为前出廊式悬山顶建筑。现将这些建筑在平面格局、建筑结构、建筑技术等方面的一些特征作一归纳总结。

（一）平面格局

面宽五间的地藏十王殿、伽蓝殿与面宽三间的观音殿、慈氏殿，除开间不同外，平面横向布列柱子全是三排。建筑的前檐柱全部露明，两角柱与山墙结构处在其背面做斜八字收头。两山柱与后檐柱全部封砌于墙体内。前檐金柱间施隔扇，两次（梢）间施条棂窗。

（二）铺作结构

现存元代建筑檐下所用的铺作，特别是伽蓝殿、观音殿、地藏十王殿、慈氏殿这四座位置对称建筑的斗和拱在形制、结构方式、用材及立面观感上几乎一样（图3-17、18、19、20）。铺作全为四铺作单抄蚂蚱形耍头，不同之处是慈氏殿前檐为单昂蚂蚱形耍头，令拱已采用了双向斜抹的形制。据此可推断慈氏殿现存建筑的铺作建造时间较其余三座建筑稍晚。观音殿里转耍头的后尾伸至金柱内出头制成蝉肚形楇头托于三椽栿下，此种做法在结构上更趋合理，建筑整体稳定性较好。每座建筑均设补间铺作，形制及结构方式相同，里外全为四铺作单抄蚂蚱形耍头。铺作造型方面，斗子颛度清晰，拱瓣明显，华拱上刻出拱眼。铺作用材方面，基本相同，全是当地产的榆、槐木。上述四座元代建筑铺作用材实例比较如下表3-4。

・图3-17　伽蓝殿前檐铺作

・图3-18　观音殿前檐铺作

・图3-19　地藏十王殿前檐铺作

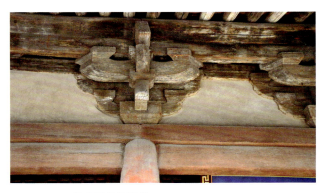

・图3-20　慈氏殿前檐铺作

表3-4　香严寺元代建筑铺作实测尺寸数据表

单位：厘米

名称		地藏十王殿	伽蓝殿	观音殿	慈氏殿
材宽		11	12	12	10
单材高		16	16	15	16
足材高		22	22	21	22
出跳		35	36	33	35
耍头中出		34	32	27	29
泥道拱长		75	73	67	72
慢拱长		108	105	103	108
令拱长		75	88	87	99
栌斗	上宽	36	34	34	35
	下宽	27	25	25	25
	上深	29	34	34	30
	下深	20	25	25	20
	耳	8	8	8	9
	平	4	4	4	4
	欹	8	8	8	8
散斗	上宽	18	18	17	18
	下宽	12	12	12.5	13.5
	上深	18	18	17	16
	下深	12	12	12	11.5
	耳	5	4	4	4
	平	2	2	2	2
	欹	4	4	4	4
铺作总高		90	90	104	96
檐柱高		280	320	315	308
两山出际		120	120	113	113
建筑总高（压沿石上皮至正脊）		700	710	720	678

（三）建筑技术

这四座建筑的构架形式完全一致，明间构架全为后三椽栿对前搭牵，通檐用三柱，前出廊式（图3-21~24）。两山为平梁对前后搭牵梁通檐用四柱，平梁直接由墙内山柱头的攀间斗拱承载。其中，三椽栿与搭牵梁尾部平接，其下全用独立的榻头承托，向廊部制成拱头，拱上施散斗承搭牵梁尾部。

殿内上下梁栿间施用攀间斗拱隔承，东侧建筑（伽蓝殿、观音殿）后槽平榑攀间构造沿袭东配殿做法，施驼峰，一般是用于支顶或垫塞空隙的作用。西侧建筑（地藏十王殿、慈氏殿）后槽平榑攀

· 图3-21　观音殿殿内构架

· 图3-22　慈氏殿内构架

· 图3-23　东配殿殿内构架

· 图3-24　天王殿殿内构架

间下遵循元代特有的风格施用大内额联构、承戴。脊部构件的构成方式、比例相同，出于同一时代特有的做法及风格。铺作上均施用了正心槫，在结构方面更趋合理、科学。

柱身有收份，柱头有卷刹，柱有升起、侧角。其上施用的普柏枋、阑额截面相近，榫接方式相同，阑额角部出头斜砍手法统一。

这四座建筑的墙体做法完全一致。具体是：两山及后檐砌墙封闭，墙体由下槛墙、抹灰墙身、墙肩构成。槛墙较为规整、细致，用砍磨条砖叠涩收份砌成丝缝墙，其中圭角三层（外凸2厘米）、墙身条砖（每层每块叠涩收分）、墙肩二层条砖（上、下斜抹2厘米）组成，这种砌筑手法及风格较为考究；墙身外壁红灰抹面，内壁白灰墙面，内外壁面均按3%收份；墙肩抵于小额枋底部，弧形斜抹。

（四）屋架举折

各建筑屋面较为平缓，基本沿袭了早期风格。前后撩檐槫水平间距（总步架）、檐槫至脊槫之间的垂直高度（总举高）、平槫下折及其相应比例关系见下表3-5：

表3-5　屋架举折比例

名称	总步架	总举高	总步架与总举高的比例	平槫下折尺寸	下折尺寸与总举高比例
天王殿	9.2米	2.44米	4∶1.06	30厘米	10∶1.23
观音殿	8.59米	2.08米	4∶0.97	34厘米	10∶1.63
地藏十王殿	8.63米	2.4米	4∶1.11	31厘米	10∶1.29
慈氏殿	6.57米	1.8米	4∶1.1	13厘米	10∶0.72

从表内尺寸及其相应的比值关系可看出，总步架与总举高的比例均略大于《营造法式》规定，但小于明代建筑的举高尺寸。平槫下折与总举高比例慈氏殿下折尺度较小，观音殿下折尺寸略大，其余基本在1/10左右。由这些比值形成的屋架与屋坡趋于平缓，是早期建筑风格的承袭，同时为其建筑时代的确定提供了一些佐证（图3-25）。

由以上几点分析研究，香严寺天王殿、伽蓝殿、观音殿、地藏十王殿、慈氏殿不容置疑是元代建筑。在吕梁地区一座佛教建筑群内保存五座元代建筑，极为难得，其价值不言而喻。

四、明清建筑

随着佛教信仰传承与延续，寺院的补修、扩建不断重复，香严寺在明代大修时根据地形也在主院的西侧扩建了藏经殿、崇宁殿、七佛殿三座殿宇。

据寺内碑文记载，这三座建筑为明代创建。其结构方式为瓜柱之上施一斗二升的隔架科承脊檩，瓜柱柱脚两侧安角背，前檐、后檐柱已无升起和侧角。梁架上的叉手、角背均十分细小，相对于用材较大的瓜柱来说，显得尤为纤巧，与早期的局部构造差异很大，斗拱高与檐柱高之比为1∶3。柱头科、平身科斗拱均为单翘三踩斗拱形式。特别需要说明的是，在正心瓜拱和翘头下方十字交构于大斗内异形拱，类似菊花头式，此做法为当地明清时期建筑的特有手法，因而正心瓜拱和翘并未坐在大斗之内，而是坐在其上。另外，在正心瓜拱与外拽厢拱之间设置仅厚2厘米的如意形拱，此做法为吕梁地区、晋中地区特有的构造，为清代晚期作品无疑。

从斗拱的形制、尺寸来分析，大斗上宽与出跳尺寸相近，麻叶头、蚂蚱头均为清代通用做法，与清《营造则例》几近相同。

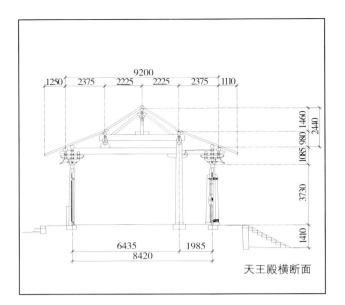

天王殿横断面

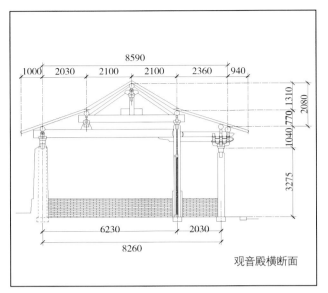

观音殿横断面

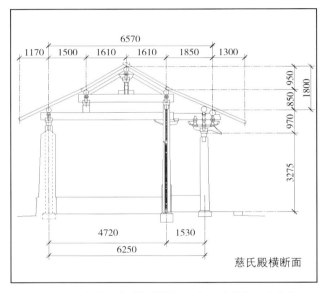

慈氏殿横断面

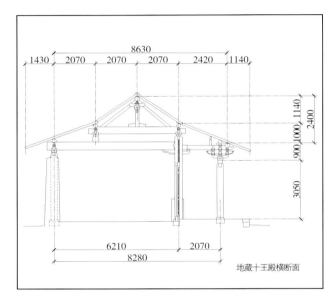

地藏十王殿横断面

· 图3-25　寺内元代建筑横断面示意图（单位：毫米）

第二节 建筑艺术

香严寺修缮中，发现了唐代的绳纹砖（图3-26）、宋元时期勾头、滴水、板瓦（图3-27）、脊吻。香严寺建筑中保存的琉璃、砖雕、塑像、彩绘、壁画、木刻等作品精美绝伦，艺术价值不言而喻。其中最具特色的是屋面琉璃、金代砖雕、明代泥塑佛像。这些艺术构件栩栩如生，大者雄劲生动，小者玲珑剔透，使人赏心悦目。

一、屋面琉璃

在我国古代建筑技术发展史上，琉璃作为一种独特的建筑装饰材料已有一千多年的历史。根据文献的记载和近代考古发现，表明它起始于北魏，形成于唐宋，发展于元明。《营造法式》卷十五记载了烧制琉璃的工艺"凡造琉璃瓦等之制，药以黄丹、洛河石和铜末，用水调匀(冬月以汤)。"香严寺屋面琉璃采用"剪边"的做法，正脊、垂脊用琉璃脊。尤其值得说明的是现存琉璃脊饰仅色泽就可分为黄、绿、蓝、黑色，特别是酱黑色琉璃在现存古建筑中使用不多，全国罕见，可称三晋寺庙中一绝。

在中国漫长的封建社会中，形成了以礼为中心的文化模式，规范着人们的是非、情操、行为、生活、服饰以及建筑上的反映。《礼记·坊记》中说："夫礼者，所以章疑别微以为民仿者也。故贵贱有等，衣服有别，朝廷有位，则民有所让。"就是要将原本人人都可享有的审美权利分出贵贱之别，以达到维护社会等级秩序的目的。《明史》舆服四中百官第宅记载："明初，禁官民房屋，不许雕刻古帝后、圣贤人物及日月、龙凤、狻猊、麒麟、犀象之形，"并于洪武二十六年定制"公侯前厅七间，两厦九架……复以黑板瓦，脊用花样瓦兽，梁栋斗拱，檐确彩绘……一品、二品，厅堂五间、九架，屋脊用瓦兽……""庶民庐舍不过三间五架，不许用斗拱，饰彩色"。建筑中的等级制度实际上即是封建礼制在建筑中的体现。中国历代的建筑琉璃仅限于皇家的宫殿、园林、陵墓、坛庙、亲

王的府第，以及民间的寺庙道观使用，百姓严禁使用。因此，琉璃装饰中色彩有着明确的等级制度。黄色作为等级最高的颜色，历来只用在皇家的最高等级的建筑物上，绿色多用于宫廷内的一般殿座、城门、庙宇和王公府第等处，黑色常见于庙宇和王公府第，蓝色只用于与隆重祭祀有关的建筑。按照香严寺保存有黄、绿、蓝釉色和黑色琉璃建筑分述如下：

·图3-26 修缮中发现的唐代绳纹砖

·图3-27 修缮中发现的板瓦

· 图3-28　大雄宝殿屋顶脊饰

（一）黄绿蓝琉璃

大雄宝殿屋面为黄绿琉璃"剪边"。正脊由大吻、脊刹、脊筒组成，正垂脊与吻兽为黄绿两色相间的琉璃质地（图3-28）。大吻高1.93米、下宽1.12米，共由四块拼合成，张口吞脊，头部犄角后弯，背部施背兽，前腿曲肘爪向下，后腿向上斜翘龙爪仰天曲抓，身内小龙一条，头向上昂，尾部拖曳至大龙发须后部（图3-29）。吻身鱼磷及腹甲薄且细，缺乏分层外凸的立体感，但整体比例修长、龙爪健劲有力、龙头上额长度大于下颌，吞脊之力尚显有余、琉璃色泽较细腻匀称。香严寺琉璃大吻和正脊与山西境内保存金、元琉璃脊饰的高平二郎庙（元）、仙翁庙（元）、定林寺（金）、朔州崇福寺（金）、晋城玉皇庙（元）等有确切纪年的琉璃进行对比分析，可知该殿大吻应为金代原物，最迟也是元代。

大雄宝殿脊刹由下向上依次为天宫及两侧相背设置的吞口，吞口上站大象，大象上驮黄色宝瓶、火焰宝珠一个，其中吞口以上为修缮补配（图3-30）。刹身前后各施一对拉神，身着青甲、高额赤发、躬身前倾，双手挽于胸部，呈用力拉接刹链

状、体态雄壮，造型逼真，具有一定的艺术性（图3-31、32）。

大雄宝殿正脊筒在脊刹至大吻之间用7块手工捏制的牡丹花脊筒、四块行龙和一块飞凤脊筒组拼（图3-33、34）。脊筒上共施天马、飞鱼的脊饰十个，脊饰前腿斜立、后腿腾起，腰部用云头与扣脊瓦相连，脊饰方向均面向脊刹相向布列。每条垂脊用脊筒十二块，花卉分卷草、棱角几何纹、卷云三种相间组拼。垂兽造型为蛰伏的行龙，各条垂脊上也布列天马、飞鱼脊饰五个。

大雄宝殿前后檐勾头、滴水为绿（绿中掺黑）琉璃。勾头直径19.5厘米、长34.5厘米，其上的图案形如官式大门上的虎头铺首，高额、深目、小耳阔腮，獠牙外露，颌下长须卷曲，造型狰狞，勾头由前向后2/3处钉瓦钉。滴水头部为三角形的十瓣花边，内饰一朵盛开的莲花，头宽27厘米，长44厘米（图3-35、36）。虽这种勾滴没有灰陶质地的重唇滴水那样古朴，其色泽异于纯绿或纯黑的琉璃、体型较大、头饰立体感较强，但也是一种不多见的瓦当。

·图3-29 大雄宝殿正吻

·图3-30 大雄宝殿脊刹

柳林香严寺——研究与修缮报告

·图3-31 大雄宝殿拉神

·图3-32 大雄宝殿拉神

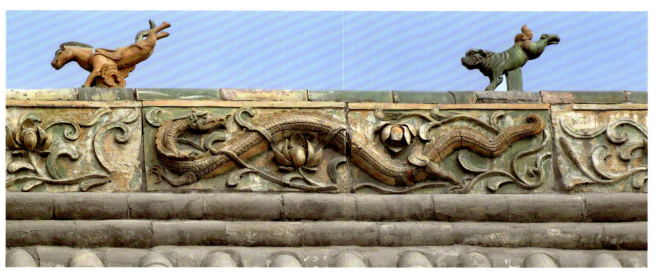

· 图3-33　龙形脊饰

· 图3-34　凤形脊饰

· 图3-35　勾头

· 图3-36　滴水

· 图3-37　毗卢殿鸱吻

· 图3-38　毗卢殿脊刹

毗卢殿屋面为绿琉璃剪边歇山顶。现存鸱吻（图3-37）、脊刹（图3-38）和正脊为原有构件，其他垂脊、垂兽和琉璃筒板瓦均为近年更换（图3-39）。正脊上有龙、凤、莲花图案，凸雕浮出底面，刻划形象，表现力强（图3-40、41）。

· 图3-39 毗卢殿垂兽

· 图3-40 毗卢殿正脊

· 图3-41 毗卢殿正脊

天王殿屋面为琉璃脊兽筒板布瓦顶，现存鸱吻为黄绿琉璃（图3-42）。据其形制分析应为元代构件。但天王殿的正脊、垂脊和脊刹现存为黑色琉璃。

东配殿屋面为琉璃脊兽筒板布瓦顶，原仅存北侧鸱吻（图3-43）和正脊。虽东配殿建筑为宋代，但其鸱吻式样应为明代。这也反映出建筑屋面经多次修缮与更换。

· 图3-42　天王殿鸱吻

· 图3-43　东配殿鸱吻

藏经殿屋面施用黄、绿、蓝三色琉璃正脊、大吻、脊刹保存最为完整，采用高浮雕手法，艺术精湛，为明代琉璃的上乘之作。琉璃大吻（图3-44、45），龙身尾部已逐渐向外卷曲，形制与元以前完全异趣。龙尾上部盘旋小龙，龙头突出于内侧，同样怒目前视，后爪抓住涡状龙尾，龙鳞雕刻较细，卷瓣斜向前方。高浮雕的特征更加明显，立体感更强。脊刹为三间三层十字歇山顶楼阁式镂空造。一层明间黄色盘龙柱，龙头相对，龙爪紧紧抓于阑普，柱头之上施斗拱承平座及三层楼阁。特别是三层楼阁中的大吻，与现存明代建筑大吻式样完全相符。正脊（图3-46）造型精美、捏造娴熟，塑有龙凤、人物、花鸟等各种图案，色彩深浅不同、内容丰富、五彩斑斓、流光溢彩，其塑造技艺娴熟，烧造工艺的考究，都能反映出明代是我国建筑琉璃发展的成熟时期。在艺术造型、釉色配制和烧造技术上都达到了纯熟的地步。明初熔块釉(有人称之为法华)的广泛使用，提高了琉璃的质量。釉色中的孔雀蓝，更增加了它的艺术效果。虽这一时期全国留下的佳品甚多，但藏经殿这样一组保存完好琉璃脊饰确为我国琉璃发展史上的杰出代表作。

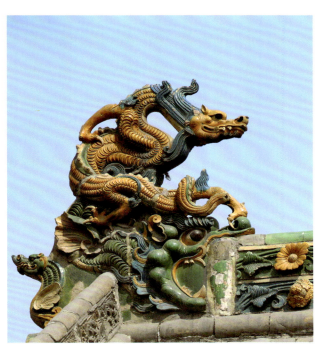

· 图3-44 藏经殿正吻

· 图3-45 藏经殿正吻

· 图3-46 藏经殿正脊

（二）黑釉琉璃

香严寺现存慈氏殿、观音殿、伽蓝殿、地藏十王殿以及天王殿五座元代建筑屋顶正脊与垂脊的脊筒、脊刹等脊饰都施用了黑釉琉璃，屋面全部为灰布筒板瓦（图3-47～56）。据考证金、元时期人们仍最习惯屋顶琉璃用灰、黑色调或绿、黑两色的搭配方式，元代崇尚黑琉璃这与元人尚武的性格有关。所以在香严寺建筑中除了大量使用黄绿琉璃外，黑琉璃成了建筑特色。从山西介休师屯村元代广济寺保存的黑釉琉璃也可佐证说明这一特点。此外还有勾头、滴水及筒板瓦为清代常见的花草、兽面等图案。

由此可见，从金代、元代到明清香严寺建筑都保留了琉璃构件，年代连续、式样丰富。黑釉琉璃又形成了独具特色的地域文化特征。

琉璃脊兽有大吻、骑凤仙人、龙凤狮子、天马、海马、狻猊、押鱼、斗牛、行什，各种脊兽色彩浓淡各异，造型精美，在阳光下，呈现出五彩斑斓的色彩。

柳林香严寺——研究与修缮报告

· 图3-47　慈氏殿黑釉琉璃屋脊

· 图3-48　慈氏殿脊刹

· 图3-49 观音殿正吻

· 图3-50 伽蓝殿脊刹

· 图3-51 天王殿脊刹

· 图3-52　慈氏殿正脊局部

· 图3-53　天王殿正脊局部

柳林香严寺——研究与修缮报告

· 图3-54 天王殿垂脊

柳林香严寺——研究与修缮报告

· 图3-55 观音殿垂兽

· 图3-56 观音殿垂兽

二、砖雕佛台

大雄宝殿内现存有金代砖雕佛台，佛台依东西山墙、后檐墙下脚用方砖雕筑而成。在元代大德二年(1298年)碑刻和明代宣德九年(1434年)碑刻上阐明了大雄宝殿佛龛台的砌造时间及对该殿瓦顶、神像等维修工程的记载。砖雕内容，有佛教故事、神话传说、历史人物等，如八仙过海、五子朝观音、蟠桃大会、飞天仙子等，雕工精致，溢彩流光，人物传神、生动。

砖雕分置殿内两侧及后檐墙一周，总长32.28米。东段佛龛台长16.14米，宽0.67米，高0.84米；西段佛龛台长16.14米，宽0.60米，高0.84米。佛台立面用条砖制成线道将总高分成四部分，由下而上为立砖砌圭角、两层陡板、上枋。纵横线道砖立面作三角形向外凸起刻出起线，搭交方式与隔扇中的边挺、抹头一致，竖向线道将上下两层陡板间隔成大小不同的100块雕花陡板。佛龛台面用35.5厘米×35.5厘米×5厘米的方砖对缝铺面。雕花陡板可分为大、中、小三种规格。大型长54.5厘米，高33厘米；中型长54.5厘米，高16厘米；小型长36厘米，高16厘米。上下层陡板在立面上呈"丁"字形分布，陡板内采用剔地起凸的手法高浮雕各种花卉、祥瑞禽兽图案。其中下层陡板先雕出形如龛门的外轮廓，板心浮雕莲花、牡丹、荷花、喜鹊登枝、童子舞狮、

孔雀牡丹、凤凰、鸳鸯、仙鹤等图案；上层花卉为单枝莲、石榴花、桃、菱角荷、牡丹、万字回纹、寿字纹等图案。所雕花叶构图饱满，层次分明，在一幅图案中的莲花有大片的莲叶、莲蕾、菱角荷、卷草叶片等多种表示方式，牡丹花的叶片上叶脉清晰，花朵由顶向下层层展开，突出了花卉的灿烂，表达了艺人对植物细致入微的洞察力。

在后墙佛台上有两幅图案，构图与其他处有别。一双髻童子跣足跨于跑狮上，奔腾于山水之间，童子面露喜悦之情，左手紧握飘动的天衣，右臂高举作疾驱跑狮状，行狮体型健壮，后蹄翻飞，张口怒目前奔，这幅图案在佛教典故中所寓何意，不甚了解，但作为砖雕艺术堪称佳品。东山佛台上刻化生动的童子戏莲花图案一幅，童子体型圆润，头上双髻，赤身颈配项圈、腕戴臂钏，藏身于莲花内，手握长荷一支，憨态可掬（图3-57）。

纵观该殿佛台砖雕总体来看构图画面有：仙鹤互鸣于水面、喜鹊登于枝头、凤凰翔翔；行龙遒劲；枝叶雕刻细腻……构图内容丰富，堪称一幅金代水墨画与砖雕艺术之集大成，其刀法娴熟流畅。同时佛教题材仙人、力士、狮子、凤凰、鸳鸯、仙鹤、莲花、牡丹、荷花等装饰题材，共同构成了香严寺古建筑丰富多彩的佛教文化，具有极高的艺术、文物价值。

·图3-57-1 大雄宝殿砖雕

· 图3-57-2　大雄宝殿砖雕

· 图3-57-3　大雄宝殿砖雕

· 图3-57-4　大雄宝殿砖雕

· 图3-57-5　大雄宝殿砖雕

· 图3-57-6　大雄宝殿砖雕

· 图3-57-7　大雄宝殿砖雕

· 图3-57-8　大雄宝殿砖雕

三、泥塑佛像

七佛殿佛台上保存有七尊佛像（图3-58），其排列方式为三世佛依三开间的殿宇居各间正中，两侧胁侍菩萨共四尊。塑像由西而东分布为大势至菩萨、阿弥陀佛、文殊菩萨、释迦牟尼佛、普贤菩萨、药师佛、观世音菩萨（图3-59）。

三世佛，是大乘佛教的主要崇敬对象，俗称"三宝佛"。根据印度哲学，时间和空间是混淆的，因此三世佛分为以空间计算的"横三世佛"与以时间计算的"纵三世佛"。

横三世佛，指中央释迦牟尼佛，东方药师佛（另一说是东方阿閦佛，又称"不动佛"），西方阿弥陀佛。东方药师佛主管东方净琉璃世界，他有两位胁侍，日光普照菩萨和月光普照菩萨，号称东方三圣。一般祈祷于药师佛，主要目的在于祈求现世安乐。中央释迦牟尼佛主管中央娑婆世界，他有两位胁侍，"大智"文殊菩萨和"大行"普贤菩萨，号称华严三圣；他是这个世界的教化者，是佛教教主。西方阿弥陀佛），主管西方极乐世界，他有两位胁侍，"大勇"大势至菩萨和"大悲"观世音菩萨，号称西方三圣。一般祈祷阿弥陀佛，主要目的在于祈求死后的解脱。佛教界有说法认为横三世佛为同一佛，只是为了救渡众生，而化现为不同化身。胁侍菩萨是修行层次最高的菩萨，其修行觉悟仅次于佛陀或等同于佛陀。本殿在三世佛外，只塑造了大势至、文殊、普贤、观世音这四位在民间最为知名的菩萨。各像均取结伽趺坐式，盘膝于莲花座上，佛身披袈裟，结带于腹，做各种手印，衣褶流畅自如，领口、袖口纹饰细腻，其体型较两侧的菩萨略显魁梧；胁侍菩萨上着璎珞下着裙，颈佩项圈天衣绕身，体型匀称。各像头部均已不存。佛高150厘米，肩宽75厘米，莲花座高38厘米。体内主龙骨直插入佛台内，佛座由台心内塑起。七尊佛像无论造型、塑像艺术及衣纹饰品都可称为佳品，反映了明代该地区塑像的工艺水平，具有较高的文物价值。最难能可贵的是保存至今没有任何酥碱、

· 图3-58　佛像

· 图3-59-1　文殊菩萨

· 图3-59-2　释迦牟尼佛侧身

· 图3-59-3　释迦牟尼佛

· 图3-59-4　普贤菩萨

分化的痕迹，这完全得益于当地干燥的气候环境。

泥塑佛台为明代遗物，砌在殿内二层，顺开间方向贴后墙设置，东西两端与山墙相接，由后檐墙向前突出178厘米，高85厘米，台身立面用25厘米×35厘米×7厘米的土坯由下而上分三层竖砌而成，上下层土坯之间衬以素泥，土坯外抹压麦糠掺灰泥一层，厚2厘米，再外抹压麻刀灰一道，厚5厘米。之后，用麻刀、纸浆调成的泥浆塑成三张仿木"供桌"的立面，做法是：先依总长度用堆塑法作出陡板三层，再依台上所供的三佛四菩萨的布局用线道界分成中央、两侧三个单元，每个单元两侧皆塑"桌腿"，"桌"之立面以纵横线道将三层陡板又分成上下错位的长方格每层8个，线道突出壁面2.5厘米，断面呈半圆形，宽4厘米。每条大边的两侧仔边起线清晰，上下交割方式形如隔扇中抹头与边挺的榫接，仿木形制逼真。从现存剥蚀严重的残迹细辨，可以看出陡板立面原涂绿色，线道大边等着以黄色。

佛台台心内先按照佛像位置埋设木桩（龙骨后，再用素土进行夯填）。台面依边缘泥层抹面。

常见佛台一般为砖砌或木制，但香严寺的佛台却为泥土仿木构雕塑而成，其抹头、子边两侧的纹饰依然清晰可见，保存完整。

建筑壁画

寺内保存较好的壁画位于大雄宝殿、天王殿及七佛殿内，这些壁画根据建筑的等级、内容及信奉进行绘制，手法各异。

大雄宝殿前檐斗拱拱眼壁画8块，每块外立面绘沥粉贴金的升降龙各一条，现状仅保留部分沥粉残迹。前檐金柱斗拱的拱眼壁画每间一块，内容是火焰行龙，由斗子拱子的外轮廓向内以黑白两色分层退晕后，以黑色为地，用黄白两色绘制曲行于云中的行龙各一条（图3-60）。前檐廊心墙上以水墨写意手法绘护法天神一尊（图3-61），现在颜料层次模糊不清，仅人物主轮廓及天神衣纹残线尚可以辨析。前檐西山廊心墙上方的山花象眼用水墨小写

柳林香严寺——研究与修缮报告

· 图3-60　大雄宝殿前檐拱眼壁画

意的手法绘出古柏一棵、坐佛一尊、梅花鹿一只暗寓"福禄寿"，画艺与保存状况较其他拱眼略好一些。

天王殿拱眼壁画仅存于前檐东西次间斗拱之间，共四幅。画面黑色为地，用黄色绘出盘旋翻腾的升（降）龙一条，画面边缘依斗子、拱子外轮廓用青、灰、白三色分层退晕后绘制云头（图3-62）。

七佛殿壁画保存在东山墙上的山花象眼之间。单步梁与双步梁的上下间隙内，以山柱分隔成前后两块，其上绘绿地红花的蕃草莲花共四朵；单步梁与山柱之间的象眼部位以水墨写意的手法绘山水人物佛教故事图（图3-63）。

· 图3-61　水墨写意手法绘护法天神一尊

· 图3-62　天王殿拱眼壁画

建筑彩绘

大雄宝殿梁架保存有彩绘，经过辨析可以看出该殿木构架上的彩画大体分四种类型：

（1）外檐斗子、拱子，先由构件边缘开黑线、拉大粉后，遍装沙绿油饰，其中各构件立面居中部位色泽略深，似为石绿。

（2）前檐金柱头阑额、普柏枋上施以白地墨线的云纹彩绘；后檐当心间下平槫上的二龙彩绘，更是精彩异常（图3-64）。

（3）殿内四椽栿上遍装旋子彩绘，因长期的烟熏及屋塌漏雨，目前仅存断续的纹饰，具体图案已不辨，其中在明间东缝四椽栿下，斑驳的存有墨书："元□明股□良法度彰礼乐者□廉□府库□□□□依佛"（图3-65）。

（4）前檐金柱四根，立面涂刷土朱色油饰一道（残剥严重）。殿内上平槫缝的一些椽子，残存色

· 图3-63　七佛殿壁画

· 图3-64　大雄宝殿下平槫上的二龙彩绘

· 图3-65　大雄宝殿题记

泽浅绿泛灰。

天王殿除前檐斗拱以外的其余木构件外观色调为土朱色，前檐斗拱立面保存的彩绘带有明显的地方手法，彩绘色泽分青、绿、灰、白四种。每间的檐槫分成三段，每段内绘找头、箍头、枋心，枋心内的图案为俗称万卷书的"云托子"；随槫枋两端绘万字纹、其余部分以投影方式绘出连续不断的菱角图案，每组菱角面的两个折面分别是山水人物、墨书诗词，其整体观感形似一折折书画集，风格较为独特；斗子及拱子先行拉大粉后再由外向内分层攒晕，每个斜斗子及拱子的中央用绿色绘出"黑老"，"黑老"与白色轮廓之间用四色分层退晕，正散斗的"黑老"色彩为青色，色彩的这种交替处理赋予了构件立面一些变化。

七佛殿殿内梁架及各缝檩条上残存的彩绘是：以烟熏色为底，用青、白、黑三色分层退晕绘成云纹、云头与栀花，是一种地方风格的"旋子彩画"。旋子彩画俗称"学子"、"蜈蚣圈"，等级仅次于和玺彩画，其最大的特点是在藻头内使用了带卷涡纹的花瓣，即所谓旋子。旋子彩画最早出现于元代，明初即基本定型，清代进一步程式化，是明清官式建筑中运用最为广泛的彩画类型。

建筑板门

天王殿前檐明间版门为清宣统三年（1911年），前后檐两次间设隔扇窗。

前檐板门两扇，下施地栿，上置门额。左右施立颊装余塞板。每扇门门钉四路七枚，门钉铁质，立面为梅花分瓣向外凸起，原铺首门环已不存，在

· 图3-66　天王殿门钉

· 图3-67　天王殿门簪雕刻

·图3-68 天王殿狮子

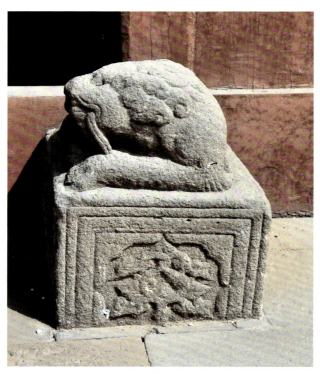

·图3-69 天王殿狮子

门环碰钉位置现存立面为月牙花边的铁钵共两个，每扇板门上下方均施铁包叶。在额枋内将鸡栖木与门额用暗榫锁紧，外置方形门簪，其雕刻精美（图3-66、67）门枕石黄砂岩质地，立面长方形，其上相向盘伏卧狮各一只，与其他山西保存元代石狮形制相似，动感较强，堪称香严寺内石雕佳品（图3-68、69）。

第四章　保护规划研究与实践

第一节　保护原则与框架

一、编制背景

　　香严寺的保护工作自20世纪90年代末即已开始，其保护规划的编制工作是从本世纪初的2003年着手进行的。当时，国家针对保护规划的许多政策刚刚出台，例如，2002年，国际古迹遗址理事会中国委员会编制并出台了《中国文物古迹保护准则》，在第二章第9条中明确提出了文物古迹的保护应编制保护规划的要求："文物古迹的保护工作总体上分为六步，依次是文物调查、评估、确定各级保护单位、制订保护规划、实施保护规划、定期检查规划。原则上所有文物古迹保护工作都应当按照此程序进行。"2002年，国家重新修订了《中华人民共和国文物保护法》，第二章第十六条中规定："各级人民政府制定城乡建设规划，应当根据文物保护的需要，事先由城乡建设规划部门会同文物行政部门商定对本行政区域内各级文物保护单位的保护措施，并纳入规划。"2003年，文化部颁布的《文物保护工程管理办法》中规定："文物保护单位应当制定专项的总体保护规划，文物保护工程应当依据批准的规划进行。"2004年，国家文物局发布了《全国重点文物保护单位保护规划编制审批办法》和《全国重点文物保护单位保护规划编制要求》。至此，全国重点文物保护单位保护规划的编制工作开始实施并逐步走向正规。香严寺作为全国重点文物保护单位，2003年，柳林县人民政府委托山西省古建筑保护研究所编制香严寺保护规划。就是在这样背景情形下，项目组开始编制并逐步修改、完善规划。2006年经国家文物局（文物保函[2006]1299号）批复同意柳林香严寺总体保护规划。

二、规划依据

保护规划编制的主要依据是国家相关法律法规，同时参考了国际国内宪章和公约。主要由以下构成：

（一）国家法律、法规文件

①《中华人民共和国文物保护法》（2002年10月28日第九届全国人民代表大会常务委员会第三十次会议通过）

②《中华人民共和国文物保护法实施细则》（2003年5月13日国务院批准，2003年7月1日国家文物局发布实施）

③《中华人民共和国城乡规划法》（1998年）

④《中华人民共和国环境保护法》（1989年12月26日第七届全国人民代表大会常务委员会第十一次会议通过）

⑤《中华人民共和国土地管理法（修正）》（1998年8月29日第九届全国人民代表大会常务委员会第四次会议修订，1999年1月1日起施行）

（二）国际、国内宪章和公约

①《国际古迹保护与修复宪章》（威尼斯宪章）（1964年）

②《考古遗产保护与管理宪章》（1972年）

③《奈良真实性问题文件》（1994年）

④《中国文物古迹保护准则》（2002年）

三、保护规划理念与原则

（一）规划理念

真实、完整地认定与保护历史文化遗产。对历史遗存要进行认真的甄别、审核与认定，确保遗产信息的真实性；对历史遗存的物质组成，包括遗存本体、历史格局以及基地历史背景环境等应进行认真的梳理，保证建筑遗产信息构成的完整性。

确保历史文化遗产保护工作的有效性和可持续性。针对历史文化遗存本体和环境要素的保护，一定要认真规划、精心设计、谨慎实施，同时考虑基地在区域的发展规划。在保证建筑遗产安全的情况

下，与地方城镇总体规划相衔接。

遵循"保护为主，抢救第一，加强管理，合理利用"的文物保护方针，对文物本体中损坏比较严重的建筑遗产应本着"先保命、后治病"的原则，进行抢救性保护，保证所有遗产的安全性。

（二）规划原则

坚持保护为主，统一管理原则。将柳林香严寺保护工作纳入当地经济和社会发展计划，纳入城乡建设规划，纳入财政预算，纳入体制改革，纳入各级领导责任制。

坚持科学修缮与合理利用相结合原则。针对香严寺古建筑群及其相关环境的特点，最大限度地保护香严寺古建筑群的真实性、完整性、延续性。

坚持保护与环境和社会发展协调原则。通过对周边环境的整治，改善保存环境，努力烘托文物价值。

坚持全面保护原则。通过制定具体的措施和立法达到文物保护单位本体保护与环境保护、科学研究保护相结合；政府、专业人员、民众保护相结合的良性循环。

（三）规划目标

有效保护历史文化遗产，配合区域经济发展，谋取文物保护与生态效益、社会效益、经济效益和谐共生与可持续发展，使柳林香严寺这一珍贵的历史文化遗产获得有效保护和利用，在社会主义精神文明和物质文明建设中发挥积极作用。

（四）基本对策

尽可能减少对香严寺古建筑群本体的干预，确保文物的真实性、完整性和安全性；保护工作的展开均应建立在研究、实验的基础上，提高保护措施的科学性；合理协调文物保护与地方经济的关系，防止过度开发，避免建设性破坏等现象；强调文物环境保护，注重文物保护与生态环境保护相结合；加强管理规划，强调实施定期日常保养和预防灾害监测等工作；做好利用规划，坚持科学、适度、持续、合理的利用；提倡公众参与，注重普及教育。

（五）规划重点

科学划定保护区划，保障香严寺文物的真实性、完整性和安全性；制订香严寺古建筑群本体保护措施，包括对寺院古建筑、院落、围墙、格局、碑刻等文物保护对象的科学维护与修缮；制定香严寺古建筑群保护规划实施过程中所涉及到的公共建筑、公共设施、居住建筑以及公民生活科学、妥善的整改措施；制订香严寺古建筑群的展示与利用计划；制定保障香严寺研究、科学保护、合理展示的管理规定；按照轻重缓急的原则，科学合理安排实施计划。

（六）实施原则

分级性原则。将古寺庙规划成几个不同层次的区域，加以区别对待。具体分为：保护范围、建设控制地带两个区域。

阶段性原则。根据实际情况，将规划实施方案分为近、中、远三期。

整治和维护古寺庙要与发展现代生活相互协调，要做到保护与发展相结合。大力动员当地群众树立保护文物及其环境的意识，加大保护的深度和力度，并通过一定的制度对文物建筑进行日常的维护。

（七）规划范围

本规划范围四至为：东至三川河西侧河堰处；南至桥西街路牙南侧；西至堡沟路西侧向西189米处；北至千佛山北山丘北坡底处。面积145882平方米（图4-1、2）。

（八）规划期限

柳林香严寺保护规划的期限为15年。其中近期规划期限为2年，从2006年01月开始至2007年12月；中期规划期限为3年，从2008年01月开始至2010年12月；远期规划期限为10年，从2011年01月开始至2020年12月结束。

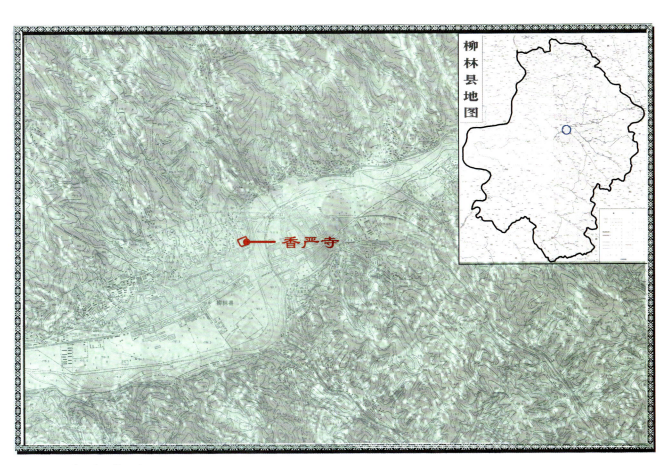

·图4-1　香严寺区位示意图

規划范围：
东至三川河西侧河堰处；
南至桥西街街路牙南侧；
西至堡沟路西侧向西189米处；
北至千佛山北山丘北坡底处。
面积为：145882平方米

图例
　　规划范围
　　香严寺

・图4-2　规划范围示意图

第二节　保护对象

一、香严寺历史格局

　　柳林香严寺位于山西省柳林县城东北柳林镇，占地面积为6160平方米。寺院呈南北向，整体坐落在千佛山南山丘前面的台地之上，东南侧有山川河水流过，布局依山傍水。寺内院落广阔、布列舒缓，南北相距74.33米，东西相距54.29米，由多重院落组成。香严寺古建筑群创建于唐代，格局以中轴线上的两进院落为主。后经宋、金、元、明、清等各代修缮或重建，重修了主题院落的大部分建筑；加建了西侧的藏经殿、崇宁殿、七佛殿等建筑群，逐渐形成了目前的格局。

二、文物本体

　　香严寺古建筑群本体由13座建筑组成，包括、天王殿、大雄宝殿、毗卢殿、钟、鼓楼、东配殿、伽蓝殿、观音殿、地藏十王殿、慈氏殿、藏经殿，崇宁殿，七佛殿（图4-3）。

　　背景环境

　　柳林香严寺基址为一台地，北靠千佛山，南俯柳林宾馆，西临堡沟路及柳林镇民居群落，东临过境公路307国道与三川河隔路相望。台地高度距公路路面10米，距堡沟路路面4--7米。千佛山顶原有元代千佛塔一座，现已毁。香严寺古建筑群相关的背景环境要素主要包括基地山体、北侧的千佛塔山脉及其山体植被以及东侧的三川河等。上述环境要素的存在能够清晰地反映出香严寺初建时在建筑选址上的传统文化理念。

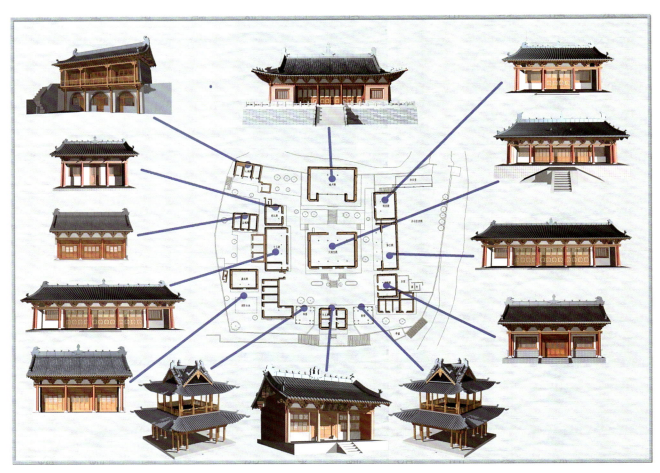

· 图4-3 寺院建筑分布示意图

三、现状调研与分析

　　整个建筑群格局基本上保存完整，但是历经各个朝代的战乱，天灾等，大多数建筑都存在有残损，除毗卢殿、伽蓝殿于近期重新修缮过外，其余建筑均有不同程度的破损，其中建于明朝的七佛殿破损程度非常严重。而现阶段最主要破坏是由于历史上各种基本建设的不合理导致山体滑坡，这种地质危害随时都可能使香严寺毁于一旦，因此我们必须立刻采取相应的保护措施。

第三节 专项评估

一、价值评估

据《汾州府志》（万历）、《汾州府志》（乾隆）、《永宁州志》（光绪）记载，该寺院始建于唐贞观年间，宋、金、元、明、清历朝都有续修。现保存较完好的殿宇建筑年代可概括为"一宋二金五元三明二清"。元中统年重修寺后千佛宝塔。主轴线上的大雄宝殿用材粗壮，构架有鲜明的金代北方佛寺建筑特点，是研究宋金时期佛寺建筑的重要实物资料，其他大部分建筑的建造年代也在明清以前，整个建筑群具有较高的历史价值。

香严寺建筑的装饰艺术具有很高的成就。寺院建筑瓦顶部分有宋元时期的勾头，滴水，脊吻，明代的琉璃瓦件，其造型图案多达10余种。尤其是寺内建筑上保留了一批明代的黑琉璃瓦件，全国罕见。另外寺内雕塑具有独特的韵味，元代砖雕和明代的琉璃走兽也独具特色。明清时期的泥塑菩萨坐像也具有独特的韵味。

柳林香严寺建在台地之上，且依山傍水，既体现了晋西多山地区山地建筑的建造技术特点，又反映了中国传统佛寺建筑选址和布局的文化特征。单体建筑的建筑材料、结构技术、排水技术、琉璃技术等，也有很高的科学研究价值。香严寺是多朝代建筑群体，寺院中的建筑形式及其构造做法也不尽相同，其殿堂内斗拱造型、屋顶的举折、梁架的形式、门窗样式等都可以反映出中国宋代以后建筑技术演变的进程。大雄宝殿等建筑中采用减柱造和移柱造的手法，也有部分建筑结构式样沿袭宋代《营造法式》的做法，并与地方建筑手法相互借鉴，形成地域性很强的建筑营造手法，寺内建筑可以为我们研究宋至明清的地域性建筑提供史料依据。

二、现状评估
（一）本体现状评估

香严寺现存的古建筑整体保存状况较好，房屋形制以及大部分结构构件均保持原状。但寺庙内的一些主要建筑如：大雄宝殿，七佛殿，东配殿、慈氏殿破损比较严重，还有其他一些古建筑如藏经殿，崇宁殿等由于人为原因而失去了原本的面貌（图4-4）。

寺院内部的公共设施存在着一定的缺陷，路面有不同程度的破损，高台明被填高的地面所掩盖；造成流水不畅。寺院管理人员的工作用房没有考虑到原有建筑的基础，寺院内部的绿化面积也达不到优美环境所必须的要求。

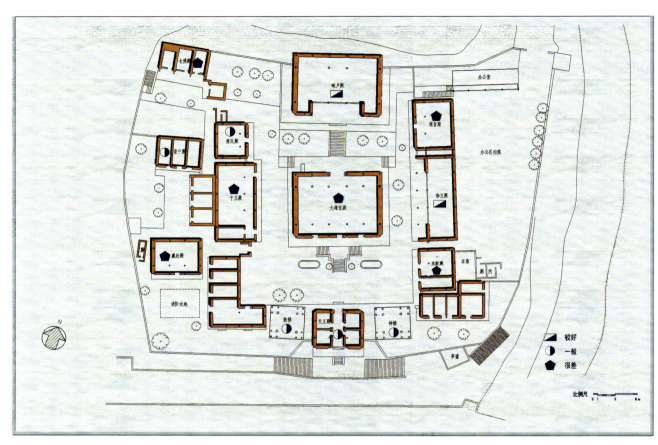

·图4-4　建筑质量分析图

柳林香严寺——研究与修缮报告

（二）环境评估

柳林香严寺现有护坡受损严重，特别是东、西两侧护坡，长期受到自然环境及人为因素影响，如不及时进行护坡加固或者重建将有可能发生山体滑坡，从而影响到香严寺的保护工作。

寺院周边环境及其配套设施没有能够与香严寺这座千年古刹相适应，周边现代建筑的形式、高度等都没有考虑到保护要求，没有得到合理的规范和控制，寺内配套设施也不够完善。

（三）附属文物评估

寺庙内的石碑，石雕，散落各处，有的甚至已经失去它们的原有面目，而且这些珍贵的历史遗存还面临着流失。

虽然香严寺作为一组极有价值的文物建筑，有着很大的展示利用潜力，但是由于其周边环境以及建筑物缺乏科学的规划控制，使得它前来参观的人数不多。

（四）评估结论

香严寺虽然整体布局基本完整，但是历经各个朝代的战乱，自然灾害等，大多数建筑都有残损，毗卢殿，伽蓝殿为近年保护修缮过，其他建筑均有不同程度的破损，其中建于明代的七佛殿破损程度非常严重。而现阶段最主要破坏是各种人为因素导致的山体滑坡，由于这种地质危害随时都可能使香严寺毁于一旦，因此必须立刻采取保护措施。香严寺周边建筑——柳林宾馆和招待所与之极不协调，有碍视廊和展示路线。千佛山西侧有新修违章建筑，危及千佛山和香严寺山体。香严寺道路不畅，不利于人流疏散。特别是每年庙会期间这种问题更为突出。

第四节　保护区划与保护措施

一、保护区划

柳林香严寺现有护坡受损严重，特别是东、西两侧护坡，长期受到自然环境及人为因素影响，如不及时进行护坡加固或者重建将有可能发生山体滑坡，从而影响到香严寺的保护工作；香严寺北侧千佛山南山丘现存千佛塔遗址。香严寺南侧为寺庙整体环境的前区，应予以适当扩大。香严寺原有保护范围划定方式可实施性较差，不利于香严寺全方位保护。现根据文物保护单位现存分布状况；保护对象的安全性和完整性；周边区域城镇建设现状和趋势，保证环境风貌的协调性，对香严寺保护区划进行重新划定。保护区划分为保护范围和建设控制地带（图4-5）。

保护范围界定（四至）：

东至307国道西侧边沿；

南至香严寺山门台明向南108米；

西至堡沟路西侧；

北至千佛山南山丘北坡底；

占地面积：3.3万平方米。

建设控制地带界定（四至）：

东至三川河西侧河堰处；

南至桥西街路牙南侧；

西至堡沟路西侧向西189米处；

北至千佛山北山丘北坡底处。

占地面积：11.3万平方米。

二、保护措施研究

按照保护范围的管理规定，与文物本体安全性关联的土地全部由国家征购，土地使用性质调整为"文物古迹用地"。在保护区内逐步清除地面以上及周边影响保护工作的所有建筑物和构筑物；不得进行除保护工程之外的任何建设工程或者爆破、钻探、挖掘等工作，不得进行任何有损文物本体的活动。文物修缮工程必须按照法定程序办理报批审定

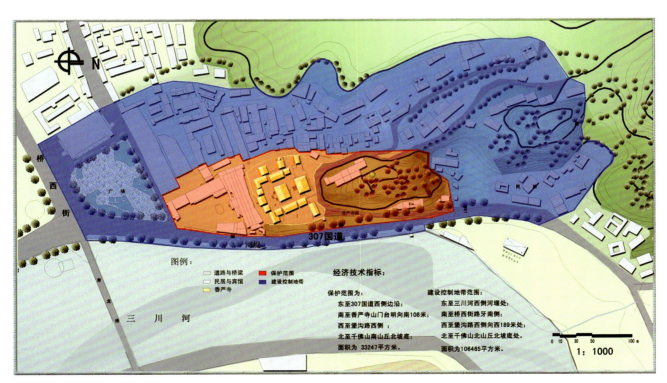

·图4-5　保护区划图

手续;不得建设污染文物保护单位以及其环境的设施,实施有效的安全防护措施。

(一)本体保护措施

香严寺内文物建筑保护措施分为:重点修复、现状修整、日常维护三个主要类别。

重点修复:这类建筑在进行维修前,需进行详细的勘查测量、技术检测以及科学试验,制定保护修缮设计方案。包括屋顶揭挑瓦面;大木结构局部或全部落架重修;增添加固结构,更换或补配残缺构件;重做地面等。

现状修整:该类建筑必须保留建筑结构、屋顶、台基等原有传统建筑文物建筑部分,拆除改建时的室内外新加的墙体,门窗,拆除时应注意新老构件区别,尤其注意保留原有附属文物及建筑装饰构件。对于丢失或不存在的部分根据传统工艺、材料进行复原。

日常维护:该类建筑需要日常性的维修维护,并需当地文物部门对这类建筑的健康进行监测,在日后的维护勘查过程中,一旦发现明显的残损问题,经当地文物部门的审批后可以将其保护措施升为现状修整。

表4-1 建筑修缮与功能调整表

编号	建筑名称	建筑类别	原有功能	修缮性质	功能调整
1	天王殿	文物建筑	库房	现状修整	原貌展示
2	东配殿	文物建筑	门房	重点修复	原貌展示
3	地藏十王殿	文物建筑	库房	重点修复	原貌展示
4	慈氏殿	文物建筑	库房	现状修整	原貌展示
5	观音殿	文物建筑	库房	重点修复	原貌展示
6	藏经殿	文物建筑	展室	重点修复	原貌展示
7	七佛殿	文物建筑	办公室	重点修复	原貌展示
8	大雄宝殿	文物建筑	开放展示	重点修复	原貌展示
9	毗卢殿	文物建筑	开放展示	日常维护	原貌展示
10	崇宁殿	文物建筑	值班室	现状修整	原貌展示
11	钟楼	文物建筑	开放展示	现状修整	原貌展示
12	鼓楼	文物建筑	开放展示	现状修整	原貌展示
13	伽蓝殿	文物建筑	展示	日常维护	原貌展示

(二)香严寺文物建筑遗址保护措施

香严寺西配殿拆于20世纪60年代末,目前在原有基础上临时搭建了伙房,经初步勘探,其建筑形制与东配殿基本相同,本规划依据文物保护法对西配殿进行遗址保护,并应维持西配殿台基、柱础的现状,整理原有照片及图纸,通过照片文字展览等多种辅助形式向游客展示西配殿原貌。

(三)院落保护措施

香严寺院落修缮措施包括:原状维护、复原修缮、现状整改。

原状维护:主要针对香严寺内保持了原有历史传统风貌的院落,根据原样对院落内铺地进行维修维护,须保证使用原材料、传统工艺。主要针对香严寺中轴线院落。

复原修缮:主要针对香严寺被改造的传统院落,恢复原有院落格局。主要针对香严寺西跨院。

现状整改:这些院落为加建院落,根据不同需要加以整改,以便和香严寺传统风貌协调。主要针对香严寺东跨院。

寺内硬化面积为3000平方米(图4-6)。

(四)附属文物保护措施

香严寺附属文物主要有泥塑、石碑、砖雕等。根据附属文物的种类、残损状况及保存状况提出不同保护措施:

修缮加固:对于寺内的破损泥塑,需要详细研究实验,对其进行加固修复。主要针对七佛殿内的泥塑等。

馆藏展览:对于原址不清楚,或从其他地方收集来的附属文物,入藏改造后的库房内,交博物馆展览。主要针对寺内散落的石碑、石雕、砖雕等。

(五)保护修缮技术措施

保护技术主要依据对文物建筑本体的结构受力、物理化学性能、材料构成、残损状况以及相关的地质勘测、环境监测等一系列数据的分析,判断破坏因素,制定保护技术对策。

针对香严寺的实际残损情况和所处环境特征,

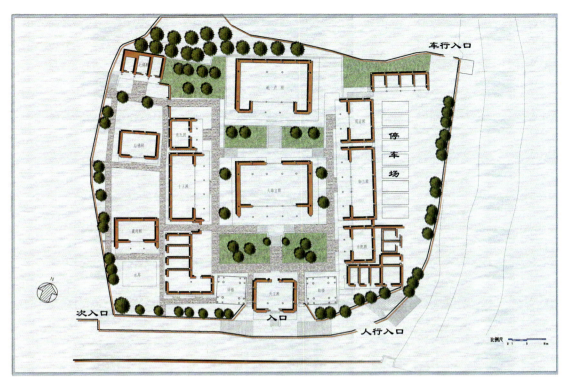

次入口　入口　人行入口　车行入口　停车场　比例尺

·图4-6　规划平面图

需进行如下保护修缮技术的研究和实施：

1. 加固技术

包括地基加固技术；护坡加固技术；酥碱墙体加固技术；木结构加固技术

2. 琉璃釉面防护技术

3. 泥塑保护技术

4. 石刻、砖雕防风化技术

目前香严寺所面临的主要保护难题有以下几点：酥碱墙体的替换及加固，屋顶原有琉璃瓦传统烧制方法的研究，寺内泥塑酥碱剥落的原因及保护方法。需要进一步实验研究并制定相应的保护设计。

酥碱墙体强度实验；琉璃瓦胎体、釉面成分分析；脱釉机理分析；香严寺泥塑胎体及表面成分研究实验；泥塑酥碱剥落原因分析。

（六）周边环境整治措施

1. 原则

坚持全面保护的原则，在时间上和空间上保护香严寺的全部历史文化信息。采取分层次保护的方法，多学科、多层次合作，对古建筑进行调查分析，进行分等级、分层次保护。

坚持科学保护、有效利用古建筑的原则。根据保护类别的划分提出不同的使用要求，使古建筑在新的环境下能尽其用。

坚持保护与发展并重的原则。加强古建筑基础设施的建设和改善，在保护古建筑及其环境的同时，改善居民的居住生活条件。

坚持公众参与的原则。发动全体居民参与保护，努力解决因保护需要而给居住者带来的生活和其他方面的困难。

由于寺庙建筑具有其余文物建筑所不具备的超脱凡世的属性，因此本次环境整治涉及到"历史遗产环境"这一概念，所以我们应当依据文物建筑所特有的理想来还原或整治特有的环境，具体到佛寺建筑就是不仅创造优美的视觉环境，又使游客参与特定时间内的民俗活动，更要使佛寺有博大精深的意境，尽可能使佛寺建筑及其所承载的理想得到完整的保护。

通过环境整治，有效保护历史文化遗产，配合区域经济发展，谋取文物保护与生态效益、社会效益、经济效益的和谐共生与可持续发展，使柳林香严寺珍贵的历史文化遗产获得有效保护利用，并在社会主义精神文明和物质文明建设中发挥积极作用。

2. 措施

香严寺保护区内的建筑根据该区建筑历史风貌评估，并根据各建筑具体情况位置逐一制定措施：

护坡加固：该措施主要是加固东西两侧护坡及千佛山山体南侧护坡。护坡边坡长度2650米。

建筑改造：该措施针对柳林县宾馆窑洞建筑与香严寺建筑风貌不统一的现状，将其窑洞上的琉璃顶全部去除，使其建筑外材料与周边环境协调适应。

拆除：近期针对千佛山西侧院子和香严寺次入口处两个厕所对环境的影响，将其拆除，其中西厕所拆除建筑面积为20平方米；七佛殿东用房（办公）拆除建筑面积为10平方米，并修建为围墙；十王殿后用房（办公）拆除建筑面积为50平方米；管理用房（伙房）拆除建筑面积为20平方米；拆除共计800平方米；中期拆除柳林招待所东边上下四层各三孔窑洞建筑共200平方米；远期拆除柳林宾馆和柳林招待所全部建筑共计13000平方米。

道路改造：要按传统风貌改造修整本区域内的道路路面。仍采用条砖和条石等体现古代建筑特色的材料，而不能用水泥、地砖等现代材料。近期以香严寺路为主干道进入寺内，道路面积为1800平方米；次入口位于堡沟路处，面积为3000平方米；在香严寺南面开设临时通道，道路面积为1200平方米；中期修建道路800平方米；远期修建道路1200平方米。

环境改造：对本区内的空地可根据传统风貌进行清理、修缮并严格保护，清理本区内的垃圾堆放点并严格禁止乱倒垃圾，在保护区外设立集中的垃圾站，以免影响和破坏寺庙的整体环境。寺庙内修建公共厕所1处，千佛山修建临时水冲厕所1处，垃圾桶寺内每个院落放置2个。

绿化措施：建设控制地带的北侧为丘陵地段，东侧为307国道和三川河。西侧为山坳地段，水土流失及山体滑坡现象比较严重。因此必须采取绿化与挡土墙等措施严格控制山体滑坡，同时应限制山体下的任何破坏性开采活动。加强植树造林，增加绿化面积，绿化中需采用比较低矮的，不会对香严寺景观造成视线遮挡的树种。近期植树、绿化面积为1000平方米。中期、远期植树、绿化面积为2000平方米。

第五节　专项规划研究

一、陈列展示规划

香严寺有悠久的历史，丰富的古建筑资源以及浓郁的文化特色。柳林是中原文化影响较深的地区，又有得天独厚的自然景观条件。县域内外的景观资源只要在香严寺这一国保级精品历史遗产的带动下，将形成各具特色的旅游系统，从而最大发挥其潜在的价值。正确处理历史文化遗产的保护、利用与发展旅游的关系，在"保护为主，抢救第一"的原则为前提稳妥地进行旅游开发。

应按照规划分期实施旅游设施建设，避免盲目上马，并应首先考虑到文物建筑的保护。不得在重点保护区进行商业活动，但可以鼓励寺庙民俗节日的纪念活动。应充分考虑到香严寺现有经济基础及发展旅游业的条件，不定不切实际的目标，避免一次性投资过大而对经济发展带来负面影响，合理投资，做到投资一部分，维护一部分，回收一部分。大力宣传香严寺，不仅在报刊上刊登相关介绍文章，利用电视广播提供详细的旅游服务咨询，培训导游人员，并作好相应的接待工作，制作旅游纪念品。在修复寺庙的同时扩大香严寺的影响，有利于吸引客源，也有利于吸引资金投入保护。在寺院内设置陈列展示。陈列展示应设触摸式电脑查询和三维播放系统等数字资料档案，使公众更直观地了解香严寺的发展，达到宣传教育和文化传播的目的。

规划县城区域游览点以香严寺为主景区，配以玉虚宫、盛唐民居、明清商业街、双塔寺、贺昌烈士陵园、盘子展览馆构成环线，形成以香严寺为龙头的县城区域旅游网络。规划以柳林县主打品牌香严寺景区为枢纽，黄河为龙头，红枣生态旅游为基础，构筑南北两条县域旅游线，其中北部为柳林—军渡—三交游览线，南部为柳林—军渡—孟门游览线。再加上县际旅游的联合，共同构筑晋西北特色旅游区。

寺庙旅游展示应包括以下几方面的内容

寺庙历史沿革、艺术特色及地域文化发展简史，方式以图片、模型、数字化三维展示等为主。古建筑，包括特殊的建筑构造技术，琉璃、砖、木、石雕刻等构件的艺术价值及其特有的寓意。庙会的民俗节日展示，包括柳林盘子、民间手工业、特色商业、民间小吃等。

对于陈列展示控制应考虑以下几个方面

展示区内设有必要的服务设施应减小体量，停车区采用嵌草式地面处理。在整体环境上应注意千佛山的底景作用。展示区内必要的给排水、电力、电讯等市政设施应套管或采用地下管线方式安装。控制观众容量，疏导观赏路线，规范观众行为。日最高容人量≤1300人次/日。年观众承载总量35万人次。

展示路线可以分为三条道路。其一是游客可以从香严寺路为主的车行干道进入香严寺东跨院。由山门进入香严寺内。依次参观香严寺中轴线的山门、大雄宝殿、毗卢殿，东侧轴线上的钟楼、东配殿、伽蓝殿、观音殿，西测轴线上的鼓楼、西配殿遗址、十王殿、慈氏殿、西跨院的藏经殿、后佛殿、七佛殿。最后可返回东跨院参观陈列室。其二，游客可以从堡沟路为主的次入口进入香严寺山门，参观顺序依次为西跨院、西轴线、中轴线、东轴线、东跨院。其三，游客可以从香严寺南侧新修的人行通道进入香严寺山门，参观顺序依次为东跨院、东轴线、中轴线、西轴线、西跨院。

二、道路交通规划

近期道路规划主要是整治堡沟路，修复香严寺西侧疏散通道。以满足发生事故时的人流疏散要求。利用现有香严寺路做车行通道，并设置临时停车场。以满足近期旅游参观所必需的条件。利用山地东侧护坡作之字形步行通道，作为香严寺主要人行入口通道，以替代现有不合理的交通流线。保持寺庙及周边地区原有的尺度、比例和步行方式，使一些改动比较大的街巷恢复原有的历史风貌，重新用条砖、石板铺砌路面，不得用水泥等现代材料（图4-10）。

中期道路规划主要是车行路及停车场规划：

在香严寺山门以南的山坡下空地修建停车场，在寺庙南面开辟一条车行路，取代近期规划中香严寺东北通道及临时停车场，以方便车辆通行，同时进一步完整香严寺的整体面貌。对柳林宾馆做部分改造后，利用柳林宾馆东北侧新建上山折行通道，使香严寺交通流线更加简洁合理（图4-11）。

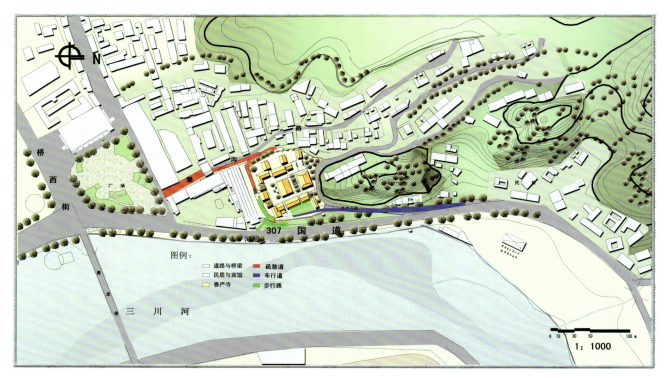

· 图4-10　近期道路图

· 图4-11　中期道路图

远期道路规划主要是远期拆除柳林宾馆后修建生态停车场，减少资源浪费，加强环境保护。远期规划中拆除现有柳林宾馆后，香严寺整体环境得以恢复，其前区也相应扩大，为配合香严寺整体环境要求，拟于香严寺山门正下方修建上山主通道，最终恢复香严寺原貌（图4-12）。

三、绿化规划

在寺庙内部营建小型园林，该园林位于寺西北角，园虽不太，但密植奇花异草，同时可以引人入胜，还可以整合佛寺中文物建筑与新建的生活性建筑的关系。

寺院与周边景观节点的对位关系。环境整治拟密切香严寺玉虚观和千佛塔等景观节点的视觉联系，用设置绿化走廊及小径等办法，使香严寺与另外两个节点有密切的关联，从而使之互为对景，形成区域化景观（图4-13）。

在寺庙内清理现有空地，进行绿化设计。因地制宜地点缀树木，选择松柏等常绿的树种以衬托寺庙内庄严的气氛，沿主要通道两旁也需种植适合的树木，除入口台阶两侧的其他地区树木种植切忌成行成列。

在寺庙周边尤其是在入口部分沿着台阶种植高度及色彩统一的树木，可以增加进寺的序列感。在寺庙周边的山坡之上则可种植不同树种的观赏乔木以丰富香严寺的景观层次，但要注意避免对文物建筑群形成墙状遮挡。

在寺庙的外围内基于现有绿化状况，可以广泛的种植一些枫树、黄栌、土兰木、柿子等观赏树木，使红叶成为秋天的景观并丰富寺庙周边的色彩环境，从而使佛寺整体环境呈现春华秋实，郁郁葱葱的景观特色，从而更好地衬托其超然于世外的性格。这也可以作为一种隐形景观资源。

四、环境卫生规划

对现在堆积在主要街道两旁及空地上的垃圾，木材，杂物等实行统一的清理，可以动员群众共同参与卫生环境的管理。对寺庙内的杂物，垃圾进行整治、清理，对于公厕、粪坑进行统一设计，另外

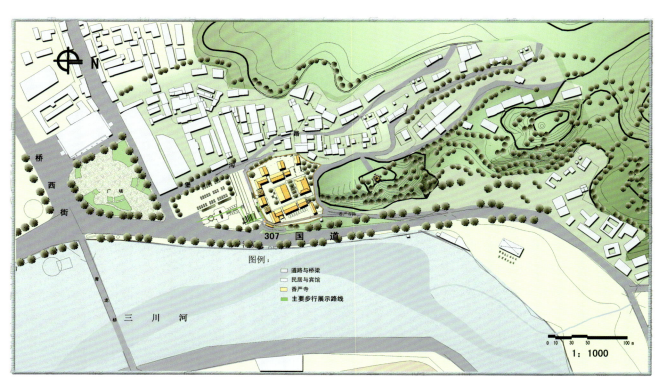

· 图4-12 远期道路图

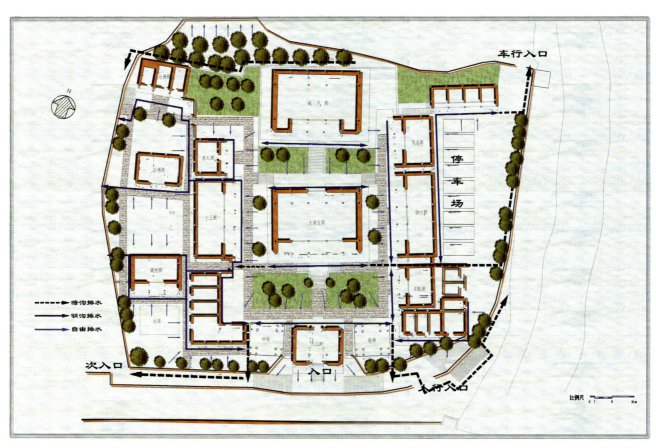

· 图4-13　寺院排水规划图

于寺庙西部与东侧外围各修建一座清洁卫生的公共
厕所，公共厕所必须采用冲水式，其位置须隐蔽，
并要通过绿化进行遮挡，由专门负责人进行卫生管
理。对寺庙周边地区的垃圾，杂物等随意倾倒、堆
放现象必须加以大力的整治和清理，要设置集中的
垃圾收集点，集中收集后运至垃圾掩埋场，设专人

收集，处理。寺庙内采用以暗沟排水为主，自由排
水、明沟排水、暗沟排水相结合的综合排水方式。
寺内排水向东、西两侧排放，东侧修建地下管道与
三川河排污管相接，西侧利用原有疏散道路与七佛
殿后山墙处排水通道向堡沟路排污管道排放。

第六节 规划分期研究

根据阶段性原则并依据实际情况，将规划实施方案分为近、中、远三期，近期以修缮濒危寺庙建筑为主，可以使其历史面貌得以最大程度上的恢复；近期保护完成之后，为解决寺院景观及交通问题，实施中期保护规划，将现有部分柳林宾馆进行改造，并在寺院东南边新建入口道路。中期保护完成后，在条件允许的情况下可以进行远期周边环境的整治，实施远期保护规划。

一、近期规划（2006～2007年）

本时期以保护文物建筑本体安全为原则，拟在对香严寺内部文物建筑进行保护修缮的同时，以创造美好景观为主要目的，整修寺庙界面，清理保护区环境，其中重点应放在寺内绿化种植上，这包括寺庙西北角的小园林的设置与寺庙中的点缀绿化。规划拆除西跨院地藏十王殿后建筑一处，拆除寺内现有破坏景观的厕所，而在寺庙东部新建一座水冲公厕，由于其体量不大而位置隐蔽，兼顾了景观与使用需求。尤其值得重视的是要通过生态与行政相结合的手段来阻止山体滑坡对古寺造成的日益严重的威胁，对香严寺东、西两侧护坡进行加固，防止山体滑坡。同时还要在香严寺营造完整的景观系列，从山门开始至小园林结束，以建筑的色彩、围合关系、形制变化、绿化景观等来创造层级递进关系，使游客在寺中的游览心理得以逐步升华，以达到佛寺建筑所应有的理想气氛。修复香严寺西南侧安全疏散道路，以达到满足安全疏散的要求；修建香严寺东南侧之字形步行通道，并结合香严寺整体环境做防护栏（不允许使用现代材料）；改建原有香严寺东侧车行通道，修建停车场，并加筑步行通道；拆除寺外保护范围内对香严寺保护有破坏因素的住宅一处五户人家，厕所两处（图4-14、15）。

· 图4-14 近期规划图

·图4-15　近期规划效果图

二、中期规划（2008～2010年）

　　拟使保护范围内景观及交通得以合理整治解决。修缮钟鼓楼，保护西配殿遗址和千佛塔遗址；将现柳林宾馆部分进行适当改造，拆除现有琉璃砖饰，改做民居式女儿墙，达到突出香严寺本体的目的；建香严寺正侧面道路，进一步完整香严寺道路流线；进一步整治周边环境，对民房、绿化及保护区内的外围设施进行合理整治（图4-16、17）。

·图4-16　中期规划图

· 图4-17　中期规划效果图

三、远期规划（2011~2020年）

拟使包括控制区与协调区在内的环境得以整治。为了净化佛寺周边的视觉环境，要逐步整治香严寺四周的自然地貌及人工景观，保护现有的自然地形，地貌与水系特征，维持佛寺面水背山的环境特征，大力植树造林。清理本区内的垃圾堆放点并严格禁止乱倒垃圾，在保护区内设立集中的垃圾收集点。

拆除破坏周边环境统一感的民居及体量过大的公共建筑。同时对与寺庙景观不协调但对景区整体构图影响不大的建筑进行整改，主要控制其高度、体积、色彩、轮廓、材料等。

同时还要努力创造出烘托文物建筑的美好境界。即为香严寺景区创造完整的景观系统，修建山门前主入口人行通道，使入口台阶及环境恢复原有风貌，以创造香严寺景观的起始序列，台阶周边须密植行道树，树种以松柏等常绿树为主，使人在行进中心理得以净化。与此同时，要使香严寺北侧山体与寺院建筑统一起来，对山体进行艺术绿化，但要以小径等方式留出寺庙与山顶千佛塔的视线走廊，使之互为对景，使游客在参观完寺庙之后仍能够有景可游，在苍松翠柏之中达到心灵的升华，从而完成游览路线的收束（图4-18、19）。

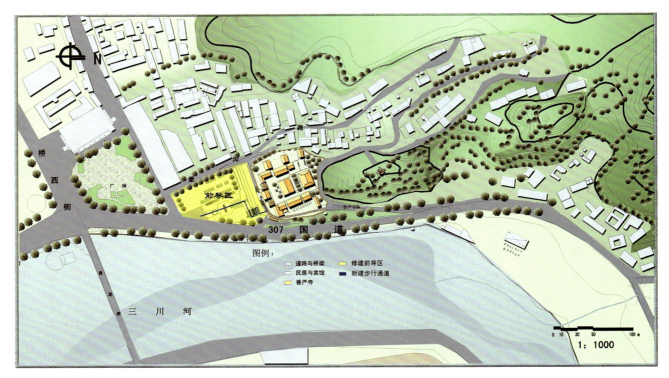

・图4-18　远期规划图

・图4-19　远期规划效果图

第五章 **修缮工程研究**

第一节　保护修缮工程对象及范围

　　2002 年，山西省古建筑保护研究所受柳林县人民政府委托，对香严寺大雄宝殿、天王殿、东配殿、观音殿、地藏十王殿、慈氏殿、藏经殿、崇宁殿、七佛殿共九座文物建筑本体编制保护修缮设计方案（图 5-1）。通过实地勘察、建筑测绘及病害分析，对香严寺的历史沿革、各建筑的文物价值进行了研究；对各建筑现存的问题及其原因进行了分析；对各建筑修缮保护的方法进行了针对性的论证，提出了具体的保护措施；进一步明确了保护工程对象及范围。2003 年，《山西省柳林县香严寺保护修缮设计方案》经国家文物局批准同意（文物保函[2003]301 号）。

　　2007 年，受柳林县文物旅游局委托，又对香严寺钟鼓楼、挡土墙及寺内院面铺装进行了勘察与设计。2008 年，《山西省柳林县香严寺钟鼓楼、挡土墙修缮保护与院面铺装设计方案》经国家文物局批准同意（文物保函〔2008〕205 号）。

图 5-1　香严寺修缮前

第二节　各建筑现状及实测图

一、天王殿

表 5-1　天王殿现状表

序号	部位及名称	形制简介	修缮前主要残损状况
1	瓦顶	灰布筒板瓦屋面、两山施排山勾滴黑酱色琉璃质地瓦件脊兽	屋面大面积漏雨，屋顶随梁架向前倾闪，瓦件脱节现象严重，脊部开裂；45% 瓦件残破、掰裂；勾头、滴水 60% 缺失；大吻正脊脊刹保存尚好，垂脊缺失，垂兽缺失 2 份
2	木基层	除前后檐出檐部分、两山出际部分铺望板，其余铺栈砖	望板严重沤朽，局部断裂；屋顶栈砖 38% 崩裂错位，前、后坡木基层开裂，局部坍塌；椽子 54% 糟朽，椽体错位歪闪现象严重，局部有脱榫现象；连檐、瓦口木、闸挡板、糟朽变形，局部缺失，前后檐檐口呈波浪状凹陷；博缝板丢失、悬鱼、惹草 90% 糟朽
3	榑条系统	脊榑直径 220mm，平榑直径 220mm，檐榑直径 250mm，挑檐榑直 250 mm	榑条现存状况分类：榑条 70% 滚动错位拔榫；榑条风化严重，部分榑条折断；62% 榑条两端风化开裂，部分榑条通体开裂
4	梁架系统	三椽栿对前搭牵梁	整体向前檐倾闪；明间平梁、三椽栿底面开裂，梁架上叉手、托脚及驼墩糟朽折断共计 3 根；西山墙后檐搭牵梁通体开裂，且糟朽严重
5	斗拱	四铺作单下昂	斗拱结构松散，散斗缺失 24 个、交互斗缺失 3 个；明间西平柱柱头里拽瓜拱缺失；后檐斗拱散斗缺失 5 个，交互斗缺失 2 个；后檐明间补间斗拱昂嘴人为锯截
6	柱额	柱径 320 ~ 380 mm	前檐柱均有下沉情况，下沉值达 80 ~ 100mm；柱子柱底均糟朽严重，糟朽高度值达 700 ~ 1000mm；明次间檐柱、金柱全部向前檐方向歪闪；阑额、普柏枋风化严重
7	墙体	墙身为条砖淌白砌	山墙外壁墙身条砖酥碱严重，且部分墙面外鼓；前檐槛墙向殿外歪闪呈曲线状，条砖酥碱严重；前檐墙体下部槛墙，条砖酥碱严重；墙体内壁墙皮大面积空鼓，80% 墙皮脱落；党校占用期间，后人用机砖将殿内空间分为三个单元，后檐明间砌券洞门一道
8	地面、台明、台基	殿内、廊部、台明地面方砖十字缝细墁；台明条砖淌白砌，上置压沿石一层	殿内地面仅东次间后檐残存 2.4 m²，其余地面为后人用机砖杂墁；前檐台明坍塌，地面方砖 93% 不存，素土外露；台明条砖酥碱严重；压沿石仅存 5.865 m，且风化严重；无法继用；殿前台阶坍塌，阶条石、垂带、燕窝石不存；殿后台明条砖杂墁
9	基础	三七灰土垫层，上砌片石基础	前檐槛墙基础不均匀下沉；前檐柱柱基础下沉严重
10	装修	前檐明间为板门，次间设八边花窗；后檐明间隔扇，次间为槛窗	后檐原装修不存，明间后檐檐柱柱身留有榫卯；党校占用期间在前檐檐柱处制玻璃仿古门窗
11	石狮		保存尚好
12	油饰、彩画、石碑		拱眼壁画：拱眼壁画均存在壁画层与地仗层离皮现象，且每块都存有大小不等残洞；梁架彩画：鸟粪、灰尘等污迹覆盖其上，保存较好；斗拱柱额油饰：前檐斗拱油饰保护较好仅局彩绘脱落；后檐柱额因风化，油饰全部脱落

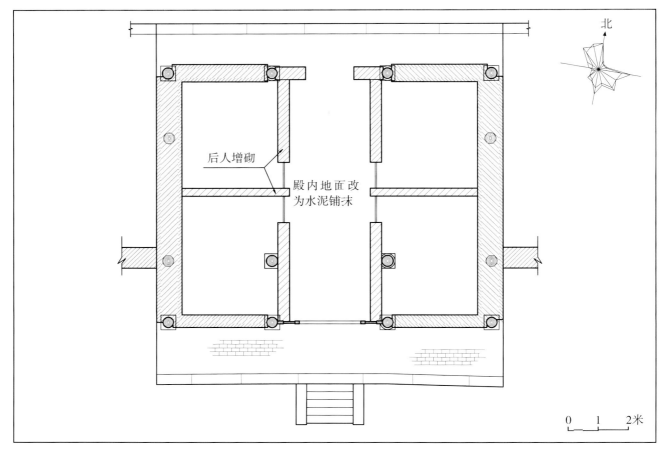

北

后人增砌

殿内地面改
为水泥铺末

0　1　2米

· 图 5-2　平面图

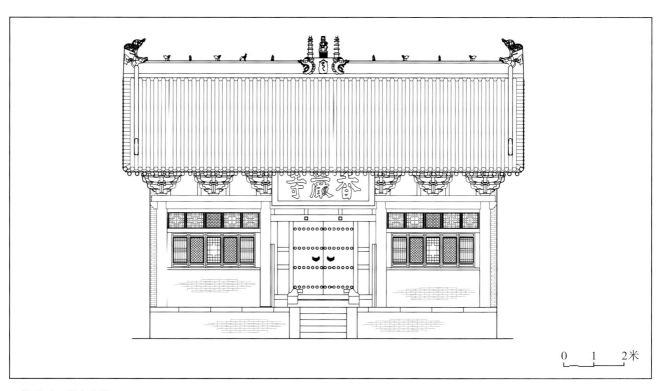

香严寺

0　1　2米

· 图 5-3　正立面图

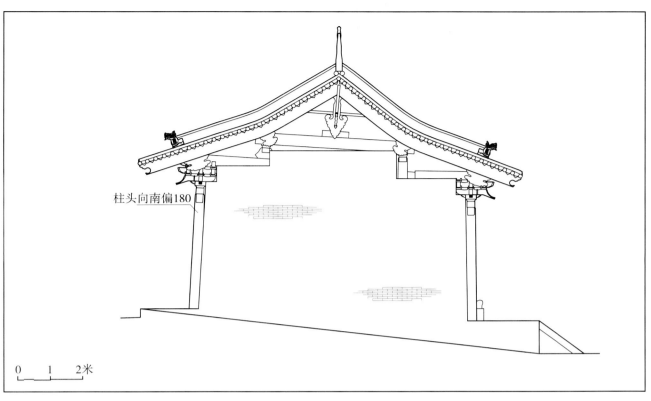

柱头向南偏180

0　　1　　2米

· 图 5-4　侧立面图

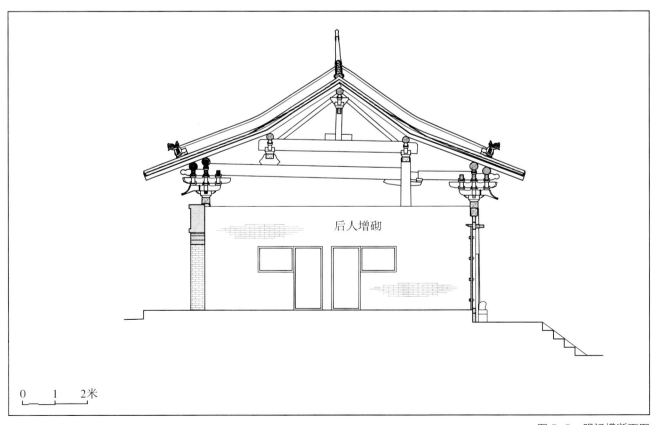

后人增砌

0　　1　　2米

· 图 5-5　明间横断面图

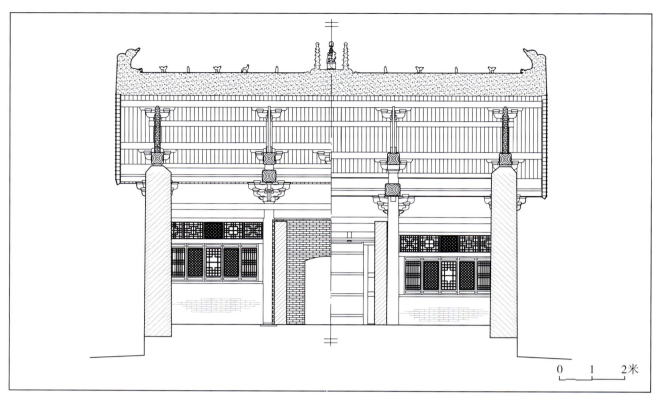

· 图 5-6　纵断面图

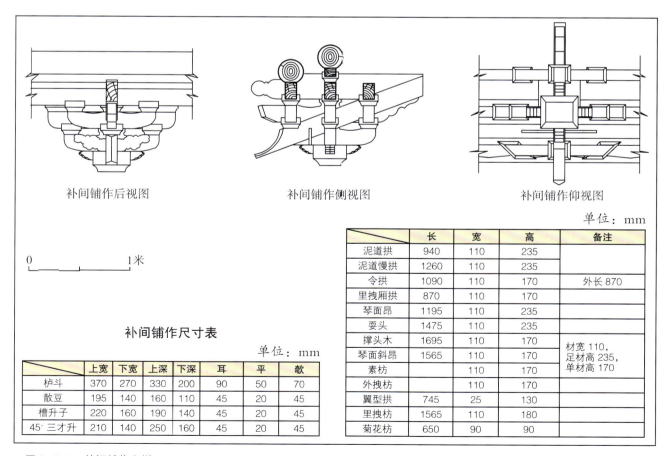

补间铺作后视图　　　　　补间铺作侧视图　　　　　补间铺作仰视图

单位：mm

0 ————— 1米

补间铺作尺寸表

单位：mm

	上宽	下宽	上深	下深	耳	平	欹
栌斗	370	270	330	200	90	50	70
散豆	195	140	160	110	45	20	45
槽升子	220	160	190	140	45	20	45
45°三才升	210	140	250	160	45	20	45

	长	宽	高	备注
泥道拱	940	110	235	
泥道慢拱	1260	110	235	
令拱	1090	110	170	外长 870
里拽厢拱	870	110	170	
琴面昂	1195	110	235	
耍头	1475	110	235	
撑头木	1695	110	170	材宽 110，足材高 235，单材高 170
琴面斜昂	1565	110	170	
素枋		110	170	
外拽枋		110	170	
翼型拱	745	25	130	
里拽枋	1565	110	180	
菊花枋	650	90	90	

· 图 5-7-1　补间铺作大样

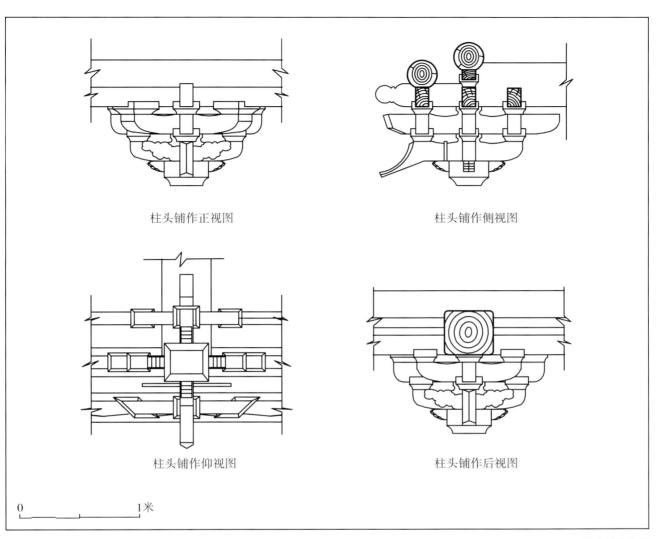

柱头铺作正视图

柱头铺作侧视图

柱头铺作仰视图

柱头铺作后视图

0　　　　　　　　1米

・图 5-7-2　柱头铺作大样

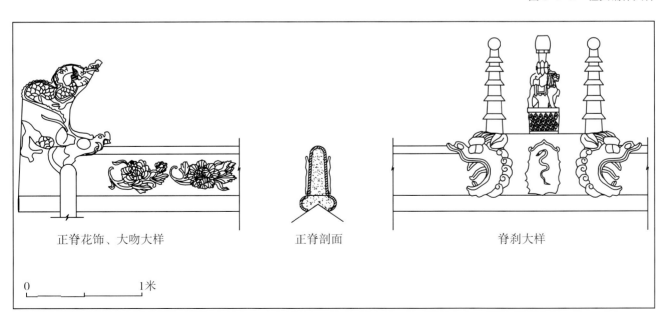

正脊花饰、大吻大样

正脊剖面

脊刹大样

0　　　　　　　　1米

・图 5-8-1　脊饰大样

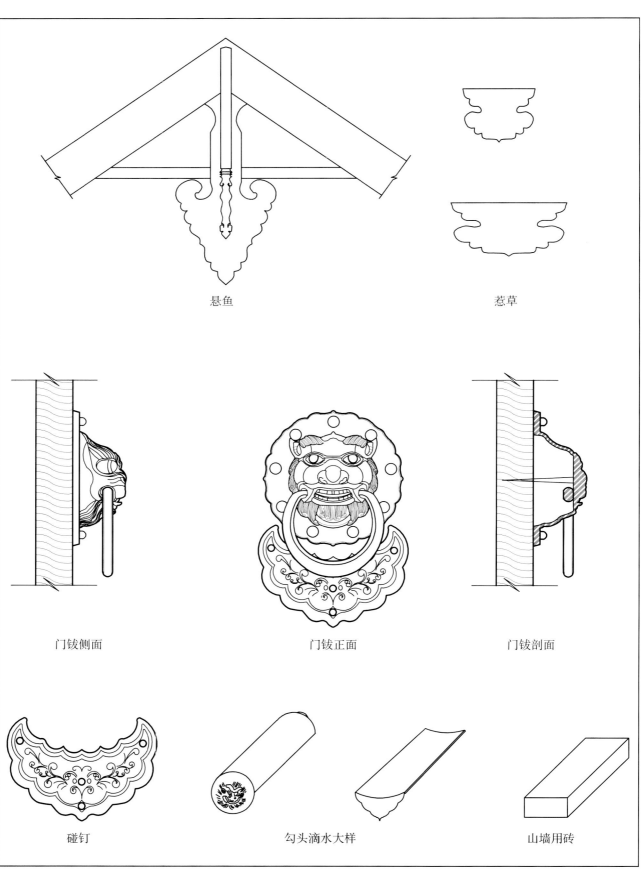

悬鱼

惹草

门钹侧面

门钹正面

门钹剖面

碰钉

勾头滴水大样

山墙用砖

· 图 5-8-2　饰件大样

二、大雄宝殿

表5-2 大雄宝殿现状表

序号	部位及名称	形制简介	修缮前主要残损状况
1	瓦顶	筒板布瓦屋面，黄绿琉璃吻、脊、兽，绿琉璃勾头、滴水剪边	屋面大面积漏雨，瓦件脱节现象严重，60% 瓦件残破、掰裂；东侧大吻上部缺失 30%；脊刹仅存下部天宫、吞口，其余已失；正脊缺失一块，垂脊缺失 11.53 m，垂兽缺失 2 份
2	木基层	前后檐出檐部分、两山出际部分铺设望板，其余均铺墁栈砖	望板严重沤朽，局部断裂；屋顶栈砖 40% 崩裂错位，后坡木基层裂口，部分坍塌；椽飞 83% 糟朽，后檐檐椽错位歪闪，局部有脱榫现象；连檐、瓦口木、闸挡板糟朽变形，局部构件通体开裂，前后檐檐口呈波浪状凹陷；博缝板残缺，悬鱼、惹草 80% 糟朽
3	槫条系统	脊槫直径 300mm，上平槫直径 250mm，前后檐施两根下平槫直径分别为 220mm、250mm，前檐檐槫直径 250mm，挑檐槫直径 135 mm，后檐槫直径 290 mm	槫条现存状况分类：槫条 30% 滚动错位拔榫；部分槫条折断；80% 槫条两端崩裂，部分槫条通体开裂；两山出际槫条风化严重
4	梁架系统	四椽栿对前后搭牵梁用四柱	整体向后檐倾闪；四椽栿底面均有裂缝，5mm ≤裂缝宽≤ 25mm，10mm ≤裂缝深≤ 65mm，800mm ≤裂缝长≤ 1050mm；两山上平槫下驼峰部位四椽栿朽空，200 ≤糟朽深≤ 300mm，近于折断；梁架上丁手、托脚糟朽、折断共计 5 根；梁架节点斗拱上部散斗缺失；后檐东山墙四椽栿上驼峰糟朽严重，现已断裂成上下两部分
5	斗拱	前檐为五铺作单抄单下昂、后檐为把头交项造	前檐斗拱变形、松散，其上散斗、交互斗缺失；后檐斗拱上部分散斗丢失，泥道拱风化严重
6	柱额	柱径 320 ~ 380 mm	后檐柱均有下沉情况，下沉达 80 ~ 145mm；后檐檐柱、角柱柱底糟朽严重，糟朽高度达 400 ~ 1000mm；前檐檐柱、金柱全部向后檐方向歪闪；前檐 6 根檐柱均存在不同程度的劈裂，30mm ≤裂宽≤ 50mm，60mm ≤裂深≤ 120mm，1300mm ≤裂长≤ 2100mm，其中东次间檐柱柱身通体开裂；在党校占用期间为了安装玻璃门窗将前檐檐柱柱身两侧砍平，宽 130 mm，长 2200mm；阑额、普柏枋风化严重；后槽大内额额身糟朽开裂，中部向下垂弯，后人临时立柱支撑
7	墙体	下槛墙为条砖淌白丝缝砌，上施仰砖两层；大墙身外壁为条砖淌白丝缝、叠涩收分砌成，内壁白灰罩面	东山墙外壁墙身三道裂缝，裂缝宽 20 ~ 50mm，且局部墙体外鼓；西山墙墙身大面积外鼓，外鼓面积占总面积的 61%；后檐墙墙体随梁架向后倾闪，局部坍塌；前檐槛墙在党校占用期间拆除；墙体下脚槛墙，条砖酥碱严重；墙体内壁墙皮大面积空鼓，60% 墙皮脱落；党校占用期间在前檐檐柱砌筑机砖槛墙高 1.1m
8	地面、台明、台基	殿内、廊部、台明地面方砖十字缝细墁；台明条砖淌白砌，上置压沿石一层	殿内地面 45% 碎裂，无法继续使用；廊部及台明地面方砖 80% 不存，素土外露；台明条砖酥碱严重；压沿石仅存一块，且风化严重；殿后甬道、凹凸不平，排水不畅；殿前踏跺坍塌，阶条石、垂带、燕窝石不存；殿后两侧礓磋条砖杂墁，垂带、燕窝石不存
9	基础	三七灰土垫层，上砌片石基础	后檐墙基础不均匀下沉；后檐柱基础下沉严重
10	装修	前檐明间、次间为隔扇，稍间为槛窗；后檐明间设板门	原装修不存，仅前檐金柱、明间后檐檐柱柱身留有榫卯；党校占用时在前檐檐柱间制玻璃门窗
11	佛台	金代砖雕佛台	佛台台面所墁方砖破碎现象严重，局部方砖缺失；佛台砖雕缺失两块，其余保存尚好
12	油饰、彩画		拱眼壁画：廊部东稍间东侧拱眼壁画脱落，其余拱眼壁画均存在壁画层与地仗层离皮现象，且每块都存有大小不等的残洞；梁架彩画：鸟粪、灰尘等污迹覆盖其上，保存较好；柱额油饰：柱额严重风化，油饰全部脱落

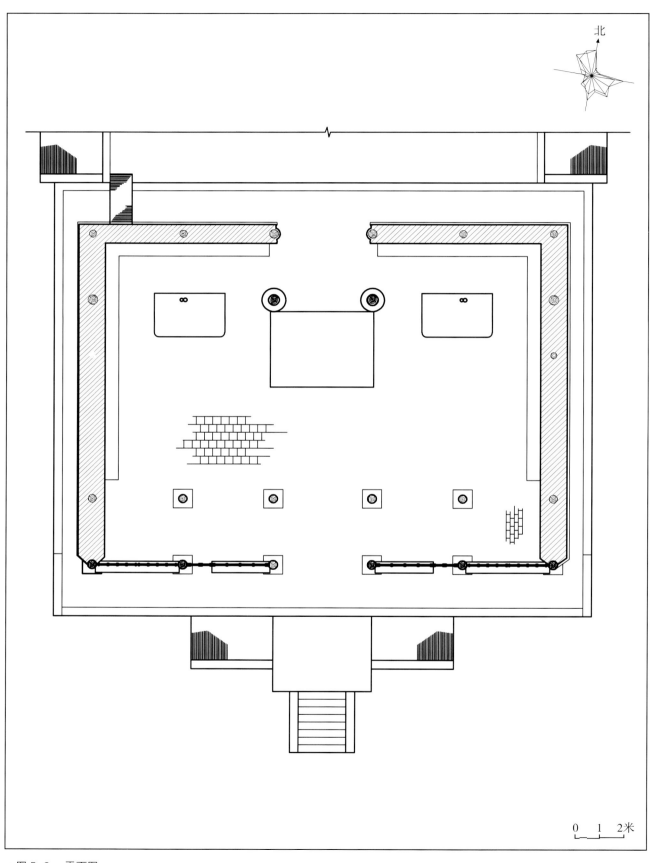

北

柳林香严寺——研究与修缮报告

0 1 2米

· 图 5-9 平面图

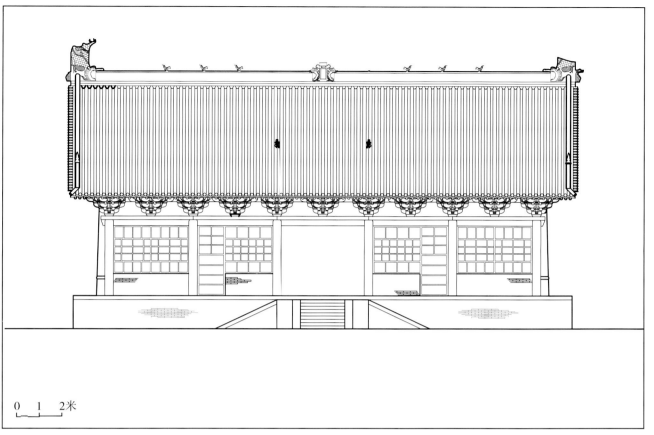

0 1 2米

·图5-10 正立面图

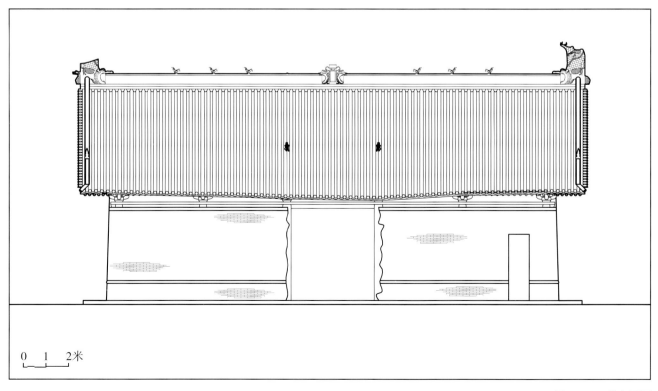

0 1 2米

·图5-11 背立面图

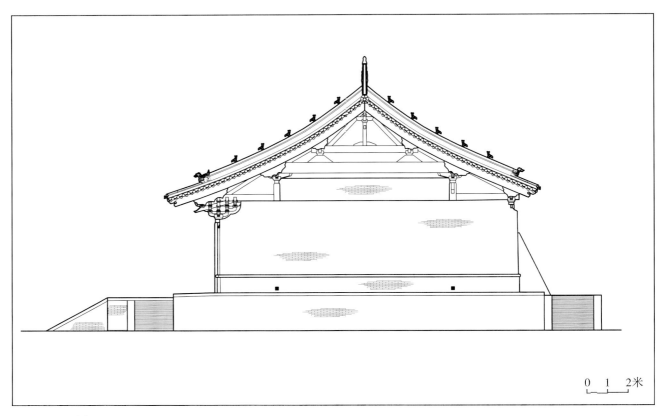

柳林香严寺——研究与修缮报告

0　1　2米

· 图 5-12　侧立面图

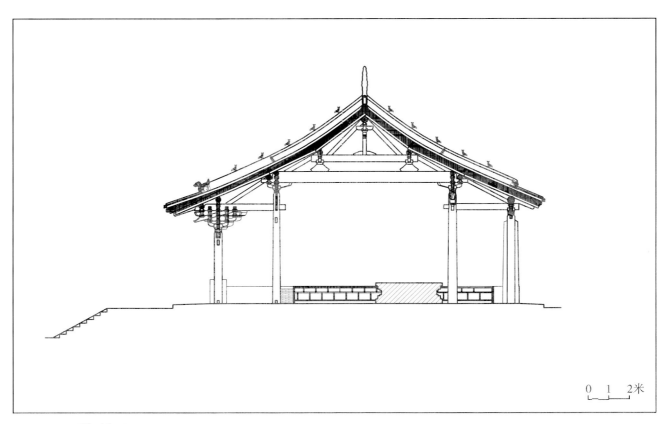

0　1　2米

· 图 5-13　明间剖面图

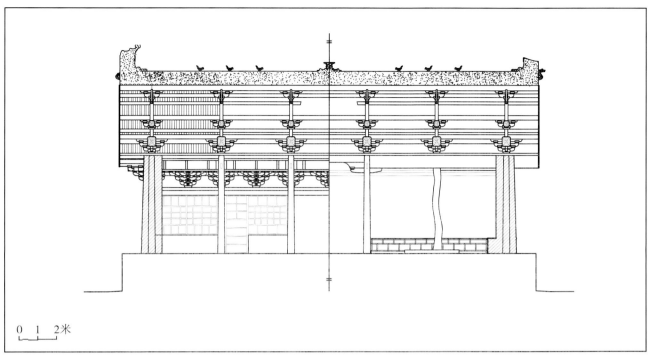

・图 5-14　纵剖面图

0　1　2米

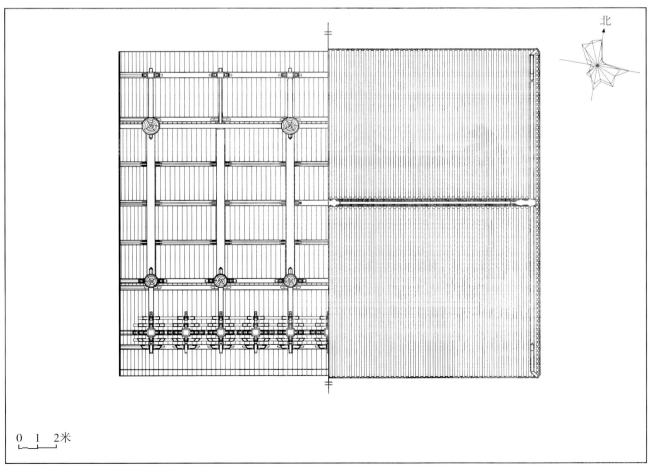

北

0　1　2米

・图 5-15　梁架仰视及瓦顶俯视图

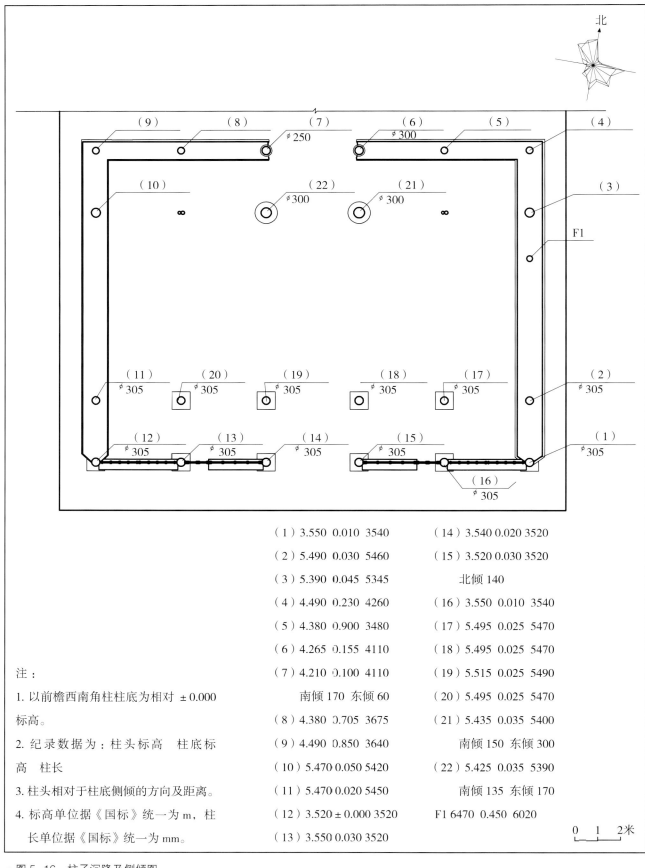

北

（1）3.550 0.010 3540　　（14）3.540 0.020 3520

（2）5.490 0.030 5460　　（15）3.520 0.030 3520

（3）5.390 0.045 5345　　北倾 140

（4）4.490 0.230 4260　　（16）3.550 0.010 3540

（5）4.380 0.900 3480　　（17）5.495 0.025 5470

（6）4.265 0.155 4110　　（18）5.495 0.025 5470

（7）4.210 0.100 4110　　（19）5.515 0.025 5490

南倾 170 东倾 60　　　　（20）5.495 0.025 5470

（8）4.380 0.705 3675　　（21）5.435 0.035 5400

（9）4.490 0.850 3640　　南倾 150 东倾 300

（10）5.470 0.050 5420　　（22）5.425 0.035 5390

（11）5.470 0.020 5450　　南倾 135 东倾 170

（12）3.520 ±0.000 3520　　F1 6470 0.450 6020

（13）3.550 0.030 3520

注：

1. 以前檐西南角柱柱底为相对 ±0.000 标高。

2. 纪录数据为：柱头标高　柱底标高　柱长

3. 柱头相对于柱底侧倾的方向及距离。

4. 标高单位据《国标》统一为 m，柱长单位据《国标》统一为 mm。

· 图 5-16　柱子沉降及侧倾图

0　1　2米

柳林香严寺——研究与修缮报告

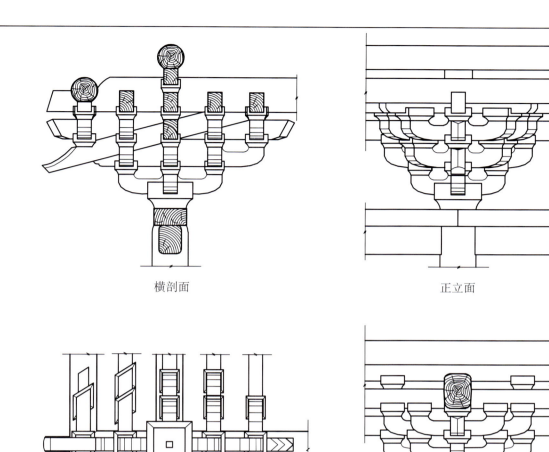

横剖面　　　　　　　　　　　　　正立面

平面　　　　　　　　　　　　　背立面

0　20厘米

前檐柱头铺作尺寸表

单位：mm

名称	上宽	下宽	上深	下深	耳	平	欹	备注
栌斗	440	320	420	290	110	45	95	
交互斗	250	180	210	140	50	30	45	
散斗	220	160	180	140	50	30	45	
斜散斗	235	165	225	155	50	30	45	

单位：mm

名称	材宽	材高	单/足材	拱长	备注
华拱	130	260	足	1350	
泥道拱	130	260	足	870	
泥道慢拱	130	260	足	1370	
慢拱	130	185	单	2010	补间一层正心枋上
隐刻拱一	130	185	单	870	一层正心枋上
隐刻拱二	130	185	单	1370	二层正心枋上
外拽瓜子拱	130	185	单	外长820－内长990	
外拽瓜子慢拱	130	185	单	外长1290－内长1460	
里拽瓜子拱	130	185	单	870	
里拽瓜子慢拱	130	185	单	1370	
外拽令拱	130	185	单	外长880－内长1050	
里拽令拱	130	185	单	870	
斜替木	95	95		外长1345－内长1465	

·图 5-17　前檐柱头铺作大样

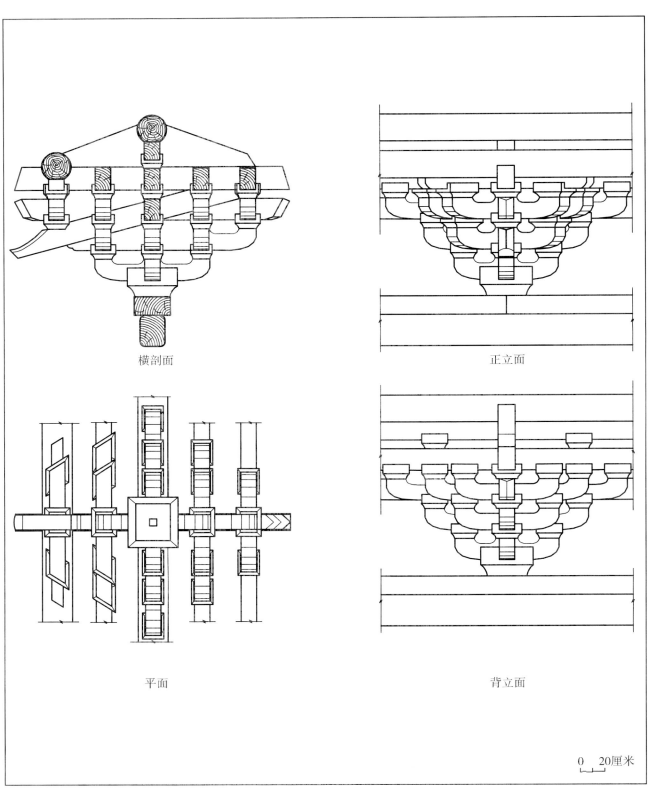

柳林香严寺——研究与修缮报告

横剖面

正立面

平面

背立面

0   20厘米

· 图 5-18　前檐补间铺作大样

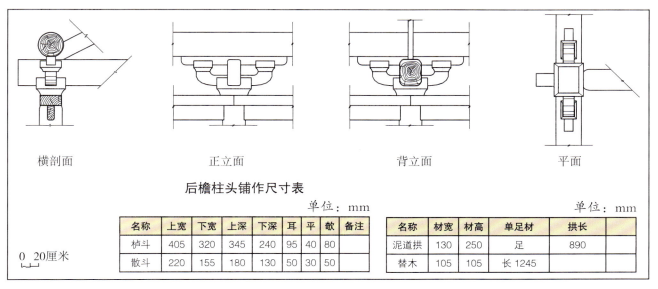

横剖面　　　　　　　　正立面　　　　　　　　背立面　　　　　　　　平面

后檐柱头铺作尺寸表

单位：mm

名称	上宽	下宽	上深	下深	耳	平	欹	备注
栌斗	405	320	345	240	95	40	80	
散斗	220	155	180	130	50	30	50	

单位：mm

名称	材宽	材高	单足材	拱长
泥道拱	130	250	足	890
替木	105	105	长 1245	

0　20厘米

・图 5-19　后檐明间柱头铺作大样

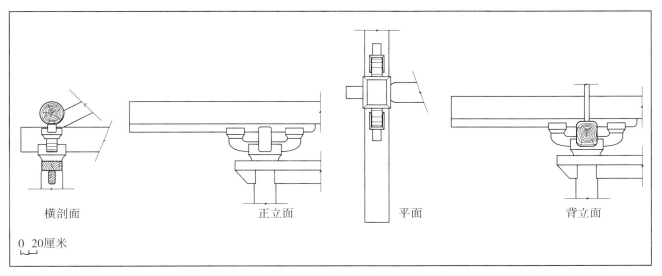

横剖面　　　　　　　正立面　　　　　　平面　　　　　　背立面

0　20厘米

・图 5-20　后檐角柱铺作大样

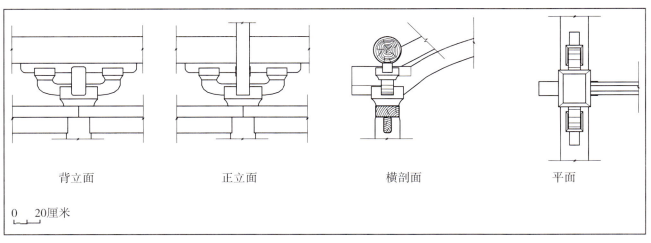

背立面　　　　　　　正立面　　　　　　横剖面　　　　　　平面

0　20厘米

・图 5-21　后檐次间柱头铺作大样

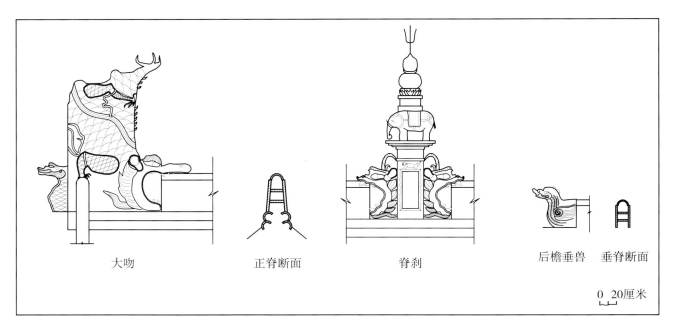

| 大吻 | 正脊断面 | 脊刹 | 后檐垂兽 | 垂脊断面 |

0 20厘米

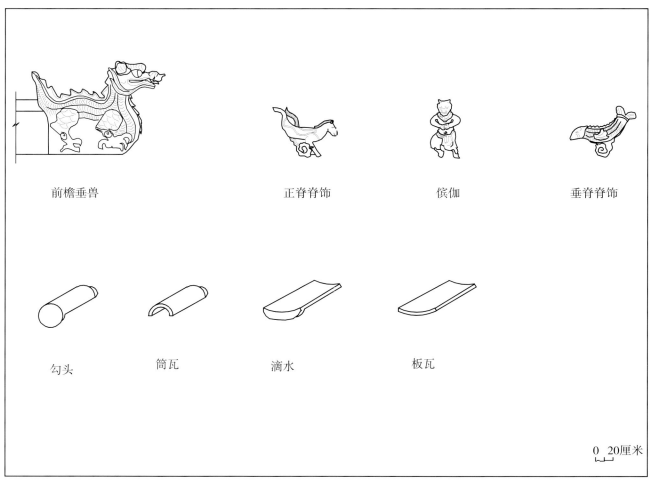

| 前檐垂兽 | 正脊脊饰 | 傧伽 | 垂脊脊饰 |

| 勾头 | 筒瓦 | 滴水 | 板瓦 |

0 20厘米

· 图 5-22　脊饰瓦作大样

三、东配殿

表 5-3 东配殿现状表

序号	部位及名称	形制简介	修缮前主要残损状况
1	屋顶	筒板布瓦、黄绿琉璃质地脊兽、大吻。绿琉璃勾头剪边	屋顶 40% 坍塌，前后檐屋檐扭曲变形严重；南侧大吻不存，脊刹残缺，仅在后檐北侧存有垂脊，其余不存；屋面瓦件严重脱节，85% 残破、掰裂；30% 的绿琉璃勾头残留于后檐北侧
2	木基层	前后出檐为望板，其余为栈砖	北山墙保留有 58% 的博缝板、悬鱼、惹草，且以严重糟朽、风化，其余已失；连檐瓦口 75% 糟朽、变形；椽子糟朽、折断；栈砖 60% 错位、掰裂；望板 55% 糟朽、折断
3	梁架	该殿梁架为厅堂式四架椽屋前搭牵对后三椽栿通檐用三柱为早期宋代建筑常用的梁架结构	梁架整体向后歪闪；明间北缝平梁，梁头糟朽、折断，梁身开裂长 4.59m，裂宽 30～35mm；两山墙平梁糟朽严重，中段朽空；前檐明间搭牵梁腐朽，近于折断
4	槫条	断面为圆形，脊槫直径为 270mm，平槫与檐槫直径为 220mm	槫条全部滚动；两山出际部分严重糟朽；前檐两次间檐槫重度糟朽，近于折断
5	铺作	前檐为四铺作出单抄；后檐为把头交项造	斗拱保存尚可，仅缺个别散斗、交互斗；西南角柱柱头斗拱，抄头后尾开裂；两山出际拱头严重糟朽；西北角柱柱头斗拱后尾的令拱拱身开裂 10～15mm；东北角柱铺作上替木糟朽严重；攀间斗拱拱子开裂、折断
6	柱额	断面为圆形，柱头有卷刹，前檐柱高 2825mm 柱径 320mm；后檐柱高 3580mm 柱径 320mm；金柱高 4260mm 柱径 350mm；前后檐阑额高 250mm，前檐普柏枋高 160mm	前檐柱均有不同程度的下沉、歪闪；前檐明间南缝檐柱柱脚朽高 850mm；北缝檐柱柱脚朽高 860mm；两角柱也重度糟朽；明间北缝金柱柱脚存在糟朽状况，朽高 1100mm；柱身开裂，裂长 2100m、宽 15～25mm；南侧金柱被后人拆除后用机砖垒砌临时承托其上荷载；后檐檐柱糟朽严重已无法继续使用；后槽北山墙东山柱柱脚糟朽 1300mm，悬空 180mm，柱身通体开裂已无法继续使用
7	墙体	由下槛墙和墙身组成，墙身土坯垒砌，（墙身外壁抹红泥，内壁白灰罩面），下槛墙砍磨条砖淌白丝缝、叠涩收分砌成。	前檐墙后人改制，已非原貌；两山墙墙脚严重酥碱，墙头开裂，墙身 80% 空鼓；后檐墙完全坍塌；内壁抹灰层空鼓、脱落；后人于南缝梁架下增砌隔断墙
8	台明与地面	方砖（315x315x50）+字缝墁地	原地面已不存，现有的地面为党校占用期间人为改制的水泥地面；台明坍塌、压沿石仅在南次间前檐保留局部残段
9	装修	四扇六抹隔扇	装修是党校占用期间人为改制
10	基础	三七灰土垫层，上砌片石基础	前檐柱基软化；后檐墙基常年雨水冲刷，基础塌陷；台明后人用机砖、杂石临时垒砌

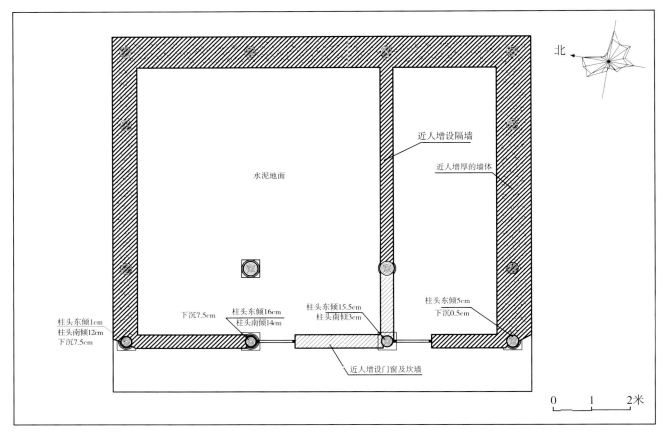

北

近人增设隔墙

近人增厚的墙体

水泥地面

柱头东倾1cm
柱头南倾12cm
下沉7.5cm

下沉7.5cm

柱头东倾16cm
柱头南倾14cm

柱头东倾15.5cm
柱头南倾3cm

柱头东倾5cm
下沉0.5cm

近人增设门窗及坎墙

0　1　2米

· 图 5-23　平面图

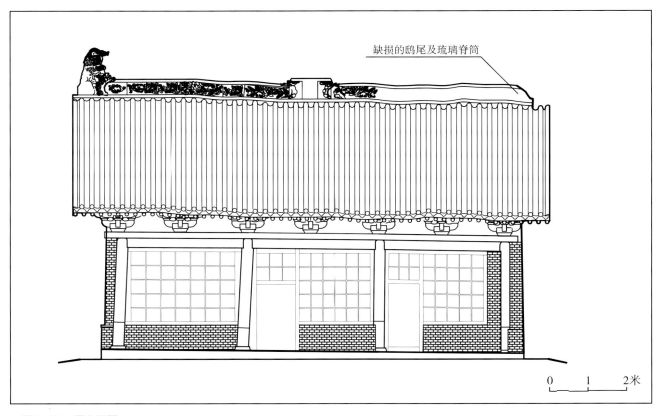

缺损的鸥尾及琉璃脊筒

0　1　2米

· 图 5-24　正立面图

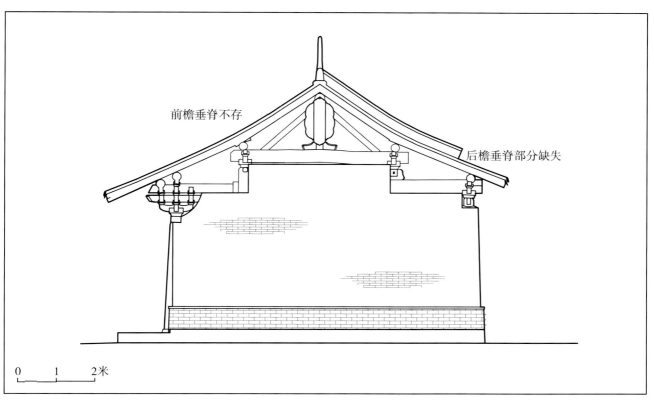

前檐垂脊不存

后檐垂脊部分缺失

0　1　2米

第五章　修缮工程研究

・图 5-25　侧立面图

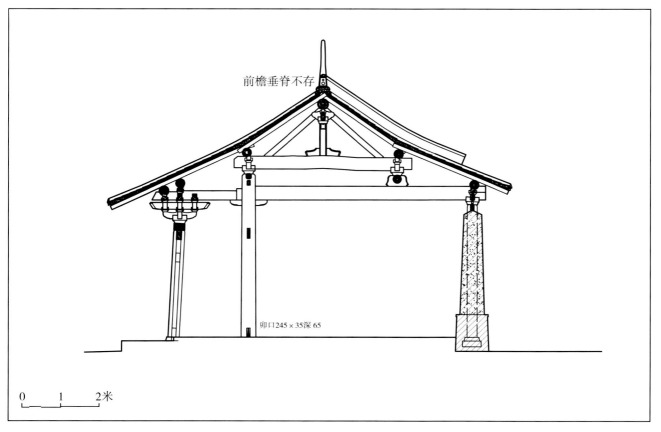

前檐垂脊不存

卯口245×35深65

0　1　2米

・图 5-26　横剖面图

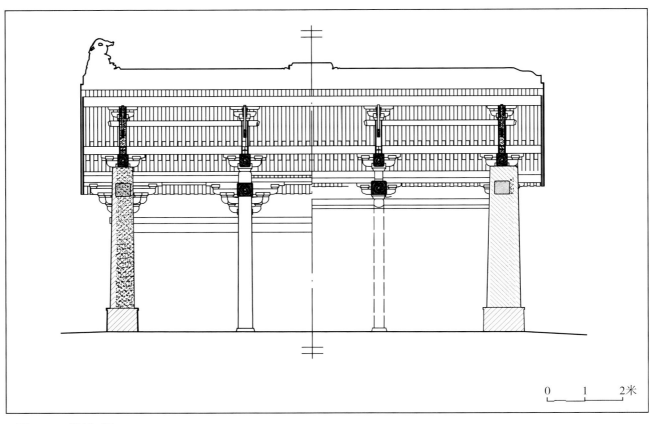

0　　1　　2米

· 图 5-27　纵剖面图

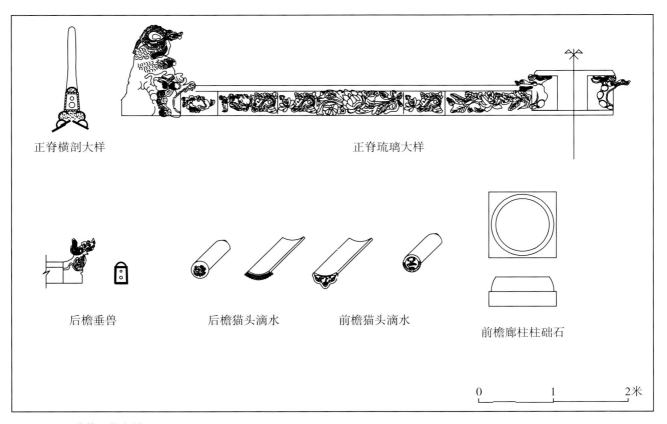

正脊横剖大样　　　　　　　　　　正脊琉璃大样

后檐垂兽　　　后檐猫头滴水　　　前檐猫头滴水　　　前檐廊柱柱础石

0　　1　　2米

· 图 5-28　脊饰瓦作大样

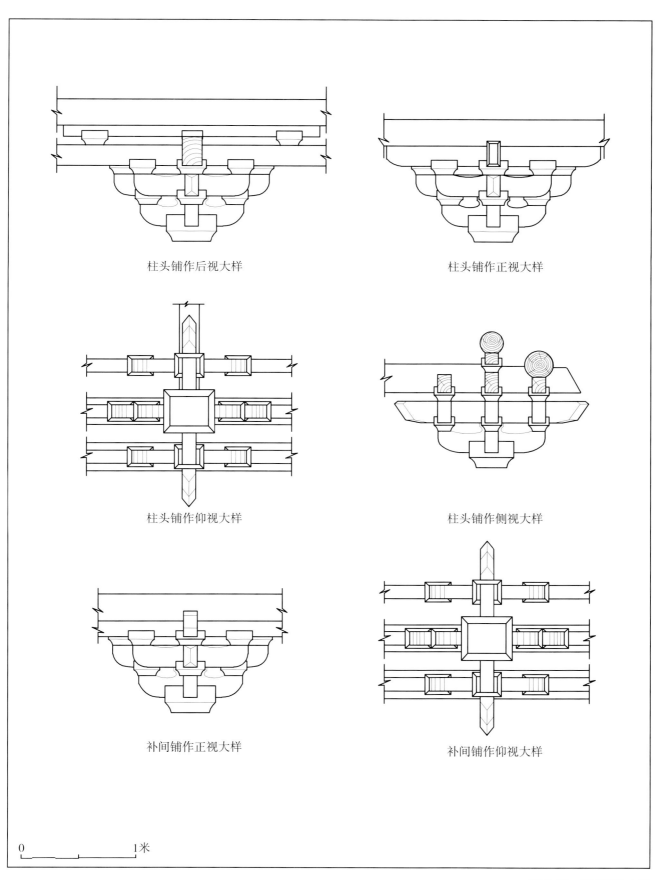

柱头铺作后视大样

柱头铺作正视大样

柱头铺作仰视大样

柱头铺作侧视大样

补间铺作正视大样

补间铺作仰视大样

0 　　　　1米

第五章　修缮工程研究

·图 5-29　前檐铺作大样

前檐铺作尺寸表

单位：mm

	上宽	下宽	上深	下深	耳	平	欹
栌斗	410	310	360	245	95	40	85
散斗	210	140	165	100	50	20	50
交互斗	235	170	200	130	50	20	50

	长	宽	高				
泥道拱	825	110	250				
泥道慢拱	1245	110	250	材宽110mm			
令拱	925	110	180	足材高250mm			
华拱	860	110	250	单材高180mm			
耍头	1565	110	180	契高70mm			
梁出头	715	160	210	梁出头从柱中算起			
柱头枋	1720	110	170				

后檐铺作尺寸表

单位：mm

	上宽	下宽	上深	下深	耳	平	欹
栌斗	380	280	340	260	75	45	80
散斗	220	160	200	140	45	15	45

	长	宽	高			
泥道拱	890	110	145	材宽110mm		
栏额		95	170	足材高205mm 单材高145mm		
梁出头	340	140	205	契高600mm 梁出头从柱中算起		

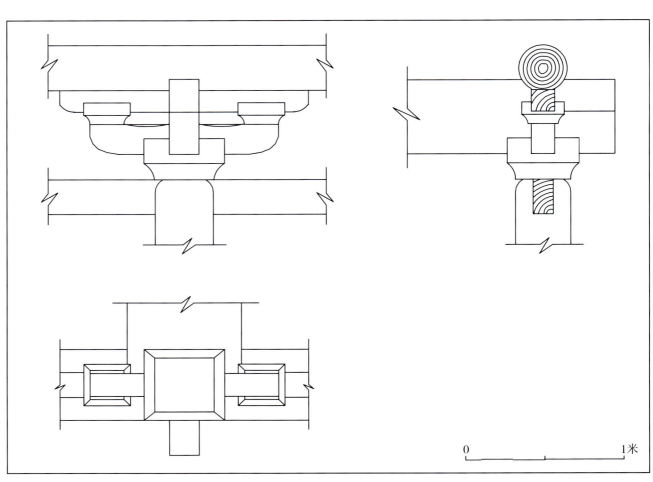

· 图 5-30　后檐铺作大样

四、观音殿

表 5-4　观音殿现状表

序号	部位及名称	形制简介	修缮前主要残损状况
1	屋顶	筒板布瓦、黑琉璃质地脊兽、大吻	屋顶坍塌，前后檐屋檐扭曲变形严重； 大吻不存，脊刹残缺，前后檐垂脊、垂兽不存； 屋面瓦件脱节现象严重，50% 错位、掰裂
2	木基层	前后出檐为望板，其余为栈砖和柴栈	两山墙博缝板、悬鱼、惹草糟朽严重； 栈砖、柴栈均有不同程度的糟朽、折断，望板糟朽、折断； 连檐瓦口糟朽、变形； 椽子糟朽折断，局部朽空
3	梁架	该殿梁架为三椽栿对前搭嵌梁	梁架整体向前歪闪； 北山墙平梁通体开裂，梁身开裂长 4.93m、裂宽（20~25mm）； 明间南缝平梁上蜀柱、合㭼糟朽严重； 明间北缝搭牵梁糟朽严重，通体开裂； 明间攀间枋糟朽、折断
4	槫条	断面为圆形，脊槫与平槫直径为 270mm，檐槫直径为 250mm	槫条全部滚动； 两山出际部分糟朽严重； 后檐南山墙出际槫条糟朽、折断
5	斗栱	前檐为四铺作单下昂；后檐为把头交项造	斗栱保存尚可，仅缺个别槽升子； 西南角柱柱头斗栱后尾槽升子脱榫； 两山拱头有糟朽现象
6	柱额	断面为圆形，柱头有卷刹，前檐柱高 3150mm 柱径 380mm；后檐柱高 3430mm 柱径 380mm；金柱高 4570mm 柱径 450mm；前后檐阑额高 250mm，普柏枋高 160mm	两山墙山柱柱脚严重糟朽； 西南角柱柱脚糟朽，朽高 180mm；柱身开裂，裂长 1500m、宽 10~15mm； 明间南缝檐柱柱身开裂，裂长 3150mm、宽 15~20mm； 明间北缝檐柱柱身开裂，裂长 1700mm、宽 15~18mm； 西北角柱柱脚糟朽，朽高 300mm，柱身开裂，裂长 2300mm、宽 10~15mm； 明间南缝金柱柱脚糟朽，朽高 170mm；柱身开裂，裂长 1650mm、宽 15~20mm； 明间北缝金柱，柱脚糟朽，朽高 200 mm；柱身开裂，裂长 3000mm、宽 15~20mm； 后檐柱柱脚糟朽，朽高 800 mm； 前檐普柏枋糟朽严重沤断； 后檐明间普柏枋脱榫，宽 15~20 mm.
7	墙体	由下槛墙和墙身组成，墙身土坯垒砌、（墙身外壁抹红泥，内壁白灰罩面），下槛墙为砍磨条砖淌白丝缝、叠涩收分砌成	两山墙严重酥碱开裂，80% 空鼓严重，后檐墙完全坍塌； 内壁抹灰层空鼓严重； 后人增砌隔墙
8	台明与地面	方砖（320×320×50）墁地	原地面已不存，现有的地面为党校占用期间人为改制的水泥地面； 台明坍塌、压沿石不存
9	装修	详见实测图	现有的装修是党校占用期间人为改制的玻璃门窗； 室内增设隔墙
10	基础	三七灰土垫层，上砌片石基础	台明基础坍塌变形； 后檐墙坍塌，两山墙空鼓变形严重

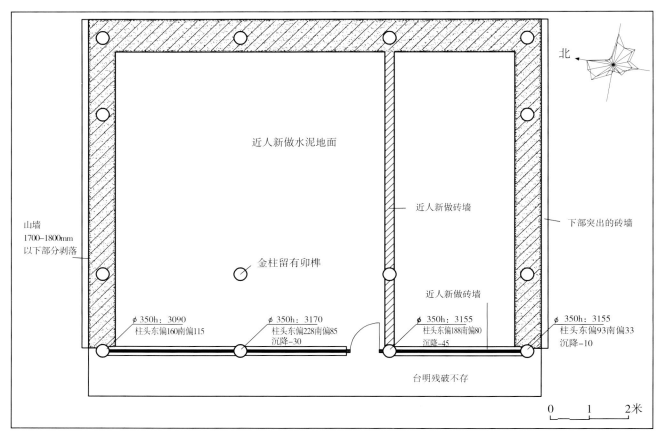

北

近人新做水泥地面

近人新做砖墙

下部突出的砖墙

山墙
1700–1800mm
以下部分剥落

金柱留有卯榫

近人新做砖墙

φ 350h: 3090
柱头东偏160南偏115

φ 350h: 3170
柱头东偏228南偏85
沉降-30

φ 350h: 3155
柱头东偏188南偏80
沉降-45

φ 350h: 3155
柱头东偏93南偏33
沉降-10

台明残破不存

0　1　2米

· 图 5–31　平面图

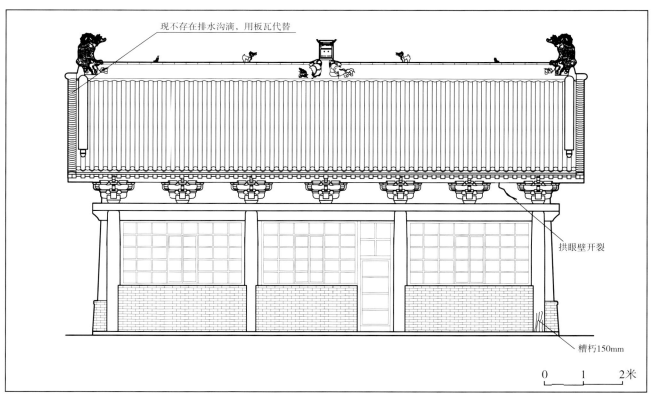

现不存在排水沟滴，用板瓦代替

拱眼壁开裂

槽朽150mm

0　1　2米

· 图 5–32　正立面图

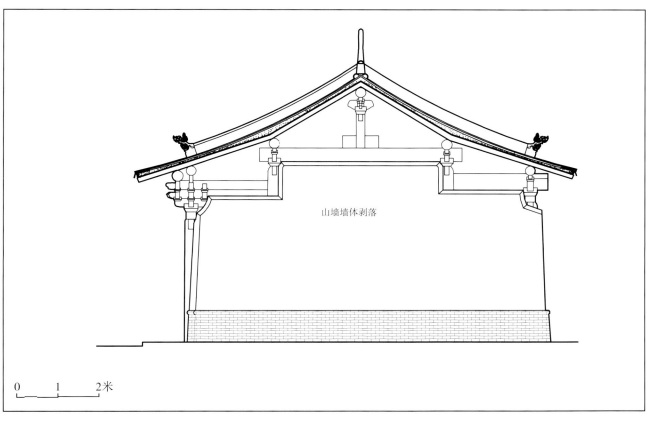

山墙墙体剥落

0 1 2米

· 图 5-33 侧立面图

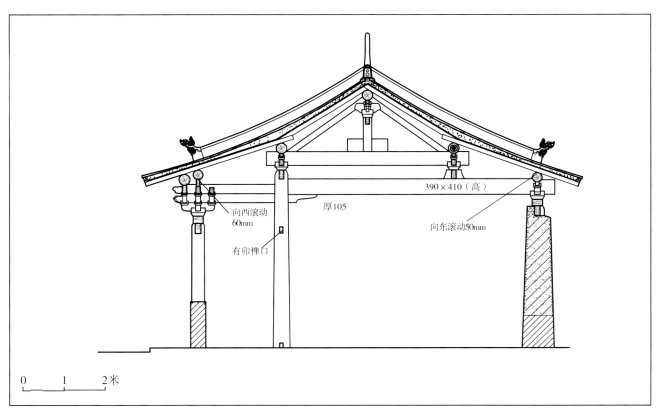

390×410（高）

向西滚动
60mm

厚105

向东滚动50mm

有卯榫口

0 1 2米

· 图 5-34 明间剖面图

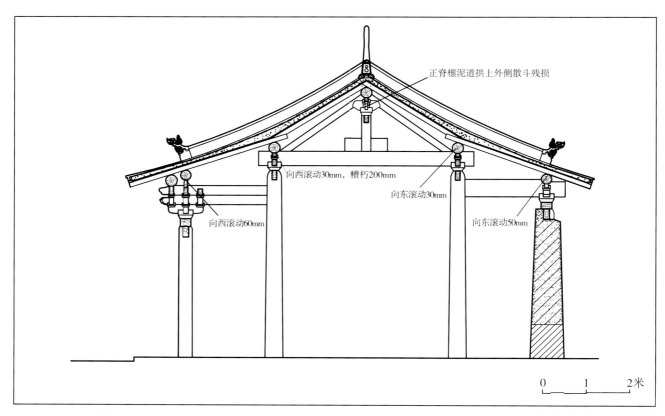

正脊檩泥道拱上外侧散斗残损

向西滚动30mm，糟朽200mm

向东滚动30mm

向西滚动60mm

向东滚动50mm

0 1 2米

・图5-35 山面剖面图

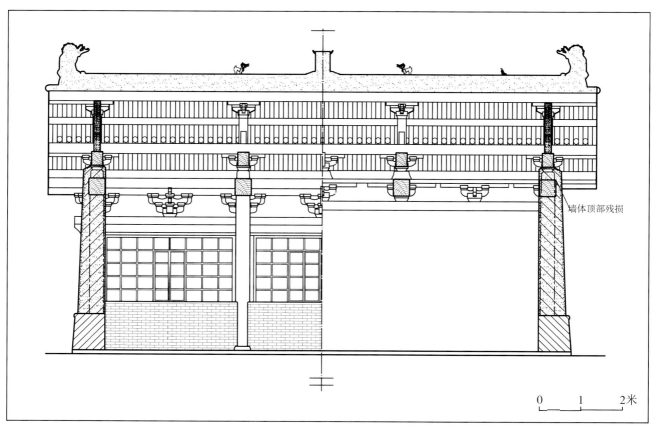

墙体顶部残损

0 1 2米

・图5-36 纵剖面图

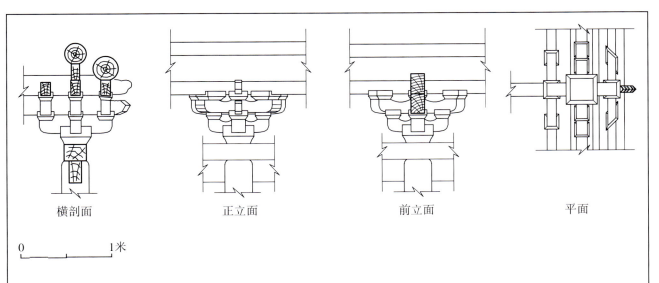

横剖面　　　　　　　　正立面　　　　　　　　前立面　　　　　　　　平面

0 ├───────┤ 1米

前檐铺作尺寸表

单位：mm

名称	上宽	下宽	上深	下深	耳	平	欹	总高
栌斗	330	240	320	225	80	40	75	195
斜散斗	200	140	185	125	40	20	40	100
华拱头交互斗	205	150	185	140	40	20	40	100
散斗	170	125	160	120	40	20	40	100
耍头上交互斗	205	150	185	120	40	20	40	100

单位：mm

名称		长	宽	高（单/足）	上留	平出	瓣
华拱		825	105	210（足）	70	10	4瓣
泥道拱		665	105	210	70	20	4瓣
泥道慢拱		1035	105	220	70	30	4瓣
令拱	里	785	105	155	70	90	4瓣
	外	665					

・图5-37　前檐铺作大样

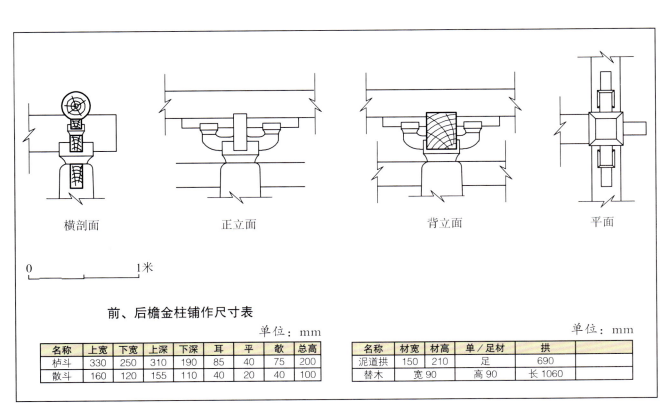

横剖面　　　　　　　　正立面　　　　　　　　背立面　　　　　　　　平面

0 ├───────┤ 1米

前、后檐金柱铺作尺寸表

单位：mm

名称	上宽	下宽	上深	下深	耳	平	欹	总高
栌斗	330	250	310	190	85	40	75	200
散斗	160	120	155	110	40	20	40	100

单位：mm

名称	材宽	材高	单/足材	拱
泥道拱	150	210	足	690
替木	宽90	高90		长1060

・图5-38　前后檐金柱铺作大样

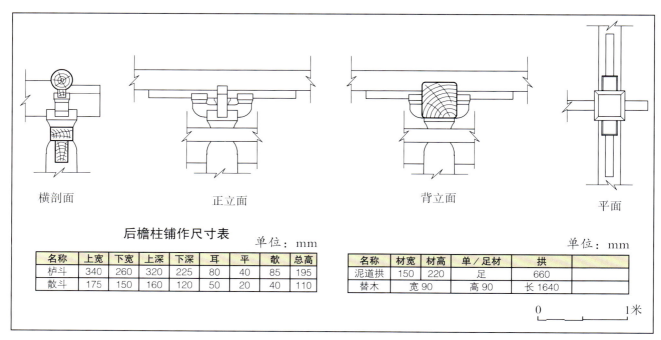

横剖面　　　　　正立面　　　　　背立面　　　　　平面

后檐柱铺作尺寸表　单位：mm

名称	上宽	下宽	上深	下深	耳	平	欹	总高
栌斗	340	260	320	225	80	40	85	195
散斗	175	150	160	120	50	20	40	110

单位：mm

名称	材宽	材高	单/足材	拱	
泥道拱	150	220	足	660	
替木	宽90	高90	长1640		

0　　　　　1米

· 图 5-39　后檐柱头铺作大样

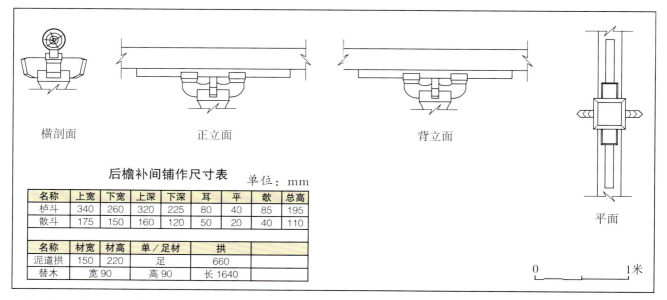

横剖面　　　　　正立面　　　　　背立面

平面

后檐补间铺作尺寸表　单位：mm

名称	上宽	下宽	上深	下深	耳	平	欹	总高
栌斗	340	260	320	225	80	40	85	195
散斗	175	150	160	120	50	20	40	110

名称	材宽	材高	单/足材	拱	
泥道拱	150	220	足	660	
替木	宽90	高90	长1640		

0　　　　　1米

· 图 5-40　后檐补间铺作大样

0　　　　　1米

· 图 5-41　脊饰瓦作大样

五、慈氏殿

表 5-5　慈氏殿现状表

序号	部位及名称	形制简介	修缮前主要残损状况
1	屋顶	筒板布瓦、黑琉璃质地脊兽、大吻	屋顶坍塌，前后檐屋檐扭曲变形；（后檐较前檐严重）； 大吻仅存南侧 1 份，脊刹残缺，垂脊仅在后檐南侧留有 1 条其余已失，垂兽皆失； 屋面瓦件脱节现象严重，60% 残破、掰裂
2	木基层	两山出际、檐槫外部为望板，其余部位为柴栈	博缝板糟朽严重，悬鱼、惹草现已不存； 连檐瓦口糟朽、变形； 椽子糟朽、折断，局部朽空； 柴栈、望板糟朽、折断
3	梁架	该殿梁架为三椽栿对前搭牵梁	梁架整体向后檐歪闪 150mm； 明间南缝三椽栿底部通体开裂，裂长 5m、裂宽（25～30mm）
4	槫条	断面为圆形，直径为 220mm	槫条全部滚动； 两山出际部分糟朽严重
5	斗拱	前檐为四铺作单下昂；后檐为把头交项造	斗拱保存尚可，仅缺个别散斗； 明间补间和东北角柱头斗拱上昂嘴被人为锯截； 两山拱头有糟朽现象
6	柱额	断面为圆形，柱头有卷刹，前檐柱高 3000mm 柱径 320m；后檐柱高 3500mm 柱径 320mm；金柱高 4350mm 柱径 320mm；前后檐阑额高 140mm、普柏枋高 220mm	两山墙山柱柱脚糟朽、柱身开裂； 东南角柱柱脚糟朽严重、柱身开裂； 东北角柱柱脚严重糟朽折断，柱身严重劈裂； 后檐柱柱脚严重糟朽；后檐明间南缝檐柱柱头糟朽开裂，裂宽 25～30mm； 明间金柱糟朽严重，柱身通体开裂，两山金柱柱脚糟朽严重、柱身开裂； 两山墙山柱柱脚糟朽、柱身开裂
7	墙体	由下槛墙和墙身组成，墙身土坯垒砌（墙身外壁抹红泥，内壁白灰罩面），下槛墙为砍磨条砖淌白丝缝、叠涩收分砌成	两山墙严重酥碱，下槛墙通体裂缝，裂缝宽 5～10mm； 后檐墙扭曲变形严重； 内壁抹灰层空鼓严重
8	台明与地面	方砖（340×340×50）墁地	原地面已不存，现有的地面为党校占用期间人为改制的水泥地面 台明坍塌、压沿石不存
9	装修	四扇六抹隔扇正方格心屉	现有的装修是党校占用期间人为改制的玻璃门窗
10	基础	三七灰土垫层，上砌片石基础	前檐明间金柱与东北角柱柱脚严重糟朽，柱身下沉； 后檐墙扭曲变形严重；两山墙严重酥碱，下槛墙通体裂缝； 台明基础坍塌变形

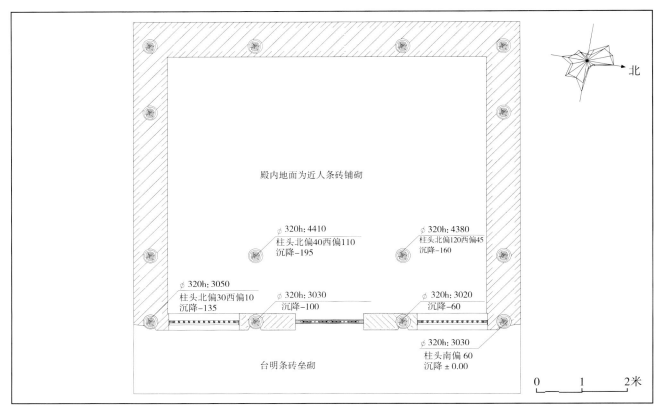

殿内地面为近人条砖铺砌

φ 320h: 4410
柱头北偏40西偏110
沉降-195

φ 320h: 4380
柱头北偏120西偏45
沉降-160

φ 320h: 3050
柱头北偏30西偏10
沉降-135

φ 320h: 3030
沉降-100

φ 320h: 3020
沉降-60

φ 320h: 3030
柱头南偏60
沉降±0.00

台明条砖垒砌

北

0 1 2米

• 图 5-42　平面图

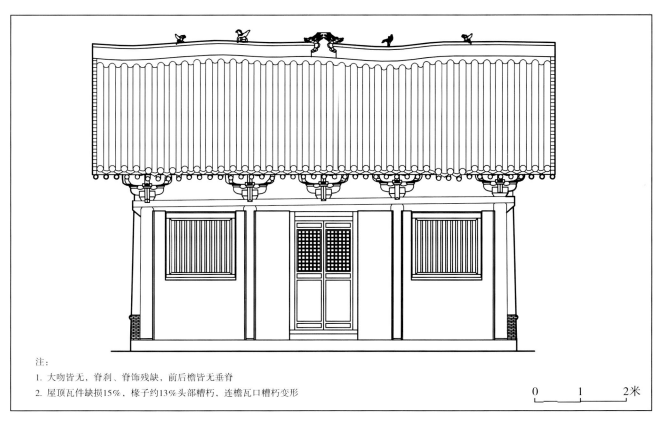

注：
1. 大吻皆无，脊刹、脊饰残缺，前后檐皆无垂脊
2. 屋顶瓦件缺损15%，椽子约13%头部糟朽，连檐瓦口糟朽变形

0 1 2米

• 图 5-43　正立面图

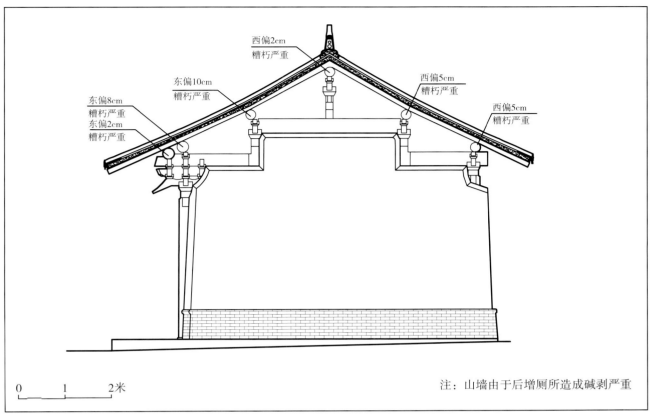

西偏2cm
糟朽严重

东偏10cm
糟朽严重

东偏8cm
糟朽严重
东偏2cm
糟朽严重

西偏5cm
糟朽严重

西偏5cm
糟朽严重

0   1   2米

注：山墙由于后增厕所造成碱剥严重

· 图 5-44 侧立面图

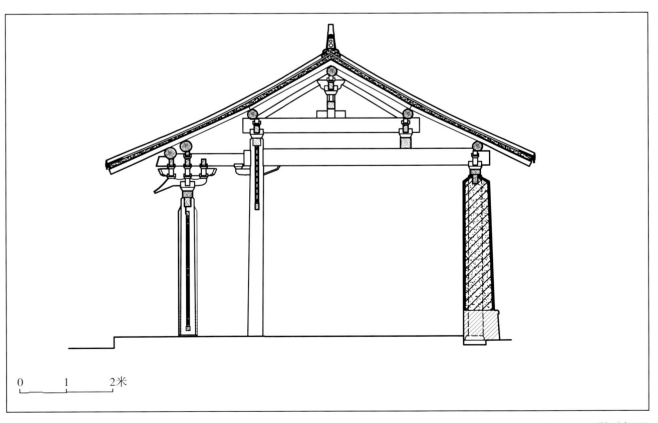

0   1   2米

· 图 5-45 明间剖面图

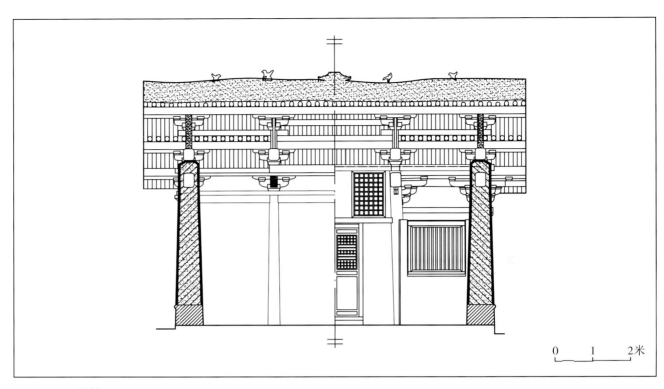

0   1   2米

· 图 5-46 纵剖面图

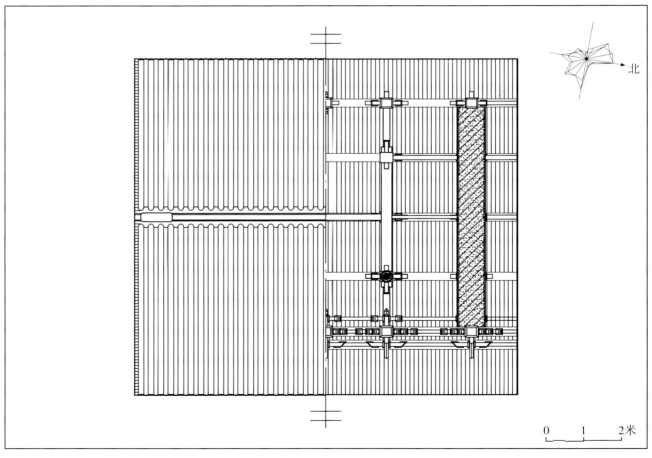

北

0   1   2米

· 图 5-47 梁架仰视及瓦顶俯视图

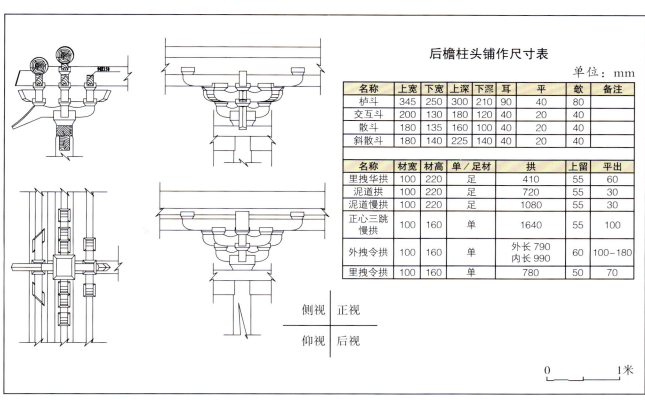

后檐柱头铺作尺寸表

单位：mm

名称	上宽	下宽	上深	下深	耳	平	欹	备注
栌斗	345	250	300	210	90	40	80	
交互斗	200	130	180	120	40	20	40	
散斗	180	135	160	100	40	20	40	
斜散斗	180	140	225	140	40	20	40	

名称	材宽	材高	单／足材	拱	上留	平出
里拽华拱	100	220	足	410	55	60
泥道拱	100	220	足	720	55	30
泥道慢拱	100	220	足	1080	55	30
正心三跳慢拱	100	160	单	1640	55	100
外拽令拱	100	160	单	外长790 内长990	60	100～180
里拽令拱	100	160	单	780	50	70

侧视 ｜ 正视

仰视 ｜ 后视

0 ——— 1米

· 图 5-48　前檐柱头铺作大样

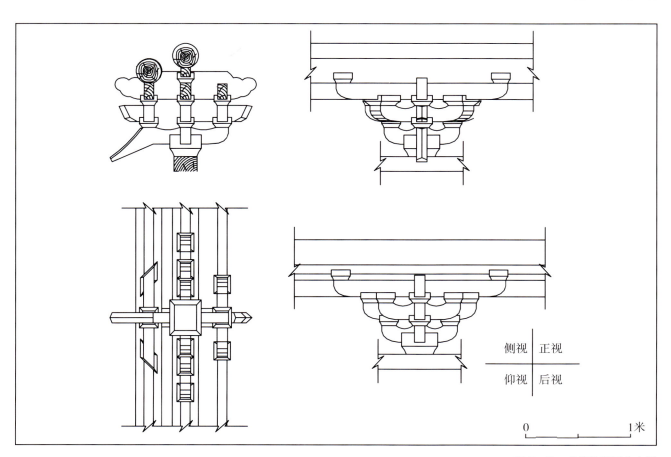

侧视 ｜ 正视

仰视 ｜ 后视

0 ——— 1米

· 图 5-49　前檐补间铺作大样

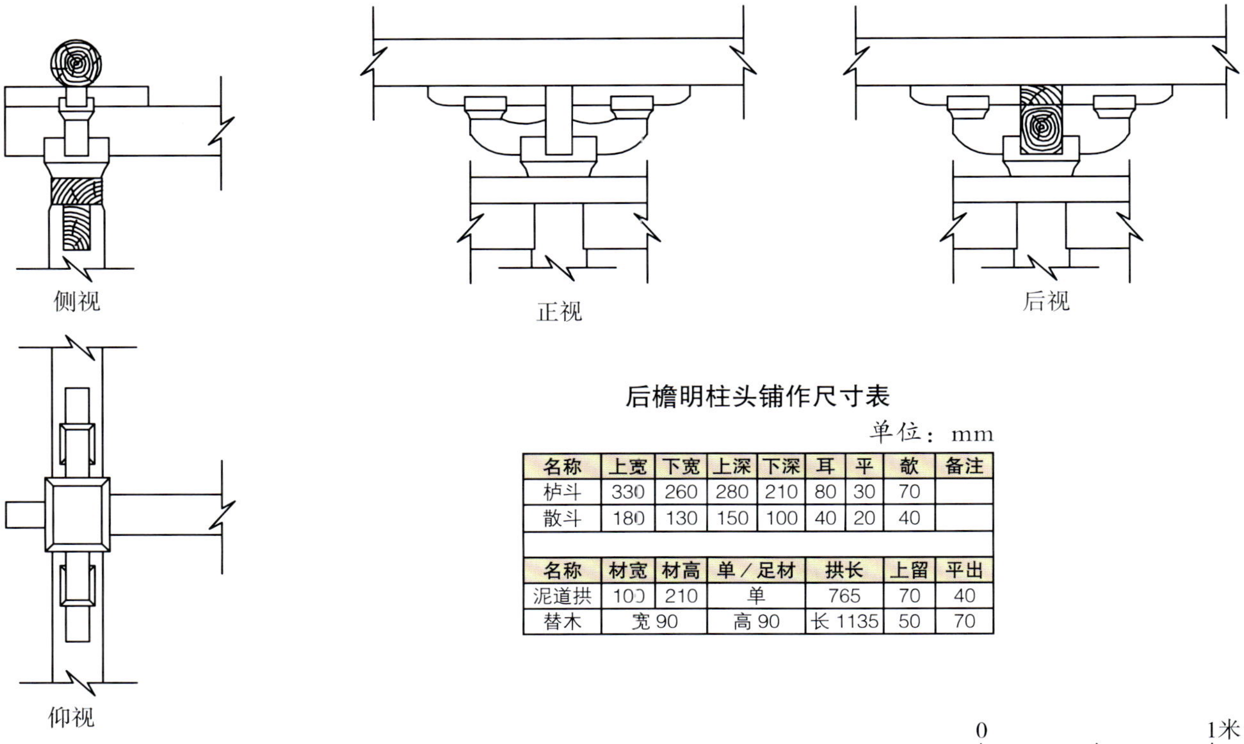
侧视
正视
后视
仰视
0
1米

后檐明柱头铺作尺寸表

单位：mm

名称	上宽	下宽	上深	下深	耳	平	欹	备注
栌斗	330	260	280	210	80	30	70	
散斗	180	130	150	100	40	20	40	

名称	材宽	材高	单／足材	拱长	上留	平出
泥道拱	100	210	单	765	70	40
替木	宽 90		高 90	长 1135	50	70

· 图 5-50　后檐柱头铺作大样

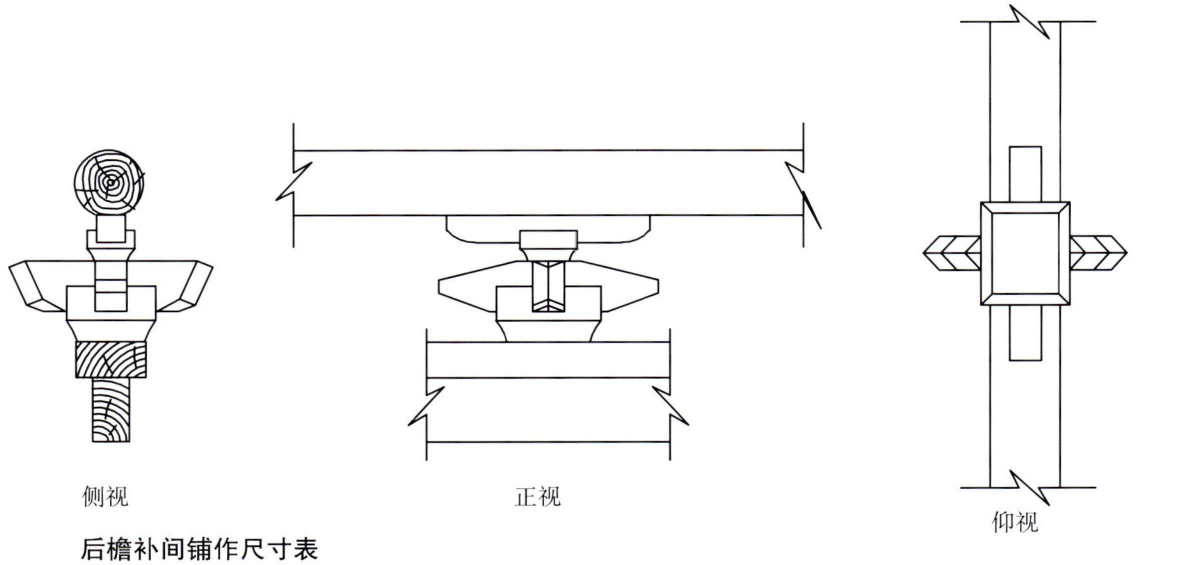
侧视
正视
仰视
0
1米

后檐补间铺作尺寸表

单位：mm

名称	上宽	下宽	上深	下深	耳	平	欹	备注
栌斗	330	260	280	210	80	30	70	
散斗	180	130	150	100	40	20	40	

单位：mm

名称	材宽	材高	单／足材	拱长	上留	平出
异形拱	100	160	单	690		
替木	宽 90		高 90	长 640	50	115

· 图 5-51　后檐补间铺作大样

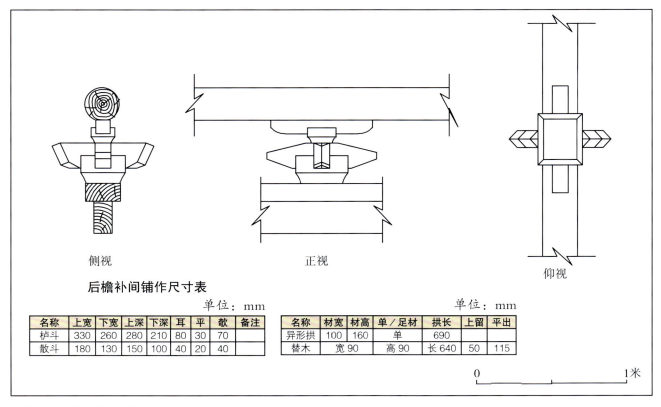

六、地藏十王殿

表 5-6　地藏十王殿现状表

序号	部位及名称	形制简介	修缮前主要残损状况
1	屋顶	筒板布瓦、灰陶质地脊兽、大吻	屋顶扭曲变形严重，两山墙出际部分坍塌； 大吻皆无，脊刹残缺，垂脊仅保留有后檐南垂脊一条，垂兽不存； 屋面瓦件脱节现象严重，75% 残破、掰裂
2	木基层	全为望板铺钉	北山墙博缝板、悬鱼、惹草糟朽严重，南山墙现已不存； 椽子糟朽、折断，大部分错位、脱榫； 望板糟朽、开裂
3	梁架	该殿梁架为三椽栿对前搭牵梁	明间北缝平梁底部开裂； 两稍间、明间南缝三椽栿通体开裂，裂长5.7m、裂宽（15～20mm）
4	槫条	断面为圆形，脊槫直径为 260mm、平槫直径为 220mm、后檐檐槫直径为 220 mm、前檐檐槫直径为 200mm、瞭檐槫直径为 260mm	槫条全部滚动，两山出际部分糟朽严重； 前檐南稍间正心槫及其随槫枋糟朽变形严重，已无法继续使用； 前檐南稍间平槫糟朽变形严重，无法继续使用； 后檐出际部分随槫枋风化糟朽严重； 前檐北稍间正心槫、瞭檐槫下随槫枋糟朽严重
5	斗拱	前檐为四铺作蚂蚱形耍头；后檐为把头交项造	斗拱保存尚可，仅缺个别槽升子； 后檐明间北缝柱头拱与两山出际部分拱子糟朽严重
6	柱额	断面为圆形，柱头有卷刹，前檐柱高 2860mm 柱径 350m；后檐柱高 3600mm 柱径 350mm；金柱高 4350mm 柱径 430mm；前后檐阑额高 200mm、普柏枋高 140mm	两山墙山柱柱脚糟朽严重、柱身开裂； 东南角柱糟朽严重、朽高 900mm、柱身开裂； 后檐柱柱脚严重糟朽，朽高 1000mm、柱身开裂； 后檐明间北缝、北稍间南缝檐柱严重糟朽、柱身劈裂； 明次间金柱糟朽严重，柱身开裂； 后檐阑额、明间金柱头阑额糟朽严重，无法继续使用； 明间金柱阑额糟朽、折断
7	墙体	由下槛墙和墙身组成，墙身土坯垒砌（墙身外壁抹红泥，内壁白灰罩面），下槛墙砍磨条砖淌白丝缝、叠涩收分砌成	两山墙严重酥碱开裂，80% 空鼓严重，后檐墙完全坍塌； 内壁抹灰层空鼓严重； 后人增砌隔墙
8	台明与地面	方砖（265×265×50）墁地础石（直径 350mm 高 120mm）	原地面已不存，现有的地面为党校占用期间人为改制的水泥地面； 台明坍塌、压沿石不存
9	基础	三七灰土垫层，上砌片石基础	后檐明间北缝和北稍间南缝檐柱柱脚严重糟朽，柱身下沉； 后檐墙坍塌，两山墙空鼓变形严重 台明基础坍塌变形。
10	装修	详见实测图	原制不存，现有的装修是党校占用期间人为改制室内增设隔墙
11	彩绘油饰		残缺不全

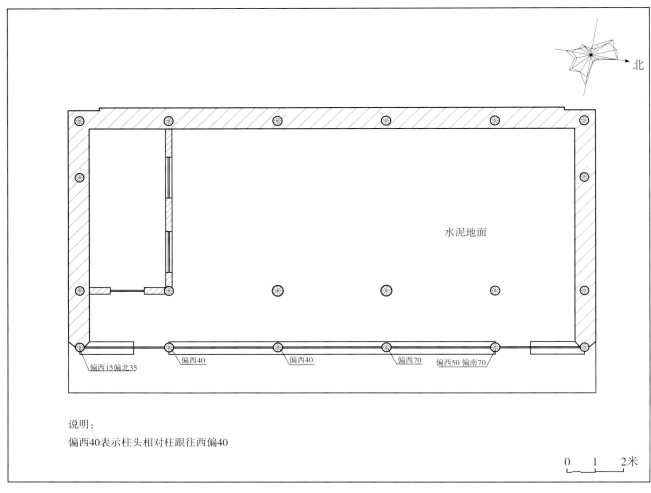

（说明部分）

北

水泥地面

偏西15偏北35　　偏西40　　偏西40　　偏西70　偏西50 偏南70

说明：
偏西40表示柱头相对柱跟往西偏40

0　1　2米

· 图 5-52　平面图

（页边）

柳林香严寺——研究与修缮报告

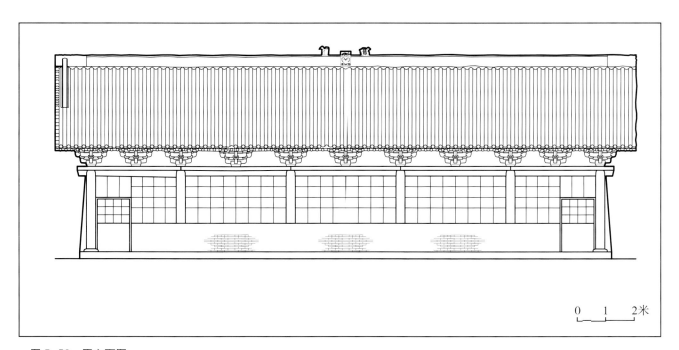

0　1　2米

· 图 5-53　正立面图

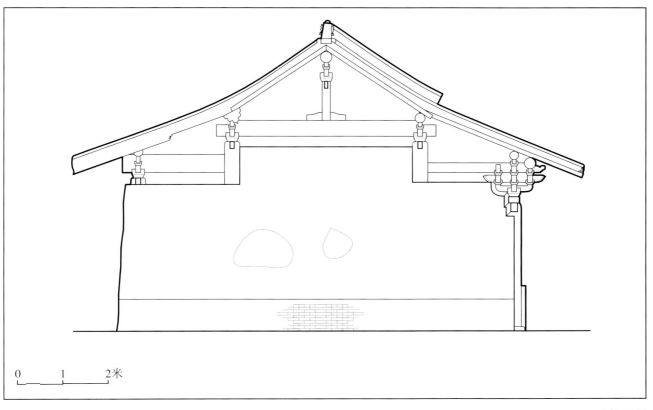

· 图 5-54 侧立面图

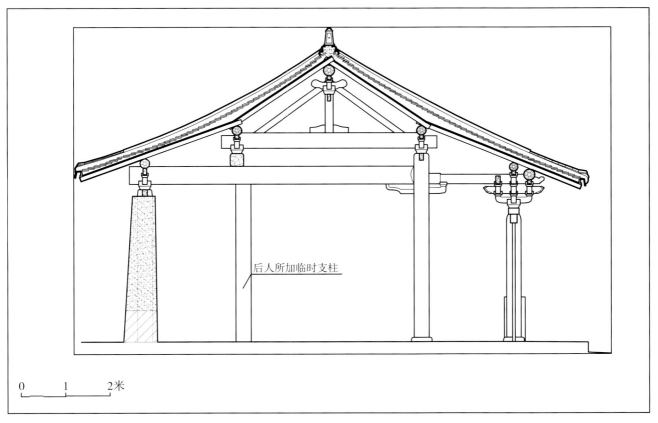

后人所加临时支柱

· 图 5-55 明间剖面图

0　　1　　2米

0　　1　　2米

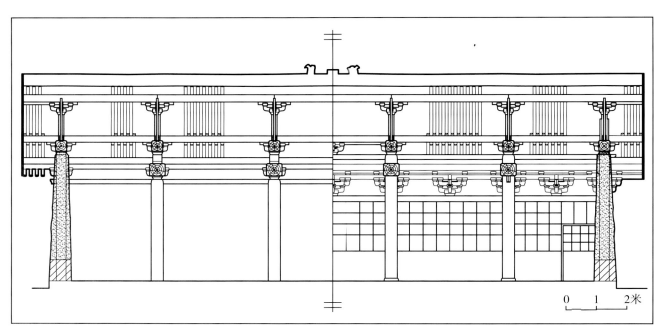

· 图 5-56　纵剖面图

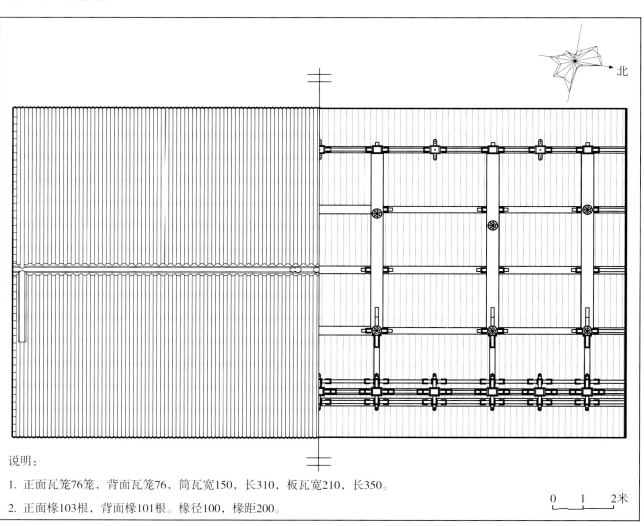

说明：

1. 正面瓦笼76笼，背面瓦笼76，筒瓦宽150，长310，板瓦宽210，长350。

2. 正面椽103根，背面椽101根。椽径100，椽距200。

· 图 5-57　梁架仰视及瓦顶俯视图

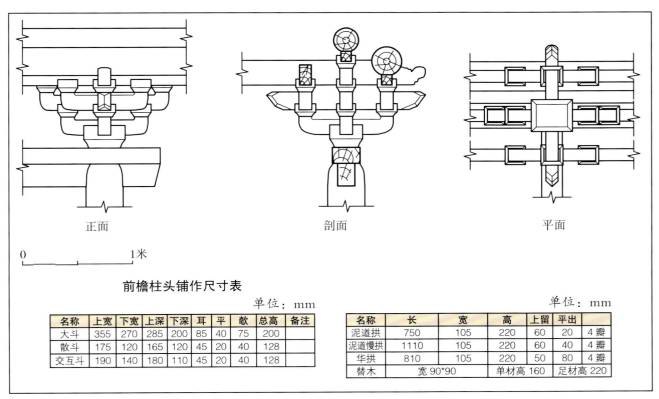

正面   剖面   平面

0   1米

前檐柱头铺作尺寸表

单位：mm   单位：mm

名称	上宽	下宽	上深	下深	耳	平	欹	总高	备注
大斗	355	270	285	200	85	40	75	200	
散斗	175	120	165	120	45	20	40	128	
交互斗	190	140	180	110	45	20	40	128	

名称	长	宽	高	上留	平出	
泥道拱	750	105	220	60	20	4瓣
泥道慢拱	1110	105	220	60	40	4瓣
华拱	810	105	220	50	80	4瓣
替木	宽90*90		单材高160	足材高220		

·图 5-58　前檐柱头铺作大样

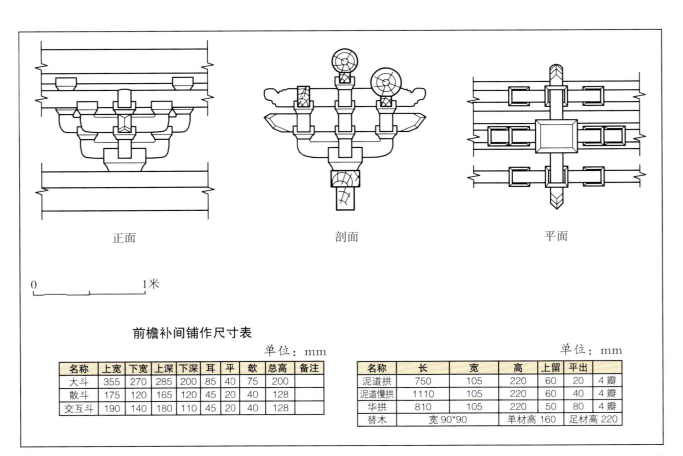

正面   剖面   平面

0   1米

前檐补间铺作尺寸表

单位：mm   单位：mm

名称	上宽	下宽	上深	下深	耳	平	欹	总高	备注
大斗	355	270	285	200	85	40	75	200	
散斗	175	120	165	120	45	20	40	128	
交互斗	190	140	180	110	45	20	40	128	

名称	长	宽	高	上留	平出	
泥道拱	750	105	220	60	20	4瓣
泥道慢拱	1110	105	220	60	40	4瓣
华拱	810	105	220	50	80	4瓣
替木	宽90*90		单材高160	足材高220		

·图 5-59　前檐补间铺作大样

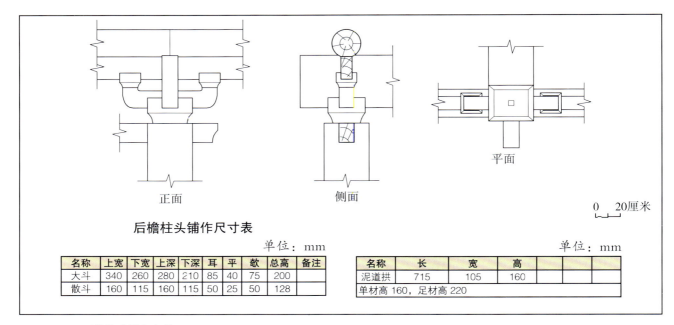

正面　　　　　　　　侧面　　　　　　　　平面

0　20厘米

后檐柱头铺作尺寸表

单位：mm

名称	上宽	下宽	上深	下深	耳	平	欹	总高	备注
大斗	340	260	280	210	85	40	75	200	
散斗	160	115	160	115	50	25	50	128	

单位：mm

名称	长	宽	高		
泥道拱	715	105	160		
单材高160，足材高220					

·图5-60　后檐柱头铺作大样

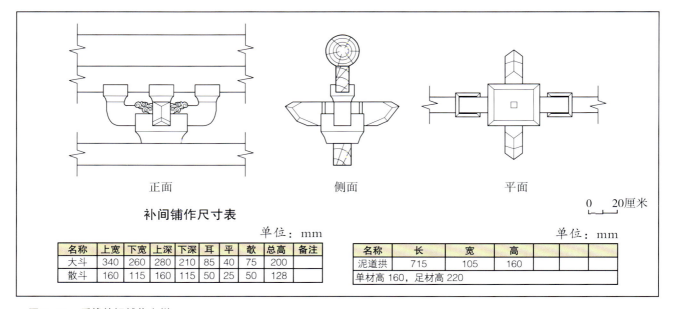

正面　　　　　　　　侧面　　　　　　　　平面

0　20厘米

补间铺作尺寸表

单位：mm

名称	上宽	下宽	上深	下深	耳	平	欹	总高	备注
大斗	340	260	280	210	85	40	75	200	
散斗	160	115	160	115	50	25	50	128	

单位：mm

名称	长	宽	高		
泥道拱	715	105	160		
单材高160，足材高220					

·图5-61　后檐补间铺作大样

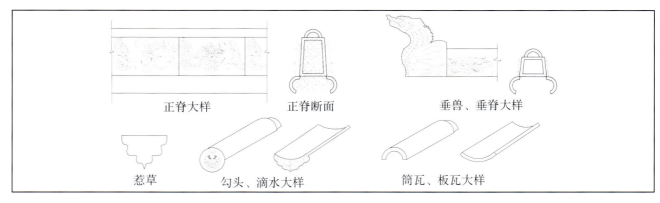

正脊大样　　　　　正脊断面　　　　　　垂兽、垂脊大样

惹草　　　　　勾头、滴水大样　　　　　筒瓦、板瓦大样

·图5-62　脊饰瓦作大样

七、钟、鼓楼

表 5-7　钟、鼓楼现状表

部位	构件名称		材质	规格（形制）长×宽×高	数量	残损现状
屋顶	脊、兽		灰陶	详见大样图	大吻4个，垂兽8个，戗兽12个	保存尚可，北侧大吻开裂，上、下层戗兽局部花纹脱落，构件缺失；上层套兽全部丢失；垂脊成弓形变形
	瓦面		灰陶	筒瓦长260×宽135板瓦长240×头宽155×尾宽135	共计170 m²	翼角瓦严重坍塌；屋面瓦件散落、错位、掰裂，勾头、滴水41%残失
	木基层	望板栈砖	木、砖	望板厚10mm，栈砖长360mm×160mm×70mm	共计168m²	下层望板严重糟朽、变形，前端下栽；脊部栈砖保存尚可
		椽飞	木	φ80mm	计260根	椽尾严重沤朽，近于折裂；翼角椽尾重度糟朽，现状前栽尾翘，处于下栽状态
		博缝悬鱼	木	高700mm，厚30mm	共计3.1m²	博缝板风化性开裂、糟朽；悬鱼部分跌落、残失
	风铎		铁	总高390mm	共计8个	上层现存风铎，风摆已失，下层风铎不存
檩条系统	檩条		木	脊檩φ260mm 金檩宽220mm 高240mm 上层檐檩φ300mm 下层檐檩φ250mm	脊檩2根；金檩4根；上层檐檩4根；下层檐檩12根	脊檩、金檩下沉40mm，上层东檐檩北端严重朽空；底层每面檐檩对接处拔榫20～45mm，两端下栽25～60mm，向外滚动20～30mm
梁架	角穿插		榆木	高205mm 宽90mm	角穿插4根	除西北角呈弓形变形外，其余三根均已折裂
	大角梁		木	上层高150mm 宽175mm 下高145mm 宽135mm	大角梁8根	上、下层东北角大角梁梁头劈裂，15mm≤裂宽≤50mm；裂长占总长的1/3
	仔角梁		木	上层高80mm 宽80mm 下层高140mm 宽150mm	仔角梁8根	上层仔角梁无套兽榫，仅在其上残存宽80mm的木条；其下头部糟朽、风化
	抹角梁		木	高205mm 宽185mm	抹角梁4根	抹角梁垂弯
	垂莲柱		木	宽200mm×200mm，抹40mm	垂莲柱4根	金檩下所悬吊的垂莲柱，柱身开裂，裂宽1～30mm，裂长在600～900mm；由搭交金檩组成的框架向西南扭曲、变形
	雷公柱		木	宽190mm×190mm，抹30mm	雷公柱1根	雷公柱柱身通体开裂，裂宽15mm～45mm
	其他构件		木	详见设计图纸		保存尚好
	下层联络枋（承椽枋）		木	高240mm 宽200mm	共计4根	东侧承椽枋通体开裂，15mm≤裂宽≤30mm，15mm≤裂深≤45mm；其余3根背部严重糟朽，10mm≤朽深≤30mm
柱头	平板枋小额枋		木	下层平板枋高120mm 宽255mm；小额枋高200mm 宽120mm	上、下层共计30个构件组成	上层平板枋、小额枋保存尚可，仅其上局部彩绘脱落；下层东、南两面平板枋接口处严重炸口，宽10mm～35mm，小额枋端部脱榫、下坠
斗拱	上层斗拱		木	总高970mm	共计12攒	整体保存尚好，其平身科斜斗缺失8个，占斗子总数的5%；严重错位、扭裂已不能继用的斗子共计6个，占斗子总数的3%；栱子扭闪、垂弯的总计4根，占总数的7%；异形花栱残失65%

部位	构件名称	材质	规格（形制）长 × 宽 × 高	数量	残损现状
柱	下层斗拱	木	总高 640mm	共计 20 攒	部分斗耳缺失，其上彩绘严重脱落
	通柱	木	直径 440mm，总高 5630mm	共计 4 根	通柱柱脚为 1988 年维修时截朽墩接了砼柱础石，柱身于 92 年月面袋包裹，红油漆罩面；现腰际部位严重糟朽、开裂，裂宽 10～30mm
	廊柱	木	直径 280mm，露出地面高 2300mm	共计 12 根	廊柱柱头不均匀沉降，最大值达 55mm，且向西南方向扭闪；1992 年在柱身外包裹面袋，红油漆罩面；现大面积空鼓、局部脱落，起不到保护柱子的作用；从油漆脱落的部位可见廊柱柱身存在风化、糟朽的现状；地面凹凸不平，柱脚埋入地面最大值达 150mm
	撑檐柱	木	宽 160mm 见方，抹 20mm，高 3060mm	共计 12 根	风化性开裂，裂宽 10～30mm，裂深 10～20mm；其上油漆大面积脱落
础石	通柱下础石	水泥	直径 620mm 高 250mm	计 4 块	1988 年维修时对通柱柱脚遭朽部位截除后，墩接了砼柱础石，已非原制
	廊柱下础石	黄砂岩	宽 520mm×520mm 高 300mm	计 12 块	经发掘可见：除东南角柱施残碑一块代替础石，其余廊柱柱脚由条砖地面下埋深 100～15Cmm，施瓦砾、碎砖、卵石、素土等材料进行支垫，没有独立的基础及础石
	撑檐柱下木地栿	木	宽 160mm 高 100mm	计 8 根	除东侧接口错位外，其余严重风化，出现细微裂缝
地面	楼内地面	条砖	长 320mm 宽 160mm 高 70mm	计 79 m²	①地面条砖 100% 碎裂，且凹凸不平；②东、南两面条砖地面与东院院面铺为一体，无台明之设；③楼内地面低于院面 15～45mm，雨水直接倒灌楼内地面
	周檐排水	条砖	长 320mm 宽 160mm 高 70mm		周檐雨水直接倒灌楼内地面
其他	楼梯	木	踏步高 205mm 宽 180mm	计 2.65m²	保存尚好，仅楼梯下脚用铁钉灌入砖缝进行临时稳固
	楼板、楼楞	木	楼板厚 55mm	楼板总计 36.1m²	四周楼板糟朽（特别是紧邻通柱周围），朽深达 15mm，且朽化性开裂；楼楞南北两根外侧，轻微性开裂，严重糟朽，朽深 15～50m；各个楼楞的端部风化性干裂，较为严重
	勾栏	木	总高 860mm		严重糟朽、风化
附属文物	彩绘			总计 152.5m²	彩绘为 1992 年补修时绘制，现状局部空鼓、脱落，大面积保存尚可

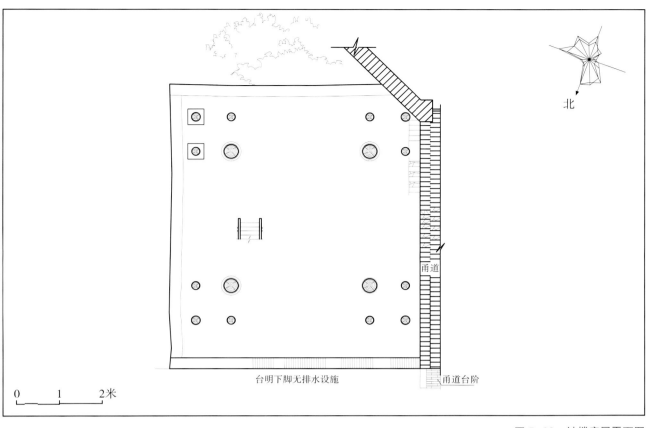

北

台明下脚无排水设施　　　甬道台阶

甬道

0　1　2米

· 图 5-63　钟楼底层平面图

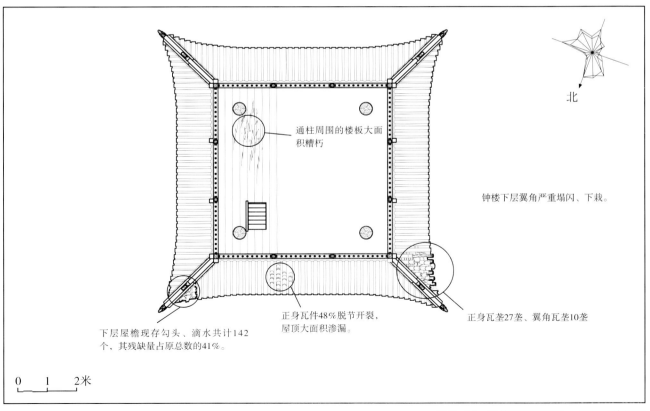

北

通柱周围的楼板大面积糟朽

钟楼下层翼角严重塌闪、下栽。

正身瓦垄27垄、翼角瓦垄10垄

正身瓦件48%脱节开裂，屋顶大面积渗漏。

下层屋檐现存勾头、滴水共计142个，其残缺量占原总数的41%。

0　1　2米

· 图 5-64　钟楼二层平面及一层瓦顶俯视图

北

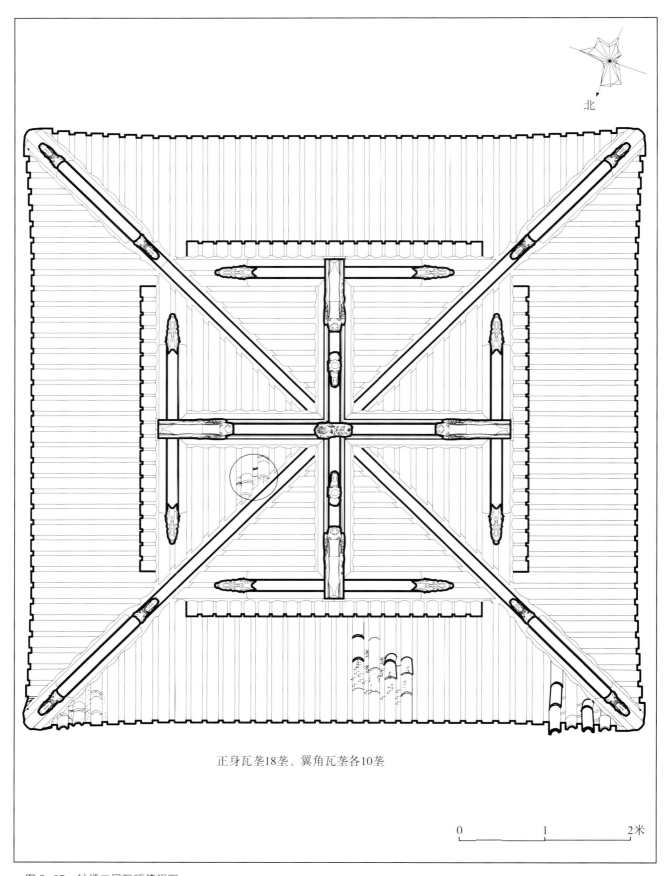

正身瓦垄18垄、翼角瓦垄各10垄

0　　　　　　1　　　　　2米

· 图 5-65　钟楼二层瓦顶俯视图

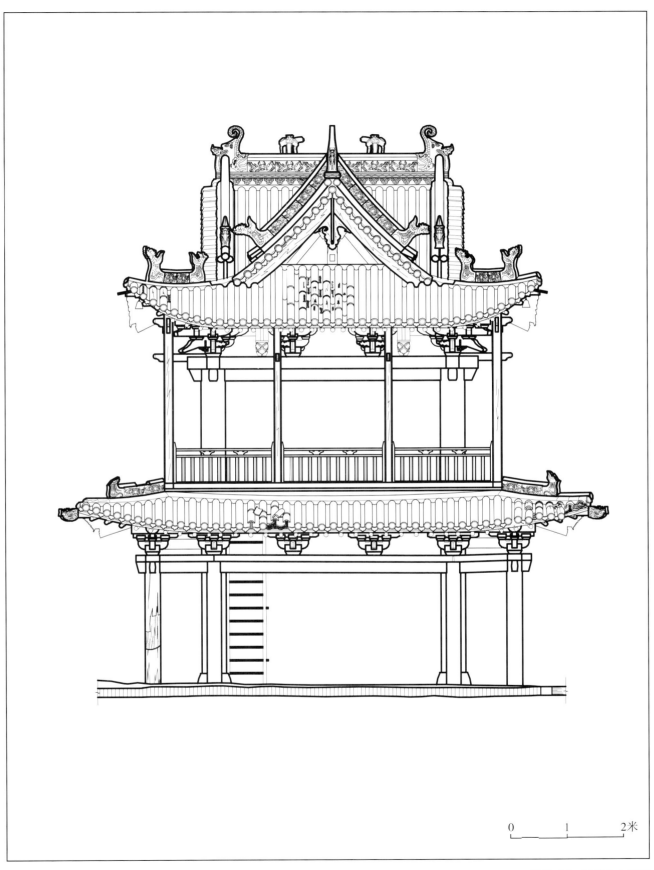

0　　　1　　　2米

·图 5-66　钟楼北立面图

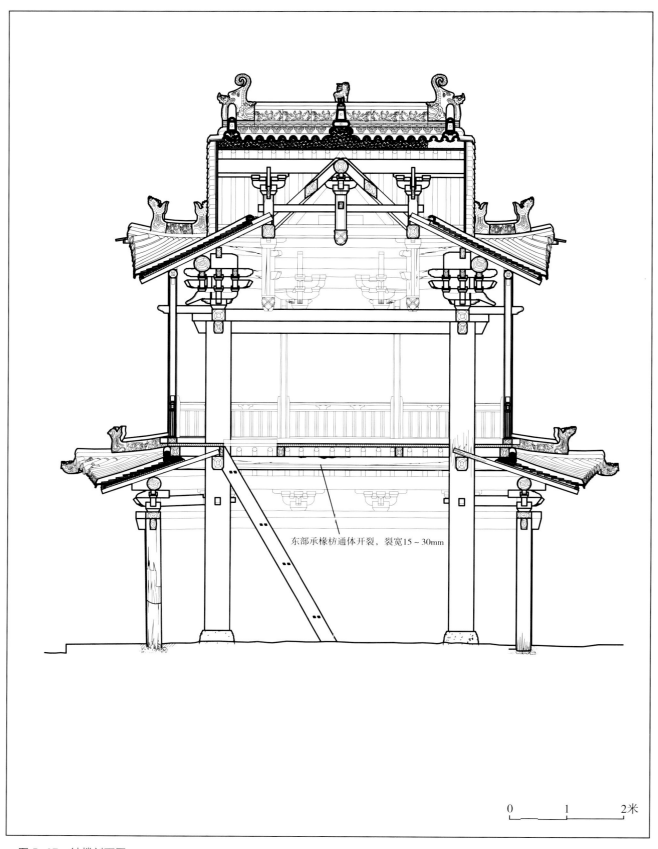

东部承椽枋通体开裂，裂宽15～30mm

0 1 2米

· 图 5-67 钟楼剖面图

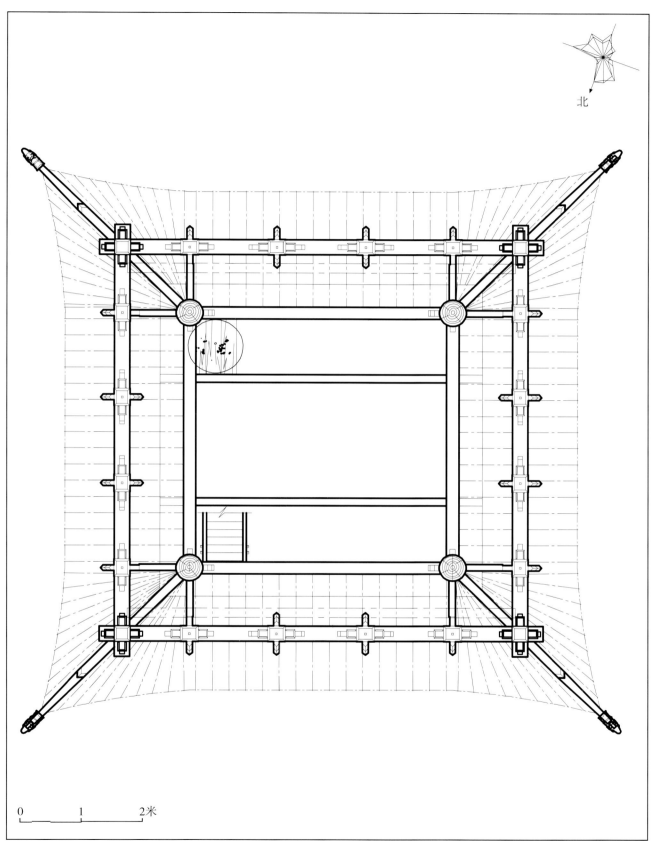

北

第五章 修缮工程研究

0　　　1　　　2米

·图 5-68　钟楼一层梁架仰视图

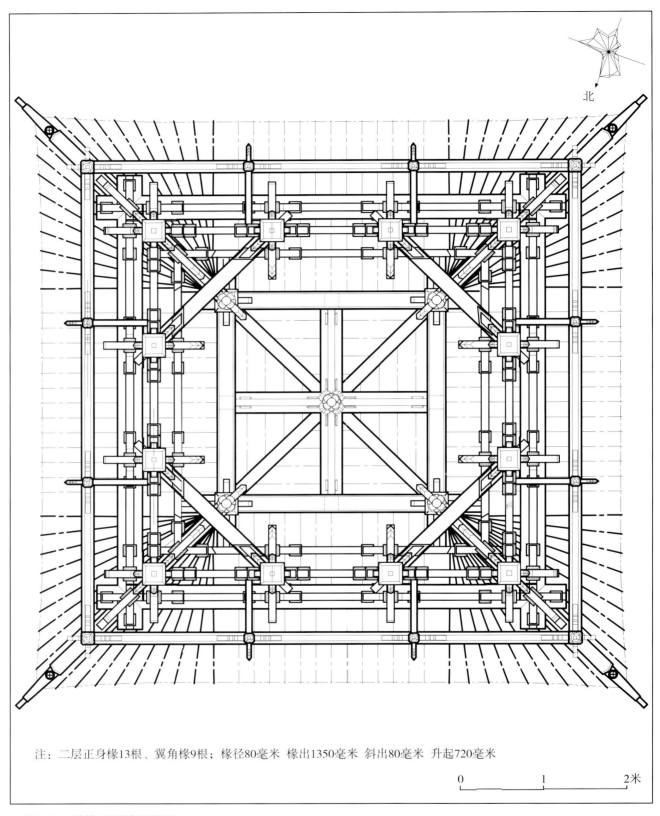

北

注：二层正身椽13根、翼角椽9根；椽径80毫米 椽出1350毫米 斜出80毫米 升起720毫米

0　　　　　　1　　　　　　2米

·图 5-69　钟楼二层梁架仰视图

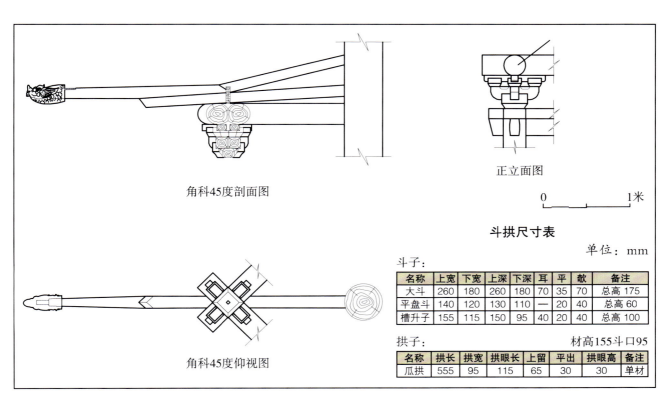

角科45度剖面图

正立面图

0   1米

斗拱尺寸表

单位：mm

角科45度仰视图

斗子：

名称	上宽	下宽	上深	下深	耳	平	欹	备注
大斗	260	180	260	180	70	35	70	总高175
平盘斗	140	120	130	110	—	20	40	总高60
槽升子	155	115	150	95	40	20	40	总高100

拱子：   材高155斗口95

名称	拱长	拱宽	拱眼长	上留	平出	拱眼高	备注
瓜拱	555	95	115	65	30	30	单材

· 图 5-70　钟楼下层角科大样图

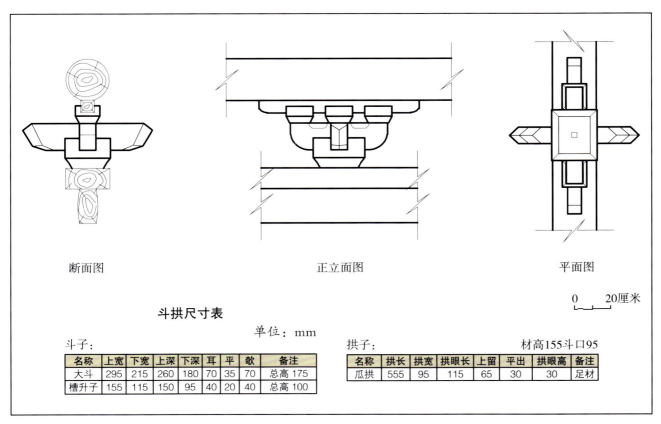

断面图   正立面图   平面图

0   20厘米

斗拱尺寸表

单位：mm

斗子：

名称	上宽	下宽	上深	下深	耳	平	欹	备注
大斗	295	215	260	180	70	35	70	总高175
槽升子	155	115	150	95	40	20	40	总高100

拱子：   材高155斗口95

名称	拱长	拱宽	拱眼长	上留	平出	拱眼高	备注
瓜拱	555	95	115	65	30	30	足材

· 图 5-71　钟楼下层平身科大样图

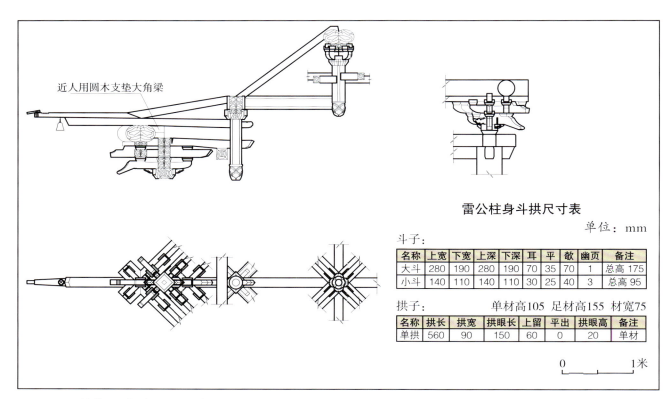

雷公柱身斗拱尺寸表

单位：mm

斗子：

名称	上宽	下宽	上深	下深	耳	平	敧	幽页	备注
大斗	280	190	280	190	70	35	70	1	总高175
小斗	140	110	140	110	30	25	40	3	总高95

拱子：　　　　　单材高105　足材高155　材宽75

名称	拱长	拱宽	拱眼长	上留	平出	拱眼高	备注
单拱	560	90	150	60	0	20	单材

0　　　　1米

· 图5-72　钟楼二层角科仰视、45度剖面大样图

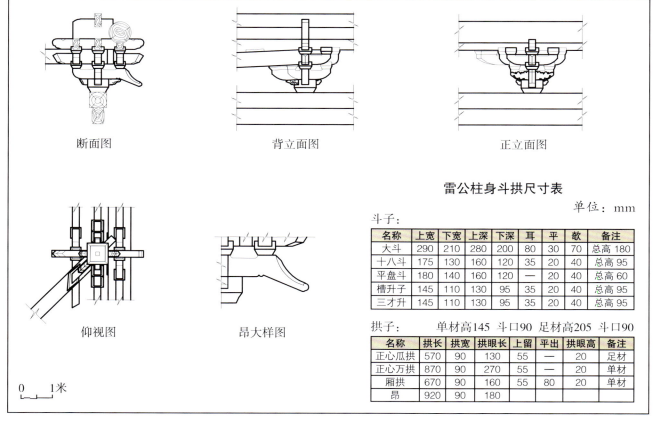

断面图　　　　　　背立面图　　　　　　正立面图

仰视图　　　　　　昂大样图

雷公柱身斗拱尺寸表

单位：mm

斗子：

名称	上宽	下宽	上深	下深	耳	平	敧	备注
大斗	290	210	280	200	80	30	70	总高180
十八斗	175	130	160	120	35	20	40	总高95
平盘斗	180	140	160	120	—	20	40	总高60
槽升子	145	110	130	95	35	20	40	总高95
三才升	145	110	130	95	35	20	40	总高95

拱子：　　　　　单材高145　斗口90　足材高205　斗口90

名称	拱长	拱宽	拱眼长	上留	平出	拱眼高	备注
正心瓜拱	570	90	130	55	—	20	足材
正心万拱	870	90	270	55	—	20	单材
厢拱	670	90	160	55	80	20	单材
昂	920	90	180				

0　　1米

· 图5-73　钟楼二层平身科大样图

八、藏经殿

表 5-8　藏经殿现状表

序号	部位及名称	形制简介	修缮前主要残损状况
1	瓦顶	屋面为仰合灰布瓦覆顶，瓦垄40垄，脊部绿琉璃质地大吻，脊刹为刹楼	屋顶严重变形、漏雨，屋顶53%坍塌；大吻、刹楼15%残损，垂兽不存，垂脊缺失；瓦件脱节现象严重，62%瓦件残破、掰裂
2	木基层	屋顶大面积铺墁栈砖，仅出檐处局部铺望板	博缝板、悬鱼糟朽严重，惹草残缺；连檐瓦口84%糟朽、变形；椽子36%糟朽、折断；后坡木基层开裂，屋顶栈砖80%崩裂错位
3	檩条	断面为圆形，直径300~320mm	檩条滚动错位，两山出际部分糟朽严重；后檐西次间随檩枋糟朽；前檐明间金檩及随檩枋糟朽、折断
4	梁架	三架梁对前单步梁	梁架整体向后歪闪前檐明间西缝三架梁上角背、脊瓜柱严重糟朽东山墙单步梁及托脚糟朽严重
5	斗拱	三踩斗拱	斗拱随梁架外闪变形严重，部分小斗缺失；后檐明间、西次间斗拱的大斗的耳、平部分缺失；两山处的拱头均有糟朽
6	柱额	断面为圆形，柱径300mm	后檐檐柱、两山山柱柱脚严重糟朽、柱体下沉；前檐柱身糟朽劈裂，300mm≤裂长≤1100mm，10mm≤裂宽≤20mm；后檐明间小额枋脱榫明次间檐柱、金柱全部向后檐方向歪闪；在党校占用期间为了安装玻璃门窗将前檐檐柱柱身两侧砍平；阑额、普柏枋风化严重
7	基础	三七灰土夯实上砌片石	柱基础下沉严重，台明基础坍塌变形
8	墙体	内墙土坯砖砌筑，白灰抹面；外墙条砖砌，上抹压红泥一层；下槛墙为条砖趟白丝缝，叠涩收分砌筑，上施仰砖两层；	后檐墙局部严重外鼓、变形；东山墙外壁墙身三道裂缝，裂缝宽10~20mm；西山墙墙身条砖酥碱现象严重；前檐槛墙在党校占用期间拆除；墙体下部槛墙，条砖酥碱严重；墙体内壁墙皮大面积空鼓，墙皮脱落严重；党校占用期间在前檐檐柱砌筑基砖槛墙，在明间梁架下砌筑机砖墙将室内空间分为三个单元
9	台明与地面	殿内、廊部、台明地面方砖十字缝细墁；台明条砖淌白砌，上置压沿石一层	殿内、廊部及台明地面已改制为条砖杂墁，方砖仅存1.2 m²；台明条砖酥碱严重，部分坍塌；原压沿石不存，现改制为条砖垒砌
10	装修	四抹隔扇正方格心屉	原装修不存，仅前檐金柱柱身留有榫卯；党校占用期间在前檐檐柱处制玻璃门窗
11	油饰、彩画		拱眼壁画不存；梁架彩画：鸟粪、白灰等污迹覆盖其上；柱额油饰：柱额因风化，油饰全部脱落

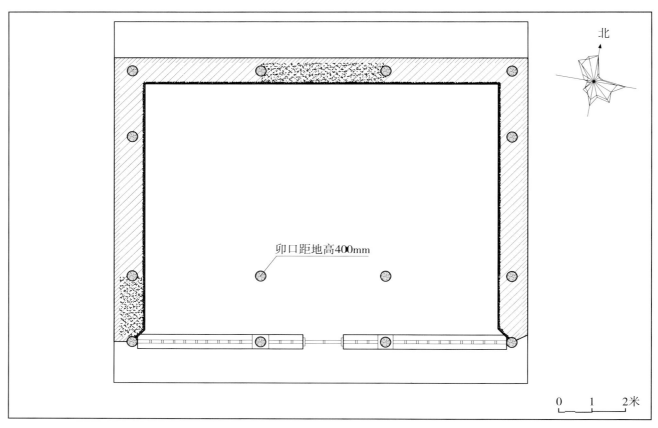

北

卯口距地高400mm

0 1 2米

· 图 5-74　平面图

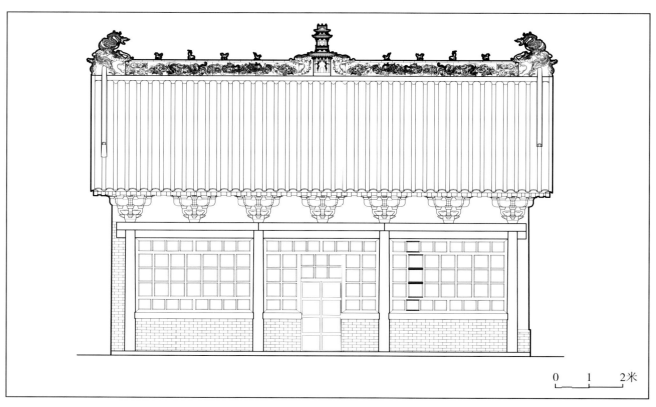

0 1 2米

· 图 5-75　正立面图

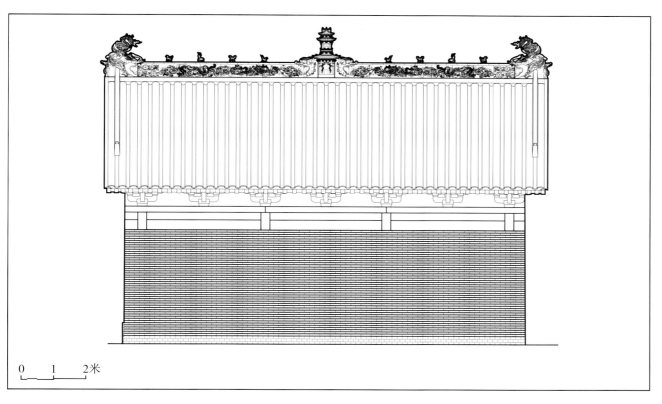

0　　1　　2米

· 图 5-76　背立面图

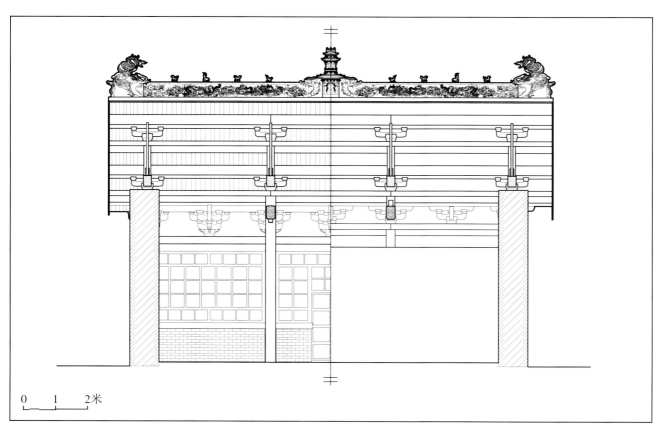

0　　1　　2米

· 图 5-77　纵剖面图

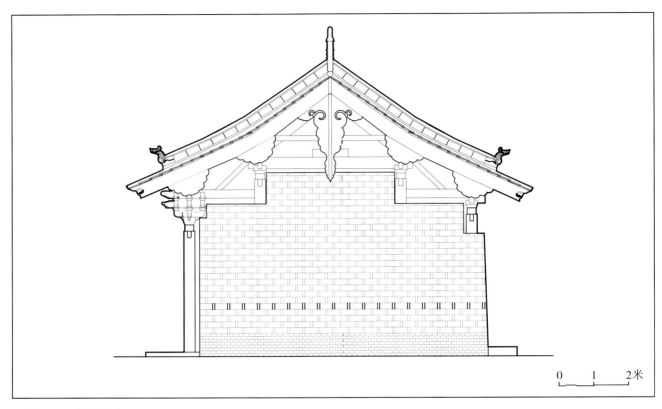

0   1   2米

· 图 5-78　侧立面图

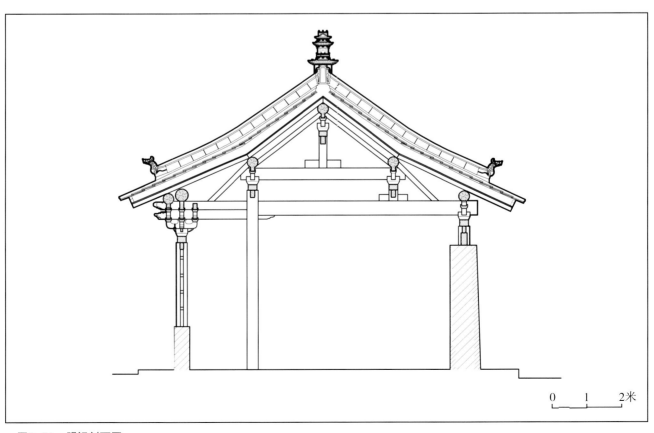

0   1   2米

· 图5-79　明间剖面图

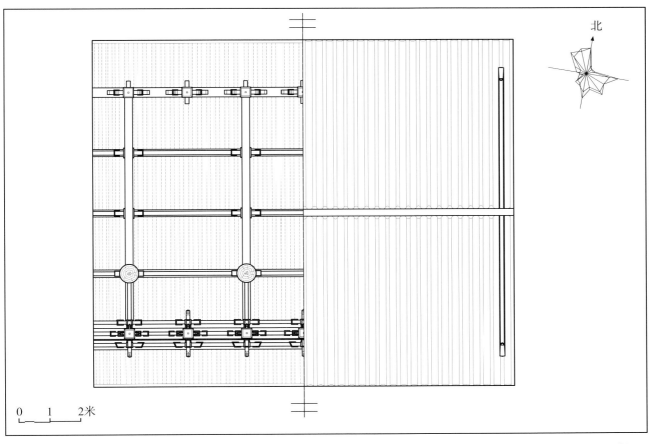

北

0 1 2米

· 图 5-80 梁架仰视及瓦顶俯视图

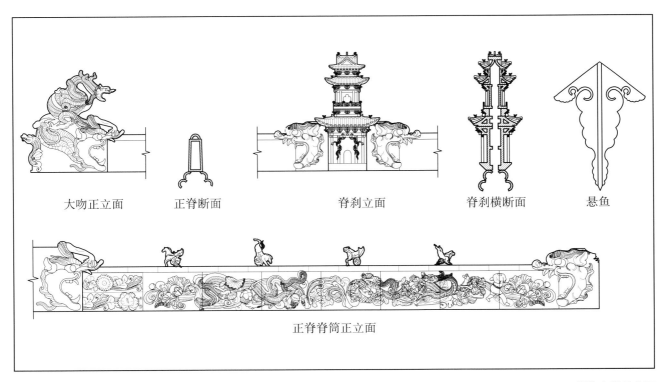

大吻正立面　　　正脊断面　　　　脊刹立面　　　　脊刹横断面　　　悬鱼

正脊脊筒正立面

· 图 5-81 脊饰大样示意图

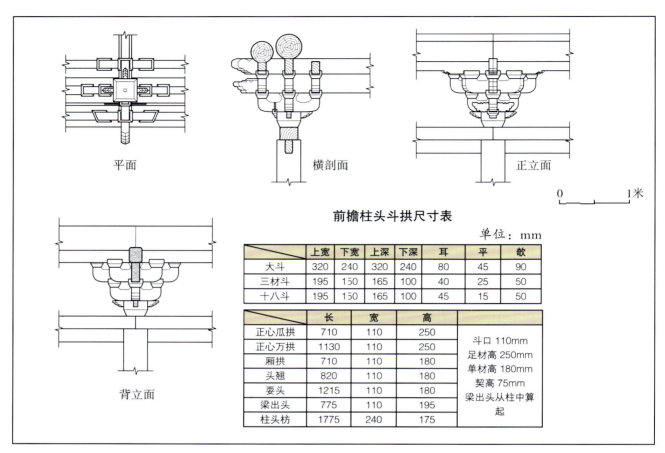

平面　　　　横剖面　　　　正立面

0　　　　1米

背立面

前檐柱头斗拱尺寸表

单位：mm

	上宽	下宽	上深	下深	耳	平	欹
大斗	320	240	320	240	80	45	90
三材斗	195	150	165	100	40	25	50
十八斗	195	150	165	100	45	15	50

	长	宽	高	
正心瓜拱	710	110	250	斗口 110mm 足材高 250mm 单材高 180mm 契高 75mm 梁出头从柱中算起
正心万拱	1130	110	250	
厢拱	710	110	180	
头翘	820	110	180	
耍头	1215	110	180	
梁出头	775	110	195	
柱头枋	1775	240	175	

・图 5-82　前檐柱头斗拱大样

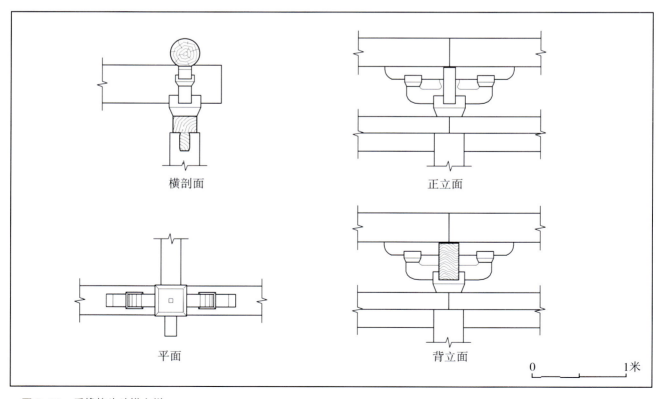

横剖面　　　　正立面

平面　　　　背立面

0　　　　1米

・图 5-83　后檐柱头斗拱大样

九、崇宁殿

表 5-9 崇宁殿现状表

序号	部位及名称	形制简介	修缮前主要残损状况
1	瓦顶	仰合灰布瓦屋面、脊部灰陶质地大吻、垂兽，中无脊刹	屋顶变形漏雨严重，屋顶 43% 坍塌，（前檐较后檐严重）； 大吻为后人用垂兽代替，正脊为后人所换的砖砌脊，前后檐皆无垂脊，垂兽不存； 瓦件脱节现象严重，65% 瓦件残破、掰裂
2	木基层	屋顶铺墁栈砖	博缝板糟朽严重，悬鱼、惹草现已不存； 连檐瓦口 90% 糟朽、变形； 椽子 22% 糟朽、折断； 后坡木基层开裂，屋顶栈砖 80% 崩裂错位
3	檩条	断面为圆形，直径 250～280mm	檩条全部滚动，两山出际部分糟朽严重，后檐西次间檐檩糟朽折断； 后檐东次间随檩枋严重糟朽折断； 后檐檐垫板糟朽折断； 前檐明间金檩及随檩枋严重糟朽折断
4	梁架	该殿梁架为厅堂式五架梁通达前后檐用 2 柱，为晚期建筑常用的梁架结构	梁架整体向后歪闪 300mm； 前檐明间西缝五架梁上垫墩严重糟朽； 脊部叉手、角背糟朽折断； 两山单步梁及双布梁严重脱榫，30mm≤榫宽≤60mm； 东山柱（直径为 350 mm，600mm≤糟朽高度≤700mm； 明间东缝五架梁通体开裂，在后檐下金檩部位折裂，梁背重度糟朽
5	斗拱	脊部为一斗二升交麻叶；柱头斗拱为前出麻叶头；平身科斗拱为前后出麻叶头	斗拱变形严重；后檐明间、西次间斗拱的大斗糟朽折断；明间脊部补间斗拱的小斗缺失两个；前檐补间斗拱的要头糟朽折断；两山处的 50% 拱头均有糟朽
6	柱额	断面为圆形，柱头斫出砍刹，前檐柱高 3300mm 柱径 320mm；后檐柱高 3000mm 柱径 300mm	前檐四根檐柱均有不同程度的下沉与歪闪；后檐檐柱柱脚严重糟朽； 前檐柱脚糟朽劈裂，350mm≤朽高≤400mm，后檐柱脚糟朽严重，柱脚悬空，1200mm≤朽高≤1400mm，30mm≤朽宽≤75 mm； 后檐明间内额及前檐额枋、小额枋糟朽折断
7	墙体	内外墙土坯砖砌筑，外墙抹压红泥一层、内墙白灰抹面；下槛墙为条砖趟白丝缝，叠涩收分砌筑、上施仰砖两层；	后檐墙为后人改制墙体； 东西山墙暴鼓、变形； 内墙抹灰层大面积空鼓、脱落；下槛墙严重裂缝变形
8	台明与地面	方砖（265x265x50）墁地条石 (1160x200x300)	原地面已不存，现有的地面为党校占用期间人为改制的水泥地面；台明压沿石已为条砖垒砌，条石不存
9	基础	三七灰土夯实上砌片石	墙体基础严重凹陷，台明基础坍塌变形
10	装修	五抹隔扇正方格心屉	装修面目全非，为现代简易门窗
11	其他	油饰	残缺不全

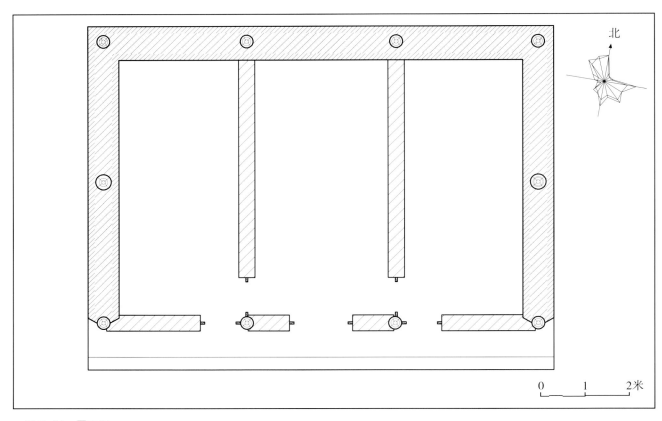

北

0　　　1　　　2米

・图 5-84　平面图

0　　　1　　　2米

・图 5-85　正立面图

柳林香严寺——研究与修缮报告

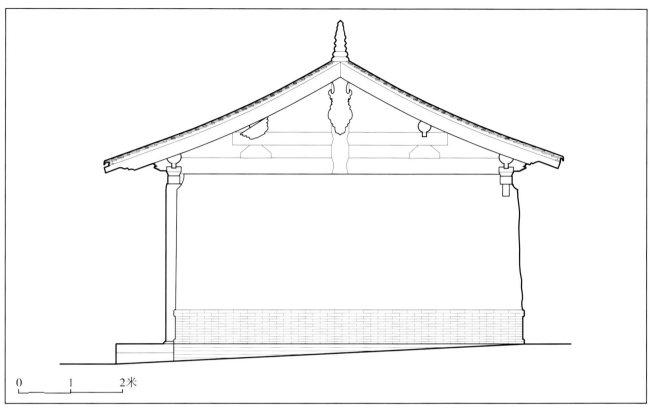

0   1   2米

· 图 5-86　侧立面图

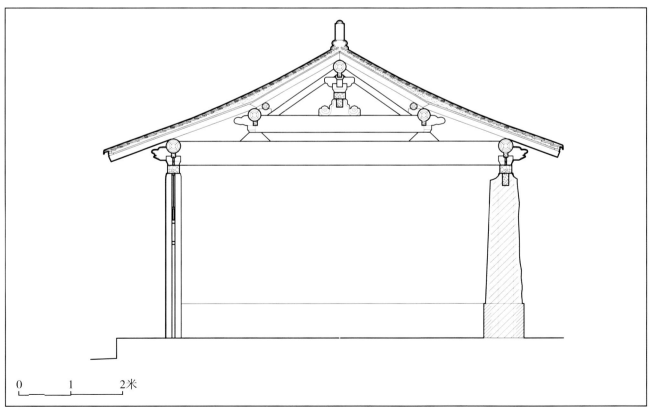

0   1   2米

· 图 5-87　明间剖面图

· 图 5-88 纵剖面图

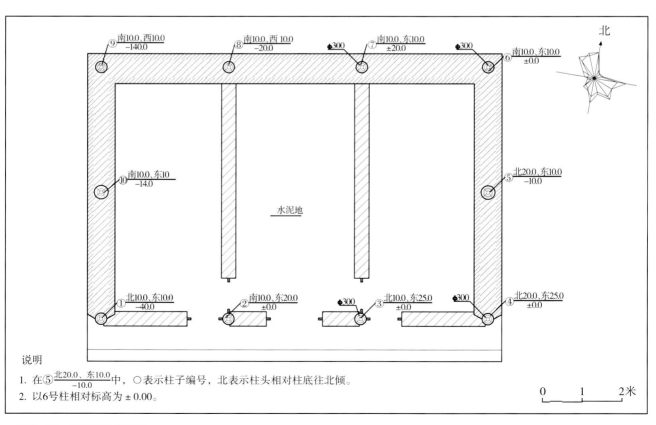

说明

1. 在 ⑤ $\frac{北20.0、东10.0}{-10.0}$ 中，○表示柱子编号，北表示柱头相对柱底往北倾。

2. 以6号柱相对标高为 ± 0.00。

· 图 5-89 柱子沉降位移图

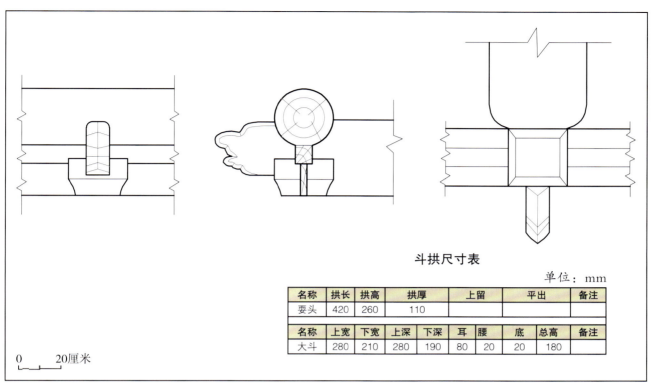

斗拱尺寸表

单位：mm

名称	拱长	拱高	拱厚	上留	平出	备注
耍头	420	260	110			

名称	上宽	下宽	上深	下深	耳	腰	底	总高	备注
大斗	280	210	280	190	80	20	20	180	

0 ⌐ 20厘米

·图5-90 柱头斗拱大样

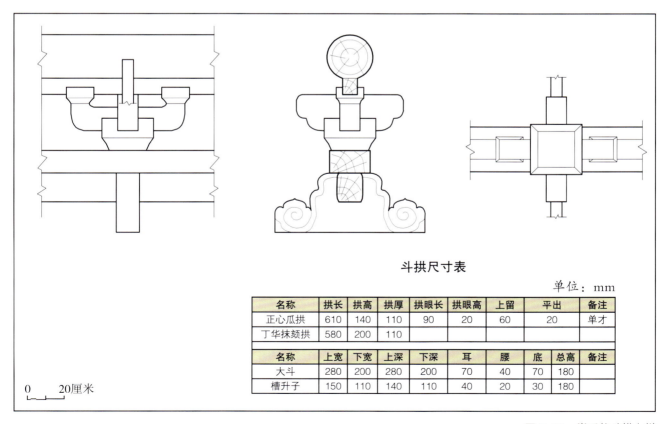

斗拱尺寸表

单位：mm

名称	拱长	拱高	拱厚	拱眼长	拱眼高	上留	平出	备注
正心瓜拱	610	140	110	90	20	60	20	单才
丁华抹颏拱	580	200	110					

名称	上宽	下宽	上深	下深	耳	腰	底	总高	备注
大斗	280	200	280	200	70	40	70	180	
槽升子	150	110	140	110	40	20	30	180	

0 ⌐ 20厘米

·图5-91 脊瓜柱斗拱大样

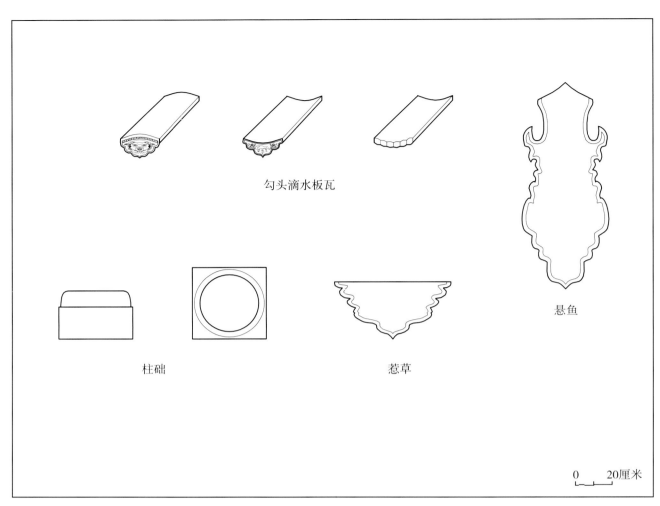

勾头滴水板瓦

柱础

惹草

悬鱼

0   20厘米

• 图 5-92　瓦件柱础悬鱼惹草大样

十、七佛殿

表5-10 七佛殿现状表

序号	部位及名称	形制简介	修缮前主要残损状况
1	瓦顶	筒板布瓦、前坡为黑琉璃质地垂兽，其余脊块、大吻均为灰陶质地	屋顶杂草丛生、变形漏雨，78%坍塌，（西次间完全坍塌），脊部严重弯曲变形；大吻仅存东侧一份，正脊仅存1200mm，前后檐皆无垂脊、垂兽；瓦件脱节现象严重，90%瓦件残破、掰裂
2	木基层	明间、两山出际、檐檩向外为望板，两次间、檐檩向内为栈砖	博缝板糟朽严重，悬鱼、惹草现已不存；连檐瓦口93%糟朽、变形；椽100%糟朽、折断；椽子59%糟朽、折断；后坡木基层开裂，屋顶栈砖90%崩裂错位、望板95%糟朽、折断
3	檩条	断面为圆形，直径220~250mm	檩条全部滚动，两山出际部分糟朽严重；后檐明间檐檩下随檩枋严重糟朽折断，已无法继续使用；后檐檐垫板严重糟朽折断，已无法继续使用；后檐东次间金檩下随檩枋80%糟朽折断；前檐东次间檐檩、随檩枋30%糟朽；前檐西次间金檩朽断已无法使用
4	梁架	明间五架梁对前单步梁用三柱，两山梁架前后单步梁、双步梁对接与山柱内	整体后倾、歪闪330mm；明间西缝五架梁底部通体开裂，裂宽25~30mm；西侧平梁裂缝通长，裂宽15~25mm
5	斗拱	上檐为一斗二升交麻叶，单步梁出头制成耍头，与单材拱一起支撑檐檩；下檐由墙体内通过过柱身外挑翘头两层，上置出头木承托楼板	平座斗拱的出头木、丁头拱已折断，檐下的斗子、拱子有折断情况，后檐大斗糟朽折断，斗子缺失80%；下层斗拱的交互斗和异形拱83%糟朽严重
6	柱额	断面为圆形前檐柱高6220mm柱径350m、后檐柱高3000mm柱径300mm；前后檐小额枋260mm、平板枋120mm；脊部小额枋240mm、平板枋120mm	前檐四根檐柱均有不同程度的下沉与歪闪；山柱及后檐檐柱柱脚严重糟朽折断，柱身严重劈裂；前檐两角柱柱脚糟朽劈裂，朽高达1500mm；前檐廊柱仅存东次间一根且糟朽严重；后人在下层东次间临时支柱1根，在上层殿内临时支柱2根
7	墙体	由下槛墙和墙身组成，墙身条砖垒砌；下层窑洞槛墙为条砖趟白丝缝，叠涩收分砌筑	墙体严重外敞、开裂变形；下层窑洞坍塌45%，下层窑洞前檐下槛墙在党校占用时期进行了改造。下层内墙抹灰层大面积空鼓、脱落
8	台明与地面	方砖（260mm×260mm×50mm）墁地、条石（1000mm×300mm×150mm）	殿内地面严重坍塌，方砖95%碎裂；殿外地面东南角磉石周围下陷80mm，其余部位均有不同程度的坍陷状况，方砖98%碎裂，压沿石全部不存
9	基础	三七灰土夯实上砌片石	后檐檐柱柱脚严重糟朽，柱身下沉；墙体坍塌变形；台明基础坍塌变形
10	装修	六抹隔扇斜方格心屉	上层全部松散变形，局部糟朽变形；下层装修原制不存，现有的装修是党校占用期间人为改制
11	楼板、勾栏	楼板木质，东西方向铺钉，每块长1660mm宽140mm厚60mm；勾栏每间檐柱之间在楼板上平置地栿，立竖向桯条5根，檐柱两侧各立望柱一根，望柱与桯条间共施3道横桯，其上施栉杖	楼板糟朽严重85%不存，楞木、出头木已不存，栏杆仅在东次间残存一段
12	佛台	土坯砌筑，外壁泥塑束腰座（长950mm，宽180mm，高80mm）	东西次间的佛台立面泥壁脱落，台面100%坍陷
13	壁画、彩画	山花壁画为水墨山水人物彩画，梁架为水墨云纹璇子彩画	殿内山花壁画空鼓，梁架彩画泥污遍布
14	新添构件油饰作旧	落叶松	已非原制、残缺不全
15	附属文物	石碑、拱眼壁画、彩绘	拱眼壁画、彩绘污土遍布，石碑散落在院内

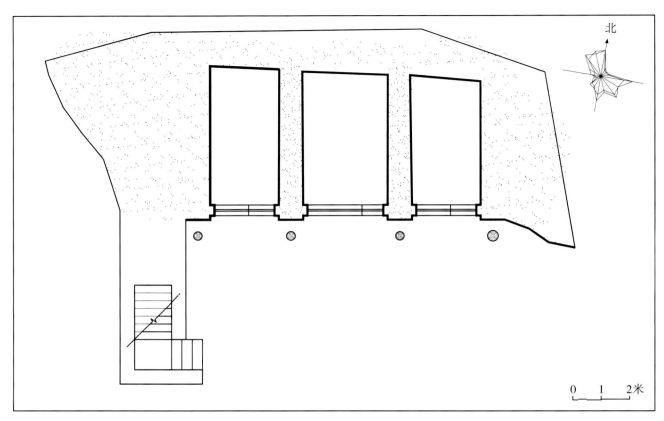

北

0　1　2米

· 图 5-93　一层平面图

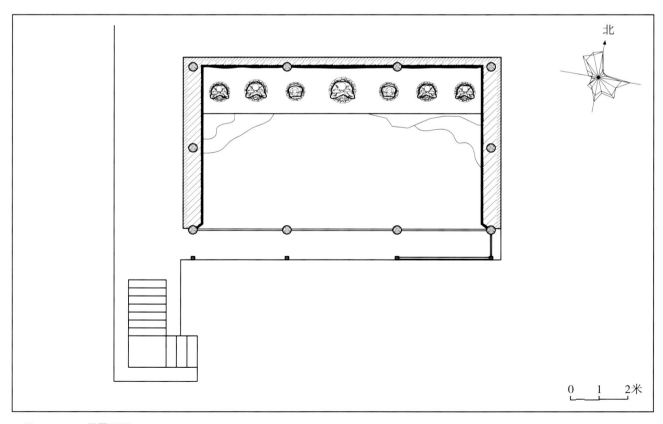

北

0　1　2米

· 图 5-94　二层平面图

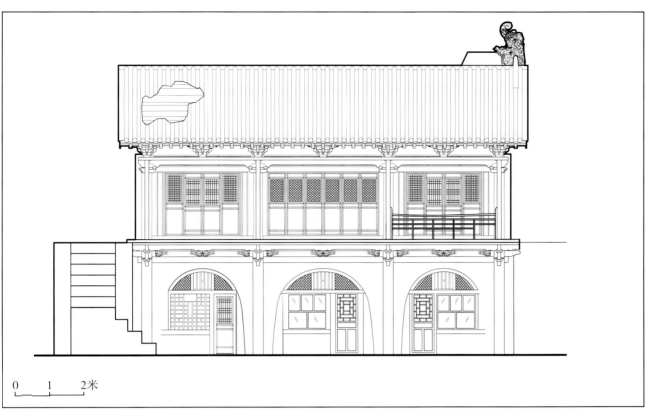

0　　1　　2米

· 图 5-95　正立面图

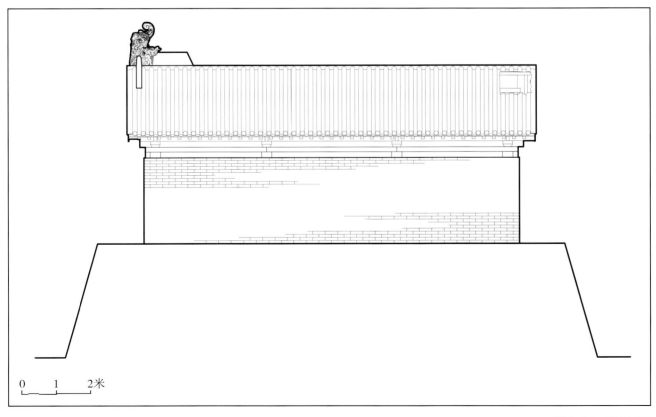

0　　1　　2米

· 图 5-96　背立面图

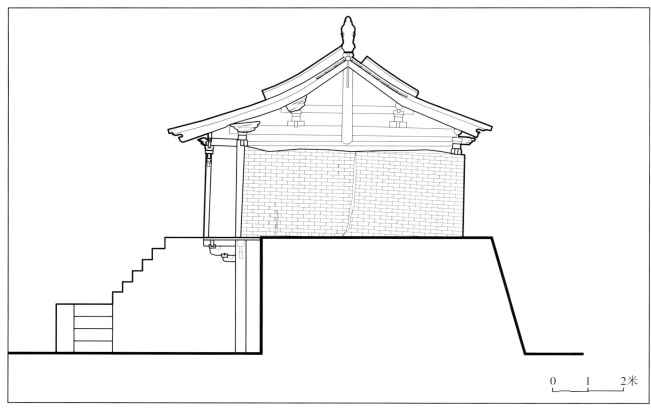

· 图 5-97　侧立面图

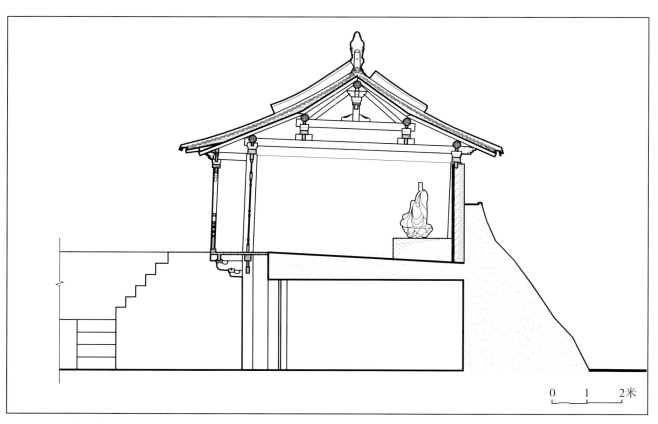

· 图 5-98　明间剖面图

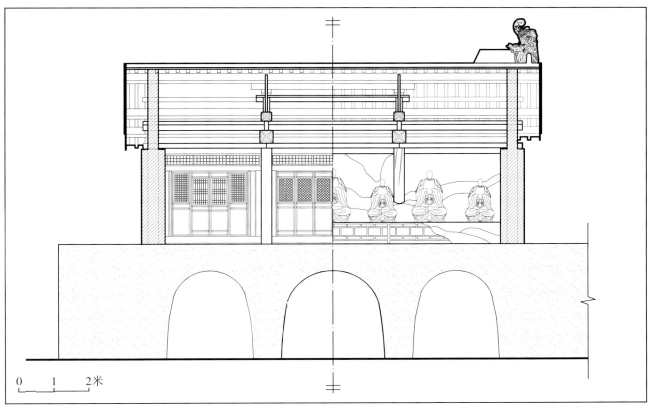

· 图 5-99 纵剖面图

北

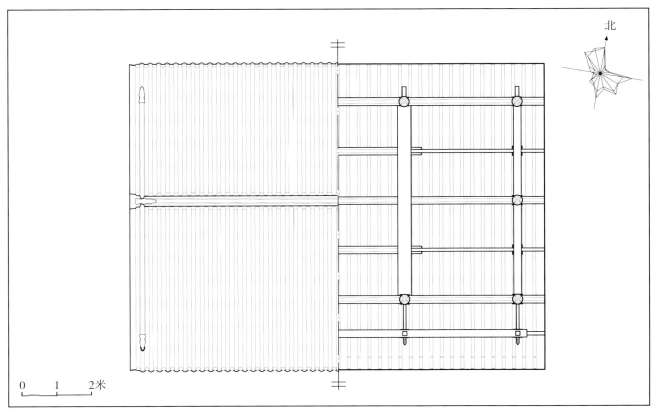

· 图 5-100 梁架仰视与瓦顶俯视图

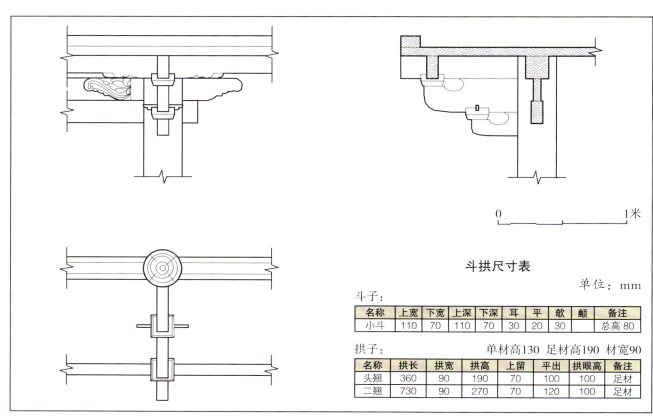

0   1米

斗拱尺寸表

单位：mm

斗子：

名称	上宽	下宽	上深	下深	耳	平	欹	颛	备注
小斗	110	70	110	70	30	20	30		总高80

拱子：　　　　　　单材高130　足材高190　材宽90

名称	拱长	拱宽	拱高	上留	平出	拱眼高	备注
头翘	360	90	190	70	100	100	足材
二翘	730	90	270	70	120	100	足材

· 图 5-101 一层斗拱大样

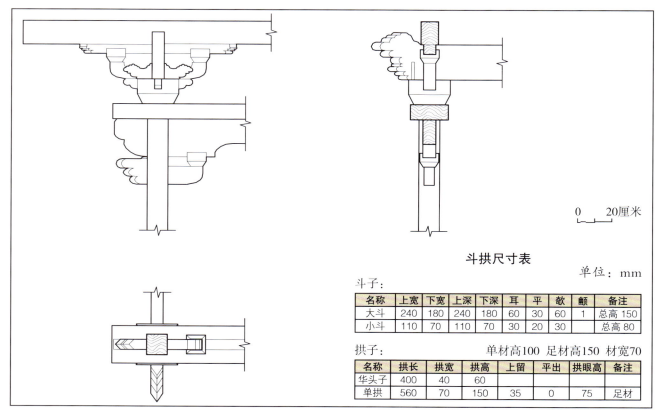

0   20厘米

斗拱尺寸表

单位：mm

斗子：

名称	上宽	下宽	上深	下深	耳	平	欹	颛	备注
大斗	240	180	240	180	60	30	60	1	总高150
小斗	110	70	110	70	30	20	30		总高80

拱子：　　　　　　单材高100　足材高150　材宽70

名称	拱长	拱宽	拱高	上留	平出	拱眼高	备注
华头子	400	40	60				
单拱	560	70	150	35	0	75	足材

· 图 5-102 二层斗拱大样

第三节　建筑残损原因分析

一、残损原因

香严寺各建筑残损的主要原因包括：

①年久失修，各建筑屋面局部露天或坍塌（图5-103、104）；屋顶瓦件、脊兽残缺，悬鱼缺失（图5-105）、椽子、望板及山面出际木构件糟朽；七佛殿泥塑、佛台雕塑损坏。

②各建筑的柱残损状况类同，按柱子位置主要分为墙内和露明的两种。其中最主要的病害是墙内柱的柱脚由于通风不畅，防潮措施不到位，雨水渗漏或地面排水不畅等原因，造成柱根糟朽严重(图5-106)，柱子悬空、下沉、柱头外倾，柱网变形，直接导致柱头阑额、普柏枋、斗拱等相关联构件的变形、扭曲、拔榫等破坏；另外就是露明檐柱受风雨的侵蚀，油饰损坏、柱身劈裂、老化等。

③屋顶的长期漏雨，使大木梁架中的木枋件发生糟朽、折断。表现最明显的是，各缝梁栿的端部有的已近于折断，特别是两山的平梁（三架梁）、三椽栿、四椽栿的梁身出现中空、朽断，各殿榑条糟朽现象明显。

④各建筑斗拱整体保存较好，部分构件由于木材干缩或压缩变形，加之梁架的歪闪，造成劈裂、折断或缺失。

⑤造成各建筑墙体开裂、外倾的原因，主要是建筑墙体砌筑方式为外包砖，里为土坯，中间碎砖填槽的做法。一旦墙体受潮，土坯粉化后膨胀引起墙体开裂、外倾，内壁抹灰空鼓等。

⑥近代在建筑内部新增设隔墙、吊顶、水泥地面等的主要原因是建筑使用功能的改变。香严寺一度被粮站占用储存粮食，许多地方要用石灰浆粉刷，做吊顶，做水泥地面。又曾作为学校使用，期间修隔墙、在檐柱之间换现代玻璃门窗（图5-107），改变了建筑的原有格局和装饰装修。

⑦保养养护不及时，导致构件缺失。香严寺七佛殿二层栏杆部分缺失（图5-108）。

· 图 5-103　七佛殿屋顶坍塌

· 图 5-104　大雄宝殿后檐变形

· 图 5-105　悬鱼缺失　· 图 5-106　柱跟糟朽

· 图 5-107　窗样式改变

· 图 5-108　栏杆缺失

二、残损等级分类

根据《古建筑木结构维护与加固技术规范》（GB50165 - 92），结合《中国文物古迹保护准则》相关规定，将建筑残损等级分以下四类。

①残损现状属日常保养范畴类的建筑归为Ⅰ类建筑：承重结构中原有的残损点均已得到正确处理，尚未发现新的残损点或残损征兆。

②残损现状属防护加固范畴类的建筑归为Ⅱ类建筑：承重结构中原先已修补加固的残损点，有个别需要重新处理；新近发现的若干残损迹象需要进一步观察处理，但不影响建筑物的安全和使用。

③残损现状属现状修整范畴类的建筑归为Ⅲ类建筑：承重结构中关键部位的残损点或其组合已影响结构安全和正常使用，有必要采取加固和修理措施，但尚不致立即发生危险。

④残损现状属重点修复范畴类的建筑归为Ⅳ类建筑：承重结构的局部或整体已处于危险状态，随时可能发生意外事故，必须立即采取抢修措施。

根据表5-11残损等级分类原则和香严寺现状勘察，确定香严寺大雄宝殿、东配殿、观音殿、地藏十王殿、藏经殿、七佛殿六座建筑残损等级为Ⅳ类，天王殿、慈氏殿、崇宁殿、钟、鼓楼五座建筑残损等级为Ⅲ类。

注：残损部位损坏程度以最高类为主。

表 5-11 古建筑残损等级分类表

等级	残损部位	残损情况
I 类建筑	台基（T）	台基基本完好
	柱（Z）	柱子有轻微裂缝
	木构架（M）	木构架基本完好
	墙体（Q）	墙基轻微酥碱
	屋面（W）	屋面长草
	脊饰瓦件（J）	脊饰瓦件局部残损
	装修（Z）	门窗脱色
II 类建筑	台基（T）	台基酥碱
	柱（Z）	柱子轻微糟朽，只是柱表皮的局部糟朽而柱心尚完好 柱皮小局部的糟朽不超过柱子直径的 1/2 柱础石风化
	大木构架（M）	梁枋有轻微裂缝
	墙体（Q）	墙基酥碱，外墙泥坯脱落，墙体轻微裂缝
	屋面（W）	屋面破损，塔刹残损
	脊饰瓦件（J）	屋顶脊饰构件残损。瓦件松动、错位
	装修（Z）	油漆彩画脱落
III 类建筑	台基（T）	台明风化
	柱（Z）	柱子糟朽部分较大，在沿柱身周圈一半以上深度不超过柱子直径的 1/4 柱础石缺失或风化严重。柱头糟朽
	木构架（M）	梁枋开裂程度较大，梁枋等木构件糟朽虫蛀。 斗拱移位、构件缺失 角梁糟朽
	墙体（Q）	建筑墙体裂缝较多。塔身裂缝．塔角残缺。墙体为红砖砌筑，基座有不合理修补 槛墙塌落
	屋面（W）	屋面漏雨，椽飞、望板糟朽、劈折，屋面下沉，檐部变形 屋面木基层糟朽，排山勾滴破坏严重
	脊饰瓦件（J）	脊饰构件缺失，屋脊倒塌
	装修（Z）	小木作残损，栏杆破坏。塑像脱皮。门窗装修不存或破坏严重
	其他	后人改建。砂岩石雕风化。造像缺失
IV 类建筑	台基（T）	地基下沉，台基开裂严重。地栿断裂
	柱（Z）	柱子糟朽，虫蛀严重 柱子裂缝较大且影响构件的力学性能
	木构架（M）	梁枋构件顺纹裂缝的深度和宽度大于构件直径的 1/4，裂缝的长度大于构件本身长度的 1/2，斜纹裂缝在矩形构件中裂过两个相邻表面，在圆形中裂缝长度大于周长的 1/3 梁头出现横断裂纹 梁、枋、檩、瓜柱等构件出现歪闪、坍塌、断裂、糟朽严重等
	墙体（Q）	墙体坍塌，歪闪严重。 墙体有通裂缝，已影响建筑安全 墙角通体开裂
	屋面（W）	屋面局部或全部坍塌
	其他	桥面变形 窑体裂缝变形

第四节　修缮原则与性质

一、修缮依据

①《中华人民共和国文物保护法》

②《中国古代建筑的保护与维修》

③《古建筑木结构维护与加固技术规范》(GB50165—92)

④《中国文物古迹保护准则》

⑤《柳林香严寺勘察报告》

⑥有关文物建筑保护的其他法律、条例、规定及相关文件

二、修缮原则

①严格遵守《中华人民共和国文物保护法》第二章中第二十一条规定的"对不可移动文物进行修缮、保养、迁移，必须遵守不改变文物原状的原则"；遵循《中国文物古迹保护准则》中相关条例之规定。贯彻"保护为主，抢救第一、合理利用，加强管理的方针"。

②安全为主的原则。保证修缮过程文物的安全和施工人员的安全同等重要，文物的生命与人的生命是同样不可再生的。安全为主的原则，是文物修缮过程中的最低要求。

③质量第一的原则。文物修缮的成功与否，关键是质量。在修缮过程中一定要加强质量意识与管理，从工程材料、修缮工艺、施工工序等方面要符合国家有关质量标准与法规。

④可逆性、可再处理性原则。在修缮过程中，坚持修缮过程的可逆性，保证修缮后的可再处理性，尽量选择使用与原构相同、相近或兼容的材料，使用传统工艺技法，为后人的研究、识别、处理、修缮留有更多的空间，提供更多的历史信息。

⑤尊重传统，保持地方风格的原则。不同地区有不同的建筑风格与传统手法。在修缮过程中要加以识别，尊重传统。承认建筑风格的多样性、传统工艺的地域性和营造手法的独特性，特别注重其保留与继承。

三、修缮主要思路

①"修整应优先使用传统技术"。各种瓦件琉璃、条砖、铁件等均按设计要求为手工制作、手工打制，不得使用市场批量现货；各类柱基墙基的加固，优先使用三七灰土人工夯打和灰土挤密桩加固；对木构件的油饰作旧按传统的贴骨地杖——单皮灰、三道灰、四道灰，不得采用新型的装潢、装饰、油饰材料；各类木构件的制做和安装，均为手工操作，绝对保留各构件时代工艺特点和榫卯结构方式等。

②"当主要结构严重变形，主要构件严重损伤，非解体不能恢复安全稳定时，可以局部或全部解体。解体修复后应排除所有不安全的因素，保证在较长时间内不再修缮"，"允许增添加固结构，使用补强材料，更换残损构件。增添的结构应置于隐蔽部位，更换的构件应有年代标志"。各建筑的墙内柱额、周檐檐墙、梁栿等木构件要逐一检查其确切的保存情况，进行加固补强后尽量原物使用，严重损伤的构件和构造要给予彻底的更换、复制或重砌，从而保证在较长时间内不再修缮。

③在修缮时遵循"整旧如旧"的理念。尽最大可能利用原有材料，保存原有构件，使用原有工艺，尽可能多地保存历史信息，保持文物建筑的特性（图6-4）。修缮不允许以追求新鲜华丽为目的，重做装饰彩绘；对于时代特征鲜明，式样珍稀的彩画，只能作防护处理。对于外檐柱额等已经没有任何彩绘的木构件，应使用传统方法进行防糟朽、防风化的桐油钻生加固，对各殿残留的彩绘、拱眼壁画等进行防护加固。

④"在不扰动整体结构的前提下，把歪闪、坍塌、错乱的构件恢复到原来的状态，拆除近代添加的无价值的部分"。本次修缮的各座建筑经党校占用时期的改制，各殿均存在有现代玻璃门窗、隔断墙、水泥地面、水泥台明、殿内顶棚等均属于无价值的部

分予以拆除。

⑤各建筑装修的复原，一是依据相邻柱额上存在的原始信息，如榫卯形制及位置、门枕石、现在残存的横披心屉棂花图案等；二是通过对周边同期同类建筑的调查与研究，在图像的基础上尽可能走访相关人员，更好地把握地方风格。

四、保护对象修缮性质

根据《中国文物古迹保护准则》第二十八条明确规定：保护工程是对文物古迹进行修缮和相关环境进行整治的技术措施。对文物古迹的修缮包括日常保养、防护加固、现状修整、重点修复四类工程。

1. 日常保养

日常保养是及时化解外力侵害可能造成损伤的预防性措施，适用于任何保护对象。必须制订相应的保养制度，主要工作是对有隐患的部分实行连续监测，记录存档，并按照有关的规范实施保养工程。

2. 防护加固

防护加固是为防止文物古迹损伤而采取的加固措施。所有的措施都不得对原有实物造成损伤，并尽可能保持原有的环境特征。新增加的构筑物应朴素实用，尽量淡化外观。保护性建筑兼作陈列馆、博物馆的，应首先满足保护功能的要求。

3. 现状修整

现状修整是在不扰动现有结构，不增添新构件，基本保持现状的前提下进行的一般性工程措施。主要工程有：归整歪闪、坍塌、错乱的构件，修补少量残损的部分，清除无价值的近代添加物等。修整中清除和补配的部分应保留详细的记录。

4. 重点修复

重点修复是保护工程中对原物干预最多的重大工程措施，主要工程有：恢复结构的稳定状态，增加必要的加固结构，修补损坏的构件，添配缺失的部分等。要慎重使用全部解体修复的方法，经过解体后修复的结构，应当全面减除隐患，保证较长时期不再修缮。修复工程应当尽量多保存各个时期有价值的痕迹，恢复的部分应以现存实物为依据。附属的文物在有可能遭受损伤的情况下才允许拆卸，并在修复后按原状归安。经核准易地保护的工程也属此类。

根据现状勘察结论，香严寺保护修缮工程中大雄宝殿、东配殿、观音殿、地藏十王殿、藏经殿、七佛殿修缮性质为重点修缮，天王殿、慈氏殿、崇宁殿、钟、鼓楼修缮性质为现状修整，护坡加固修缮性质为防护加固。

一、天王殿

表 5-12　天王殿修缮表

序号	部位及名称	修缮项目与做法	修缮工程量	备注
1	瓦顶	搭设屋顶保护大棚，搭设屋顶脚手架； 摄像、拍照、编号后拆卸屋顶琉璃件、瓦件至指定地点分类放置； 依设计图补配垂脊、垂兽； 补配勾头、滴水、筒瓦、板瓦； 对残缺的琉璃构件、瓦件进行修复、补配； 依传统工艺重新铺瓦屋面（护板灰 — 青灰背—灰泥背—瓦瓦等）	搭设屋顶保护大棚，搭设屋顶脚手架； 屋顶修补面积 183.41m²； 补配垂兽 2 份； 做垂脊 20.15m； 补配筒瓦 632 个，补配板瓦 885 个，补配滴水 158 个，补配勾头 126 个	搭设屋顶脚手架，保护大棚； 瓦要求：敲击声音清脆，质地细腻，规格与原制相符，上架前应在青灰水中浸泡，用以堵塞砂眼
2	木基层	编号拆除两山出际构件放置指定地点，并检出栈砖、望板的样品进行复制； 用东北一级落叶松依原制补配博缝板，依现存实物补配悬鱼、惹草； 按设计要求补配连檐槛口（高 90mm），椽子（椽径 120mm）； 对于头部糟朽的檐椽，去截朽部后视其长度铺钉于脊部或金部用作花架椽； 原制在明间椽上铺墁栈砖，前后檐及两次间钉望板	补配博缝板 11.9m²，补配悬鱼 2 组、惹草 8 个； 补配大连檐 26.4m，瓦口木 26.4m； 补配椽子 109 根（合 755.8m）长椽改短椽42 根； 铺墁栈砖 150.53m²，望板 32.88m²	材料要求：用落叶松复制；望板宽度不应小于 150mm，厚度 25～30mm，望板安装时应做防腐处理；木材含水率不应大于 16%
3	槫条系统	待顶屋卸载、梁架拨正后，拨正滚动错位的槫条； 对开裂槫条进行嵌补，并施铁箍加固； 对两端风化开裂槫条进行铁箍加固后继续使用； 对槫条折断且风化严重无法继续使用的，依原制复制	补配槫条 5 根（合 0.847 m³），补配随槫枋 0.14m³，补配攀间枋 2 个（合 0.302 m³） 检修梁架 7.43 m³； 加固槫条并施铁箍，共计 6 道； 固定槫条施铁扒锔共计 6 个； 嵌补槫条共计 33 块	用落叶松复制；所施铁活需进行防锈处理，铁活作旧与梁身外侧保持一致
4	梁架系统	支撑满堂红梁架承重脚手架； 抬升梁架，拨正梁架系统； 对平梁、三椽栿底面进行嵌补后作旧； 对梁架上叉手、托脚及驼墩糟朽折断进行复制更换； 对西山墙后檐搭牵梁复制更换	抬升梁架，拨正梁架系统； 三椽栿进行嵌补共计 19 块； 制安叉手、托脚共计 0.05m³，补配驼墩 0.057 m³； 以原物复制西山墙后檐搭牵梁 0.17 m³	木材表面光滑，无戗槎，无锈印
5	斗拱	补配缺失的斗子、拱子，加固斗拱； 补接后檐明间补间斗拱昂嘴	补配散斗 29 个、交互斗 5 个；拱子 1 个； 补接斗拱昂嘴 1 个	用榆木复制
6	柱额	拨正归位各根柱子； 清除柱额表面及裂缝内的积尘，对柱额进行嵌补； 加固开裂柱额、普柏枋； 桐油钻生各柱额	金柱、山柱墩接 4 根，柱额检修 9.65 m³； 柱额嵌补共计 25 块； 柱额、普柏枋加固用铁箍 12 道	用落叶松复制； 铁箍的接头方式为倒刺钉
7	墙体	拆除殿内机砖墙体，拆除后檐明间砌券洞门； 拆除前檐槛墙，依东山墙形制按传统工艺重新砌筑； 依传统工艺剔补酥碱条砖； 拆除墙体内壁抹灰层，依传统工艺对墙体内壁进行抹灰（钉麻钉—麦秸泥—压麻—麦壳泥—压面）	墙体酥碱砖剔补 563 块； 拆除后檐明间砌券洞门 3.68 m³； 拆除墙体 70.19 m³； 重新砌筑墙体 18.67 m²，择砌墙体 38.8 m²； 拆除前檐檐柱处基砖槛墙 1.5 m³，砌筑槛墙17.21 m²； 拆除墙体内壁抹灰层 163.74m²，墙体内壁抹灰 1€3.74m²，外墙红灰罩面 172m²； 拱眼、象眼抹灰 52 m²	灰缝平直、灰浆饱满，砌筑风格严格与原貌保持一致

序号	部位及名称	修缮项目与做法	修缮工程量	备注
8	地面、台明、台基	重新十字缝铺墁殿内及台明地面，工艺如下：拆除原有地面并清除残损碎砖—由现地面上皮下挖240mm—加固地基后灰土夯实（一步）厚150mm—掺灰泥坐底厚25mm—地面铺墁方砖—青灰勾抿、局部砖药打点； 依传统工艺剔补台明酥碱条砖； 重新制安台明压沿石； 整修殿前台阶，补配阶条石、垂带、燕窝石	地面重墁131m²（合方砖1937块）； 剔补台明酥碱条砖286块； 重砌前檐台明16.68 m³； 压沿石制安1.5m³（黄沙岩质）； 阶条石制安0.76 m³，垂带石制安0.37 m³，燕窝石制0.976 m³； 石材剁斧见新16.126 m³； 铺墁散水68.5 m²； 散水载砖牙12.2m	墁地要求：正中为一块整砖，破头找于两山或后檐墙角之处，不妥之处用砖药打点
9	基础	依传统工艺重新做槛墙、柱基础： 开挖基槽，基槽槽底素土夯实； 三七灰土垫层（三步）厚450mm； 砌筑片石基础制地坪处； 归安柱础石，重新砌筑墙体	槛墙基础： 基槽开挖2.796m³ 基槽开槽底素土夯实9.32m²； 三七灰土垫层2.796 m³； 柱基础： 基槽开挖2.15 m³ 基槽开槽底素土夯实2.15m²； 三七灰土垫层0.97 m³； 片石基础砌筑1.18 m³	
10	装修	拆除前檐檐柱处槛窗； 重制殿内装修	拆除前檐檐柱处改制门窗29.82 m²； 隔扇装修面积11.3 m²，心屉制安3.81 m²，板棱心屉制安7.5 m²，门头板制安3.3m²，板门槛框制安23.7 m； 板门门扇制安6 m²，余塞板制安1.9 m² 门头板制安3.3m²； 立旌制安2.1m，连楹制安2.5m，槛窗装修面积14.02 m²； 立颊、地栿制安43.11m，伏兔制安4件； 门幅制安8.16m，门簪制安2件，腰串制安1.52m，鸡栖木制安3.46m； 门栓制安2个	开关自如，起线均匀，心屉割角方正，榫卯严实，无戗槎，无锈印，表面光滑； 材料要求用落叶松
11	石狮	搭设保护箱体； 待工程完成后拆除保护箱体	搭设保护箱体两个（长0.5m 高0.65m 宽0.55m）	
12	油饰、彩画、石碑	依传统工艺对现存拱眼壁画进行加固封护处理； 工程前期对梁架彩画进行清理后，依传统工艺对梁架彩画进行封护，并在梁架上做保护海绵软层，待工程结束后拆除保护海绵软层； 待工程结束后对柱额作四道桐油钻生，对新制装修作三道灰油饰； 归安石碑	拱眼壁画保护6.8 m²； 梁架彩绘封护80.9m²； 柱额作四道灰钻生35.12m²； 装修三道灰油饰：隔扇装修面积11.3m²，槛窗装修面积14.02 m²，板门装修面积23.115 m²； 归安石碑1通	内外檐构件依据现存的内、外檐构件色泽，出际博缝板构件等，熟桐油钻生后，再施以生桐油一道，然后退光

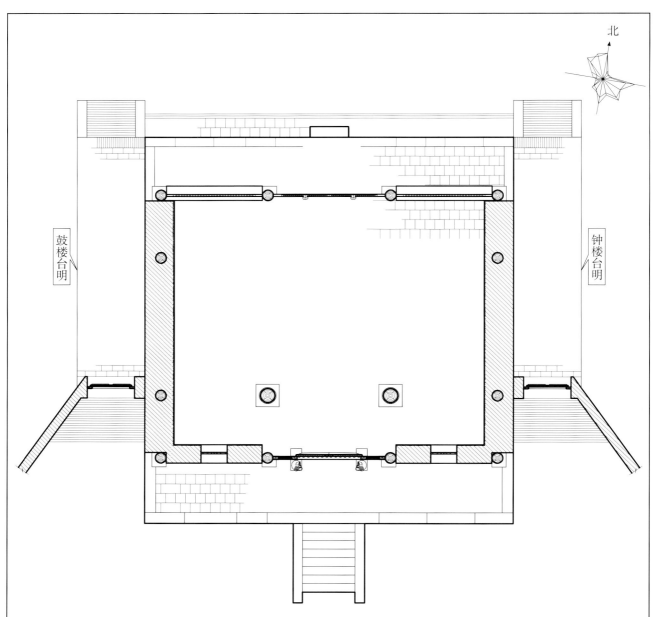

北

鼓楼台明

钟楼台明

天王殿主要修缮项目：

1.重修瓦顶，添配瓦件、脊刹等；依据原制补配椽子、望板、栈砖；整修、加固博缝板，补配悬鱼、惹草。

2.拨正、加固梁架；重新制作搭牵梁；补配糟朽严重的替木，对滚动的槫条进行归位，并施铁扒锔加固。

3.拆除后增的隔断墙体，依两山墙体形制重新砌筑前檐墙体；剔补酥碱的条砖；对墙头进行局部择砌，并对墙面进行抹灰。

4.开挖柱门，对糟朽的柱脚进行镶补、墩接，并施铁箍加固。

5.逐一检修斗拱并进行加固，添配缺失的散斗、交互斗。

6.拆除人为改制的装修，依设计图恢复装修；整修、加固前檐板门。

7.依原方砖规格及铺墁方式重墁地面。

8.按设计图重砌后檐台明，补配压沿石。

9.柱额、装修油饰作旧。

10.对前檐斗拱彩绘、拱眼壁画、梁架彩绘等清尘加固后进行封护。

11.用方砖铺墁周檐散水。

12.对新添的木构件进行顺色作旧。

13.加因重做基础。

0　　1　　2米

·图 5-109　平面图

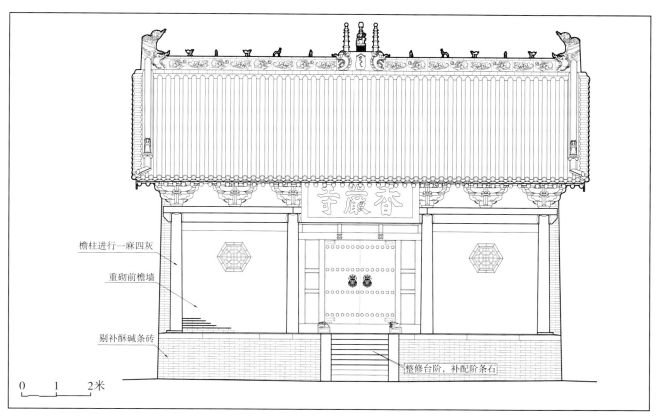

檐柱进行一麻四灰

重砌前檐墙

剔补酥碱条砖

整修台阶，补配阶条石

0　1　2米

・图 5-110　正立面图

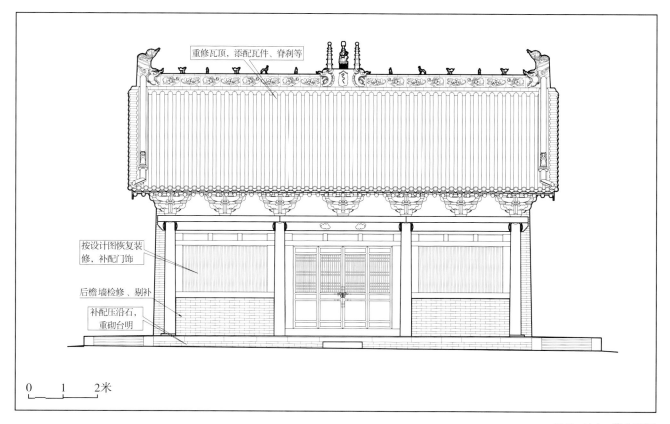

重修瓦顶，添配瓦件、脊刹等

按设计图恢复装
修，补配门饰

后檐墙检修、剔补

补配压沿石，
重砌台明

0　1　2米

・图 5-111　背立面图

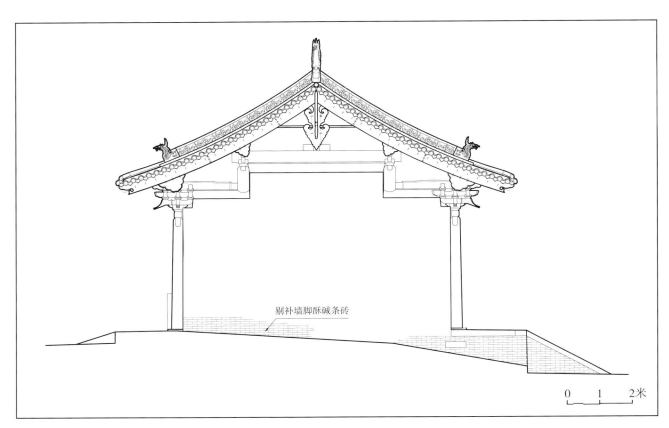

剔补墙脚酥碱条砖

0 1 2米

· 图 5-112 侧立面图

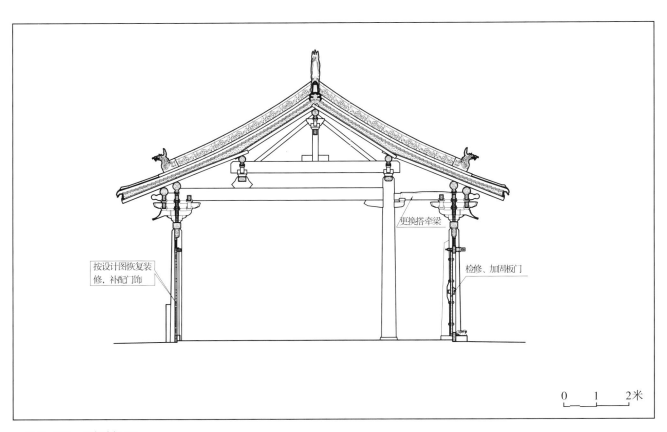

更换搭牵梁

按设计图恢复装
修，补配门饰

检修、加固板门

0 1 2米

· 图 5-113 明间剖面图

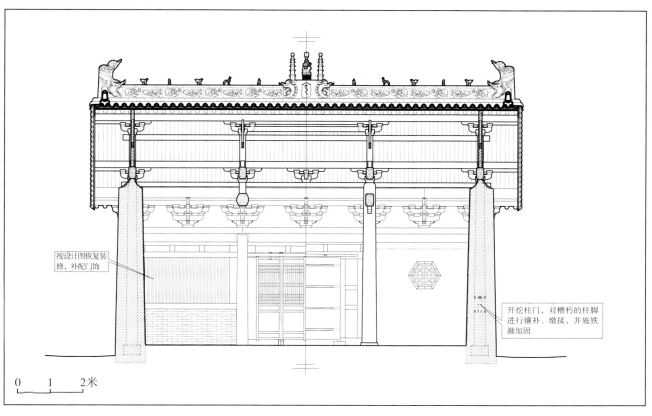

按设计图恢复装修，补配门饰

开挖柱门，对糟朽的柱脚进行镶补、墩接，并施铁箍加固

0　　1　　2米

· 图 5-114　纵剖面图

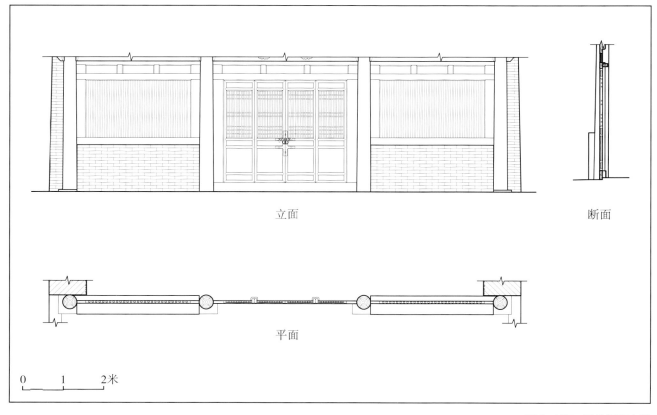

立面

断面

平面

0　　1　　2米

· 图 5-115　后檐门窗大样

二、大雄宝殿

表 5–13　大雄宝殿修缮表

序号	部位及名称	修缮项目与做法	修缮工程量	备注
1	瓦顶	搭设屋顶保护大棚，搭设屋顶脚手架； 摄像、拍照、编号后拆卸屋顶琉璃件、瓦件至指定地点分类放置，并拣出样品至厂方订购； 修复东部大吻残缺部分（高 0.62 m），依设计图复修复脊刹残缺部分，补配正脊 0.5 m，垂脊 11.53 m，垂兽 2 个； 补配勾头、滴水、筒瓦、板瓦； 对残缺的琉璃构件、瓦件进行修复、补配； 依传统工艺重新铺瓦屋面（护板灰 — 青灰背一灰泥背—瓦瓦等）	搭设外檐齐檐脚手架、屋顶脚手架等； 屋顶拆修面积 480.6m²； 补配大吻残损部份及背兽一份，补配垂兽 2 份，傈伽 2 份； 补配正脊筒一块 0.5m，垂脊 11.53m； 补配筒瓦 3980 个，补配板瓦 6781 个，补配滴水 228 个，补配勾头 261 个	瓦要求：敲击声音清脆，质地细腻，规格与原制相符，上架前要在青灰水中浸泡，以堵塞砂眼
2	木基层	拆除两山出际构件放置指定地点，并捡出栈砖、望板的样品进行复制； 用东北一级落叶松依原制补配博缝板，依设计文件补配悬鱼、惹草； 按设计要求补配连檐瓦口木高 50mm，飞椽（椽径 120mm）； 对于头部糟朽的檐椽，去截朽部后视其长度铺钉于脊部或金部用作花架椽； 依原制在前后檐出檐部分及两山铺望板，其余铺栈砖	补配博缝板 25.2m²，补配悬鱼 1.92 m²、惹草 5.5m²； 补配连檐 45.4 m，瓦口木 88.66 m，闸挡板 22.7 m； 补配椽子 648 根（合 1938.4m），补配飞子 90 根； 长椽改短椽 35 根； 铺墁栈砖 329.6 m²，望板 196.7 m²	材料要求：用落叶松复制；望板宽度不应小于 150mm，厚度 25～30mm，望板安装时应做防腐处理；木材含水率不应大于 16%
3	槫条系统	待屋顶卸载、梁架拨正后，拨正滚动错位的槫条； 对槫条折断且风化严重无法继续使用的，依原制复制； 对两端风化开裂槫条进行铁箍加固后继续使用； 对开裂槫条进行裱补，并施铁箍加固	补配槫条 3 根（合 1.06 m³） 加固槫条并施铁箍，共计 42 道；固定槫条施铁扒锔共计 56 个嵌补槫条共计 47 块	槫身任何一面所有木节尺寸不得大于所在部位的 2/3，且每个木节的最大尺寸不应大于枋身断面的 1/4，木材的含水率不应大于 16%，槫身表面光滑，无戗槎，无锈印
4	梁架系统	支撑满堂红承重脚手架； 抬升梁架，拨正梁架系统； 对四椽栿底面进行嵌补后作旧； 对梁架上严重糟朽、折断的叉手、托脚进行复制更换； 填配梁架节点斗拱上散斗； 后檐东山墙上驼峰进行铁活加固； 对两山四椽栿进行镶补后，上施钢板（注：钢板与四椽栿上部同宽）用铁螺栓进行加固，对四椽栿梁身施铁箍三道	抬升梁架，拨正梁架系统后加固梁架； 四椽栿嵌补共计 16 块； 制安叉手、托脚共计 5 根；填配梁架节点斗拱小斗 35 件； 铁件加固：钢板 4 块、铁箍 15 道、铁螺栓 12 根、铁扒锔 14 根	所施铁活需进行防锈处理，铁活作旧与梁身外侧保持一致
5	斗拱	整修斗拱后进行桐油渗透加固，补配缺失的斗子； 加固斗拱（施铁箍加固）	补配散斗 14 个、交互斗 2 个； 加固斗拱共施铁箍 4 道	用榆木复制
6	柱额	拨正、加固柱子； 清除柱额表面及裂缝内的积尘，对柱额进行嵌补； 用一级落叶松墩接后檐柱、山柱，方法如下：截除糟朽部位，采用阴阳扒掌榫刻半墩接法进行墩接（要求：墩接面设暗榫，墩接面满涂改性环氧树脂，在墩接处设铁箍两道、其接头方式为倒刺钉式）； 用一级落叶松更换后檐明间两根檐柱； 用一级落叶松新制后檐支撑大内额的辅助两根； 加固开裂柱子、额枋，并施铁箍束固； 桐油钻生各柱额	后檐檐柱制安 1.18m³，后檐辅柱制安 1.178 m³（共计四根）； 后檐角柱、山柱墩接 6 根； 柱额嵌补共计 72 块； 柱额、普柏枋加固用铁箍 32 道	用落叶松复制 铁箍的接头方式为倒刺钉

序号	部位及名称	修缮项目与做法	修缮工程量	备注
7	墙体	择砌东山墙墙身三道裂缝； 拆除西山墙外鼓墙体，按传统工艺重新砌筑； 拆除后檐墙墙体，重作基础后按传统工艺重新砌筑后檐墙； 拆除前檐檐柱间机砖槛墙，在前檐东、西稍间金柱位置重新砌筑槛墙； 依传统工艺剔补酥碱条砖； 拆除墙体内壁抹灰层； 待墙体砌筑好后依传统工艺对墙体内壁进行抹灰（钉麻钉—麦秸泥—压麻—麦壳泥—压面）	墙体条砖剔补 216 块； 墙体拆除 89.17 m³； 墙体砌筑 107.14 m²； 拆除墙体内壁抹灰层 142.45m²，墙体外壁喷刷 235.9 m²； 隔断墙拆除 5.47 m³	灰缝平直、灰浆饱满，砌筑风格严格与原貌保持一致
8	地面、台明、台基	依传统工艺剔补殿内破碎条砖； 重新十字缝铺墁廊部及台明地面，工艺如下：拆除坍塌地面并清除残损碎砖—由现地面上皮下挖 240mm—加固地基后灰土夯实（一步）厚 150mm—掺灰泥坐底厚 25mm—地面铺墁方砖—青灰勾抿、局部砖药打点； 依传统工艺剔补台明酥碱条砖； 重新制安台明压沿石； 重新铺墁殿后甬道； 整修殿前台阶，补配阶条石、垂带、燕窝石； 重新铺墁殿后台阶（礓磋缝），补配垂带、燕窝石	殿内地面局部重墁 43m²，剔补殿内破碎条砖 156 块； 铺墁廊部及台明地面 119.72m²（合方砖 1359 块）； 剔补台明酥碱条砖 142 块，台明择砌 7.2 m²； 压沿石制安 78.4 m²（合 4.71m³）； 铺墁殿后甬道、礓磋缝台阶 78.03 m² 前檐礓磋整修 13.83 m²； 阶条石制安 0.95m²，垂带石制安 3.4 m²，砚窝石制 15.36m²； 铺墁散水 81.35 m²	墁地要求：正中为一块整砖，破头找于两山或后檐墙角之处，不妥之处用砖药打点
9	基础	依传统工艺重新做墙、柱基础： 开挖基槽，基槽槽底素土夯实； 三七灰土垫层（三步）厚 450mm； 砌筑片石基础制地坪处； 归安柱础石，重新砌筑墙体	基槽开挖 65.89 m³ 基槽开槽底素土夯实 65.89 m²； 三七灰土垫层 29.65 m³； 片石基础 36.24 m³； 制安柱础石 0.30 m³，归安柱础石 6 块（合 1.1m³）	
10	装修	拆除前檐檐柱间改制的玻璃门窗 按设计图恢复殿内装修	拆除前檐檐柱间改制门窗 32.87 m² 隔扇装修面积 60.102m²，槛窗装修面积 36.46 m²，板门装修面积 16.112 m²	开关自如，起线均匀，心屉割角方正，榫卯严实，无龇槎，无锈印，表面光滑
11	佛台	搭设佛台保护箱体； 待殿内抹灰工程完成后按佛台现存形制补接缺失砖雕； 按佛台现存方砖规格铺墁台面；	搭设佛台保护箱体 94 m² 补接缺失砖雕两块（0.2 m²） 殿内佛台面砖补配 68 块	
12	油饰、彩画	依传统工艺对现存拱眼壁画进行加固封护处理； 工程前期对梁架彩画进行清理后，依传统工艺对梁架彩画进行封护，并在梁架上做保护海绵软层，待工程结束后拆除保护海绵软层，加固彩绘； 待工程结束后对柱额作四道桐油钻生，对新制装修作三道灰油饰	拱眼壁画保护 42.8 m²； 梁架彩绘封护 655.85m²； 柱额作四道灰钻生 112.69 m²； 装修三道灰油饰：隔扇装修面积 60.102m²，槛窗装修面积 30.46 m² 板门装修面积 12.112 m²； 椽望油饰 480.6 m²； 新添木构件作旧 10.45 m²； 石碑归安 2 通	内外檐构件依据现存的内、外檐构件色泽；出际博缝板构件等，熟桐油钻生后，再施以生桐油一道，然后退光

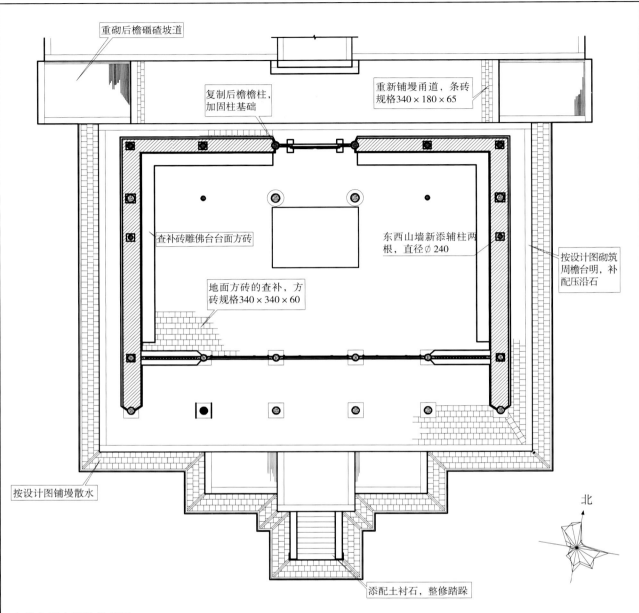

重砌后檐礓磋坡道

复制后檐檐柱，
加固柱基础

重新铺墁甬道，条砖
规格340×180×65

查补砖雕佛台台面方砖

东西山墙新添辅柱两
根，直径∅240

按设计图砌筑
周檐台明，补
配压沿石

地面方砖的查补，方
砖规格340×340×60

按设计图铺墁散水

添配土衬石，整修踏跺

北

大雄宝殿主要修缮项目：

1. 补配瓦件，重修屋顶。依西侧大吻补配东侧吻尾缺失的部分；烧制琉璃脊刹构件；补配缺失的构件；

2. 补配椽子；重新制作望板；补配博缝板，制安悬鱼、惹草；补配各缝槫条背部的如意椽挡板。

3. 依原制复制后檐檐柱；对前檐柱身裂缝进行剔（镶）补。逐一检修、加固梁架构件，拨正、归位构架。

4. 后槽大内额加固；加固两山四椽栿折裂部位，增设辅柱支顶；加固东稍间阑额、普柏枋；对后槽槫条进行复制。

5. 检修、加固前檐铺作；拆修、补配、加固后檐铺作；逐缝逐件检修梁架铺作构件。

6. 加固后檐基础，重新砌筑后檐下槛墙及其上墙身；对两山墙外鼓、开裂的部位进行择砌；墙体内壁抹灰、作旧。

7. 殿内地面方砖查补；重墁檐部及廊步地面。整修前檐踏跺，补配土衬石、压沿石；铺墁后檐甬道及礓磋坡道。

8. 制安前檐金柱间隔扇、槛窗及后檐明间板门。

9. 加固前檐柱头栱眼壁画，对前檐两山墙内壁的壁画进行封护、加固。

10. 新作构件进行油饰做旧；露明的柱额做单皮灰。

0 1 2米

· 图 5-116 平面图

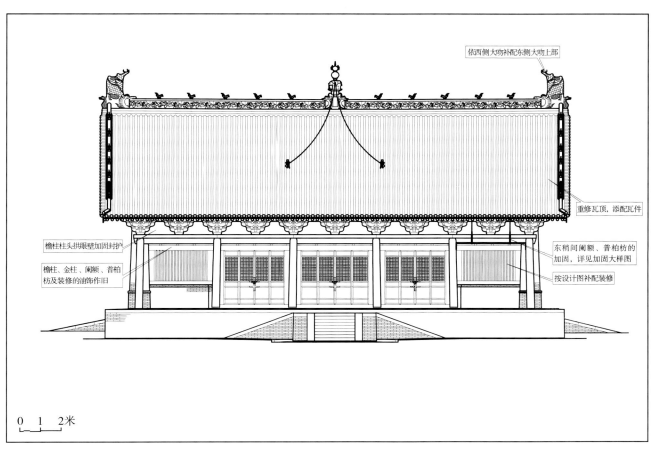

依西侧大吻补配东侧大吻上部

重修瓦顶，添配瓦件

东稍间阑额、普柏枋的加固，详见加固大样图

按设计图补配装修

檐柱柱头拱眼壁加固封护

檐柱、金柱、阑额、普柏枋及装修的油饰作旧

· 图 5-117 正立面图

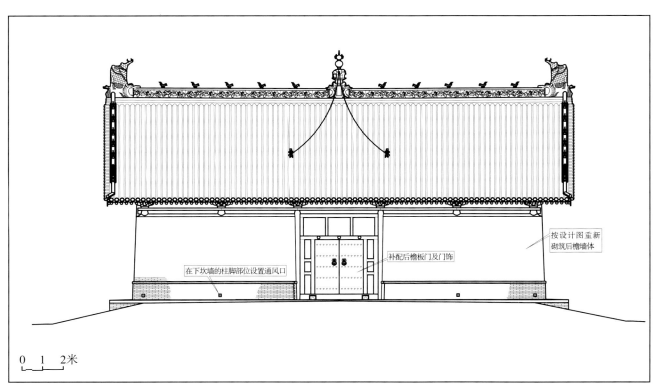

按设计图重新砌筑后檐墙体

补配后檐板门及门饰

在下坎墙的柱脚部位设置通风口

· 图 5-118 背立面图

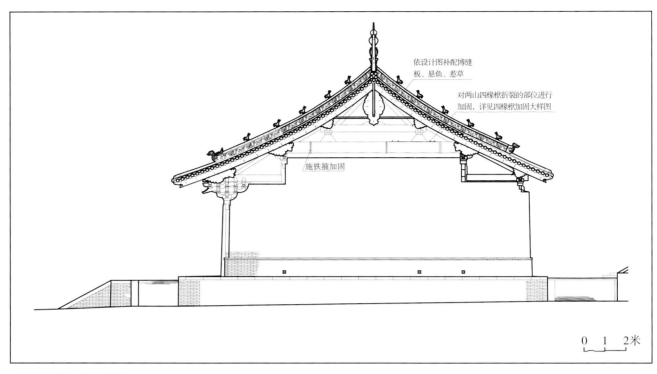

依设计图补配博缝板、悬鱼、惹草

对两山四椽栿折裂的部位进行加固，详见四椽栿加固大样图

施铁箍加固

0　1　2米

· 图 5-119　侧立面图

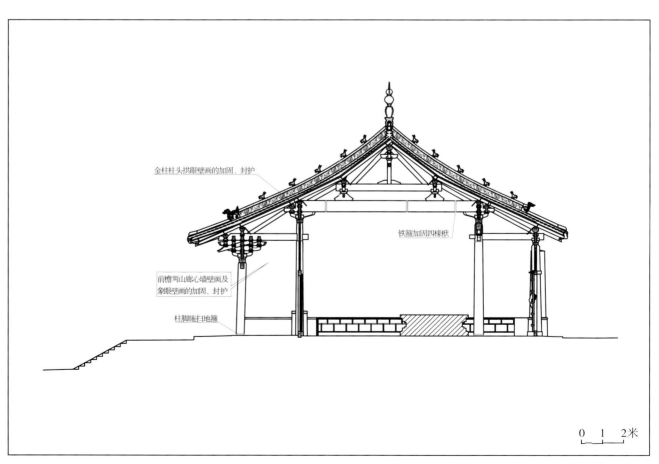

金柱柱头拱眼壁画的加固、封护

铁箍加固四椽栿

前檐两山廊心墙壁画及象眼壁画的加固、封护

柱脚施扫地箍

0　1　2米

· 图 5-120　明间剖面图

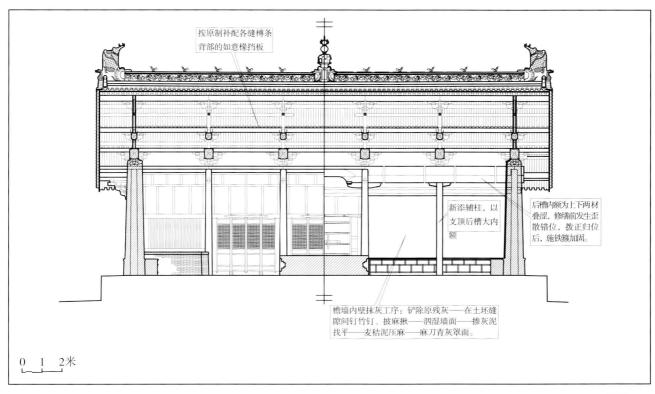

按原制补配各缝槫条背部的如意椽挡板

新添辅柱，以支顶后槽大内额

后槽内额为上下两材叠涩，修缮前发生歪散错位，拨正归位后，施铁箍加固。

檐墙内壁抹灰工序：铲除原残灰——在土坯缝隙间钉竹钉、披麻揪——润湿墙面——掺灰泥找平——麦秸泥压麻——麻刀青灰罩面。

0 1 2米

· 图 5-121　纵剖面图

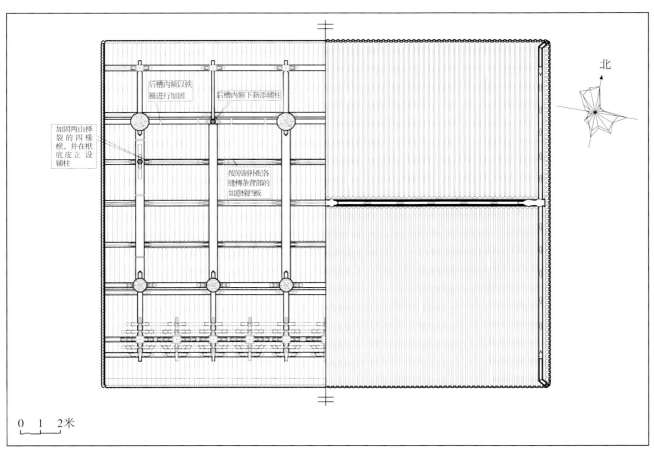

北

后槽内额以铁箍进行加固

后槽内额下新添辅柱

加固两山择裂的四椽栿，并在栿底皮立设辅柱

按原制补配各缝槫条背部的如意椽挡板

0 1 2米

· 图 5-122　梁架仰视及瓦顶俯视图

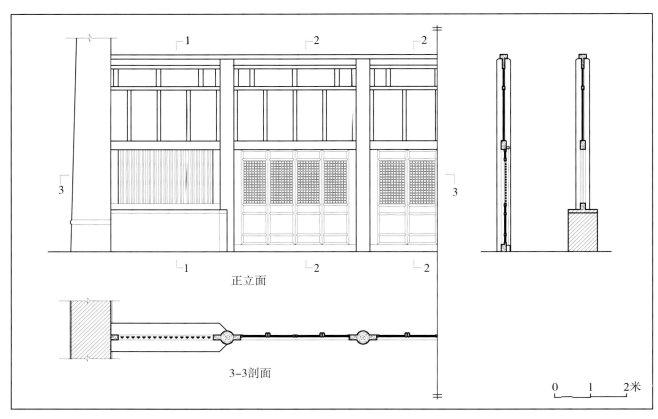

正立面

3-3剖面

0　　1　　2米

· 图 5-123　前檐装修大样图

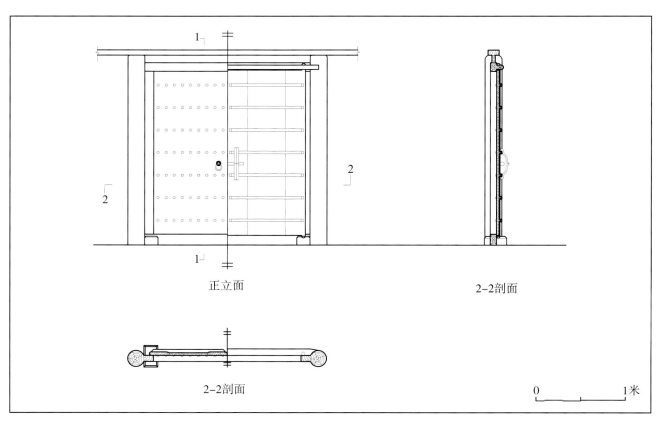

正立面

2-2剖面

2-2剖面

0　　　　1米

· 图 5-124　后檐明间板门大样图

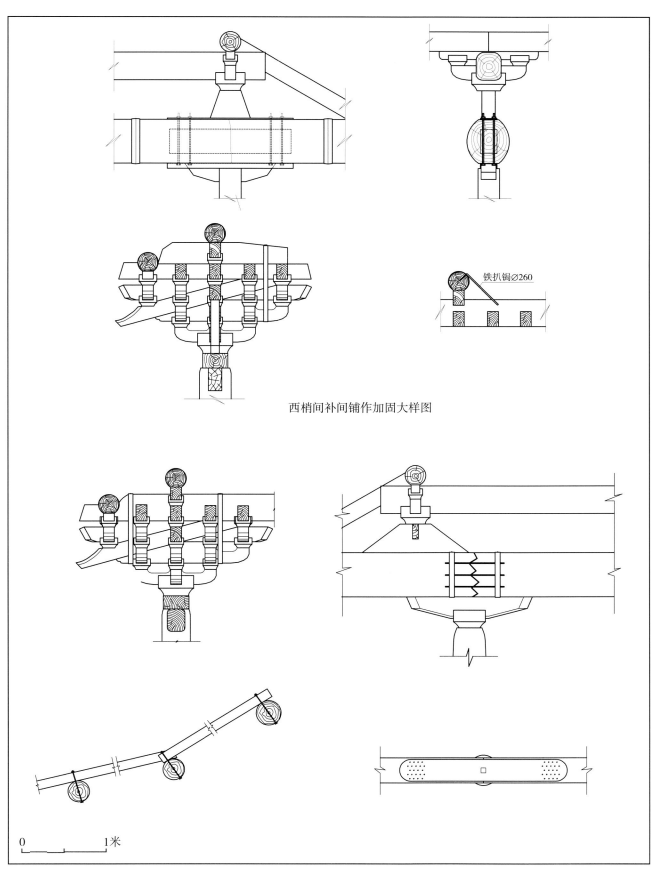

铁扒锔∅260

西梢间补间铺作加固大样图

0 ————— 1米

· 图 5-125 铺作加固大样图

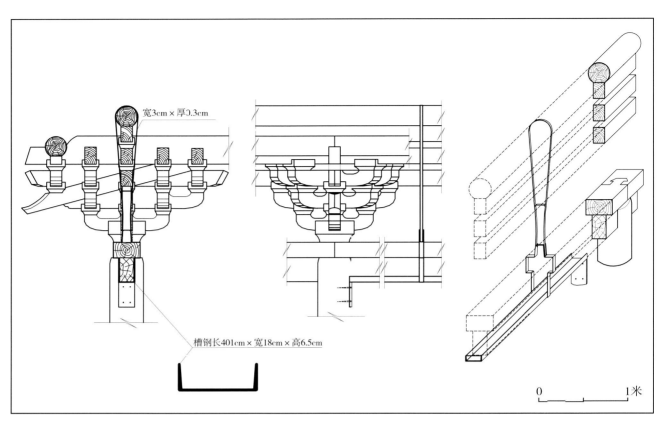

· 图 5-126　东梢间额枋加固大样图

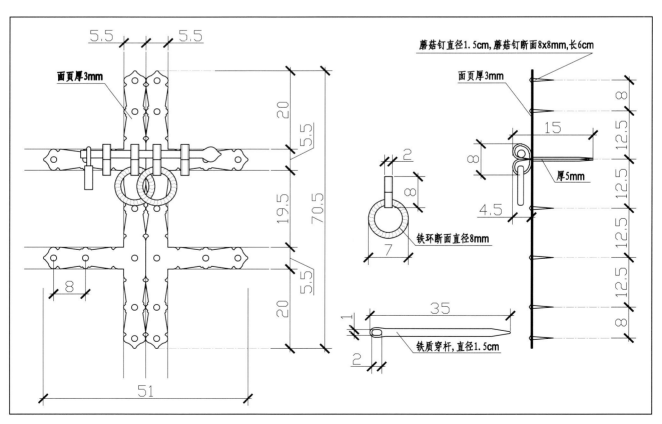

· 图 5-127　隔扇门环大样

三、东配殿

表 5-14　东配殿修缮表

序号	部位及名称	修缮项目与做法	修缮工程量	备注
1	屋顶	搭设屋顶脚手架； 摄像、拍照、编号后拆卸屋顶琉璃件、瓦件至指定地点分类放置； 拣出瓦件样品后于厂家进行定制； 依设计图补配大吻、脊刹、垂脊、垂兽； 补配勾头、滴水、筒瓦、板瓦； 对残缺琉璃件、瓦件进行拓模烧制； 依传统工艺重新铺瓦屋面	揭瓦屋顶 145.6 m²； 补配筒瓦 1559 个、板瓦 2659 个、滴水 90 个、勾头 65 个； 补配正吻 1 份、脊刹（高 180cm）1 份、垂兽 4 份、垂脊共 18.02m	搭设屋顶脚手架，保护大棚；瓦要求：敲击声音清脆，质地细腻，规格与原制相符，上架前应在青灰水中浸泡，用以堵塞砂眼
2	木基层	编号拆除两山出际构件检出连檐、瓦口、椽子、栈砖、望板的样板； 用东北一级落叶松依原制补配博缝板、悬鱼、惹草； 依原制补配连檐、瓦口、椽子、栈砖、望板； 对于头部糟朽的檐椽，去截朽部后视其长度铺钉于脊部或颈部用作花架椽； 依原制在前后出檐铺钉望板，其余铺墁栈砖，望板、栈砖上依次为护板灰、掺灰泥、青灰背	补配博缝板 4.88m²、补配悬鱼 2 组（长 1300 m）、惹草 8 个； 补配连檐瓦口（高 12cm 长 12.34m） 补配椽子 208 根、共 668.65m（椽径 9 cm、长 4 m）； 补配栈砖 101.36m²、望板 44.31m²	材料要求：用落叶松复制；望板宽度不应小于 150mm，厚度 25～30mm，望板安装时应做防腐处理；木材含水率不应大于16%
3	梁架	检修加固后原位归安梁栿； 梁头裂缝用干木条嵌补，通过环氧树脂胶粘合后，用铁箍束固； 对嵌补的木条进行作旧处理； 补接明间三椽栿梁头； 更换两山平梁； 补配前檐明间搭牵梁	抬升、拨正梁架； 嵌补梁架 6 块； 施铁箍 3 道； 补配两山平梁 2 根（0.88m³）； 补配前檐明间搭牵梁 2 根（0.1m³）； 对嵌补木条顺色作旧	用落叶松复制；所施铁活需进行防锈处理，铁活作旧与梁身外侧保持一致
4	槫条	对滚动的槫条用铁扒锔进行加固； 将糟朽部分全部剔除干净并凿出几何形卯槽，卯槽的总长度依据凹槽的总长度、宽度，用改性环氧树脂胶嵌塞硬木一块； 补配前檐两次间檐槫	施铁扒锔 7 道； 嵌补槫条 8 块； 补配前檐槫条 2 根（0.38 m³）	槫身任何一面所有木节尺寸不得大于所在部位的 2/3，且每个木节的最大尺寸不应大于枋身断面的 1/4，木材的含水率不应大于16%，槫身表面光滑，无戗槎，无锈印
5	铺作	整修斗拱后进行桐油渗透加固； 按原制补配散斗、交互斗、栌斗、拱子； 对西南角柱柱头铺作抄头后尾进行加固； 用硬木条嵌补开裂的拱身； 补配后檐东北角柱铺作上替木	补配散斗子 28 个、栌斗 3 个、拱子 4 个； 补配后檐檐槫下方替木 1 根（0.01m³）； 对西南角柱头铺作抄头后尾进行铁箍束固（铁箍宽 5cm）； 木条嵌补 39 块； 对嵌补木条进行作旧	用榆木复制
6	柱额	拆卸、检修、加固、抬升、拨正檐柱； 清除柱子表面及缝隙内的积尘，嵌补、加固裂缝； 前檐檐柱、两山金柱截除糟朽部位，采用"阴阳巴掌榫、刻半墩接"的方法，用一级落叶松墩接柱子，墩接面满涂改性环氧树脂，墩接的上下方设暗榫，在墩接部位设铁箍两道； 更换后槽北山墙东山柱、前槽明间南金柱和后檐檐柱； 对明间北金柱柱脚进行墩接，柱身裂缝进行嵌补后，施铁箍束固； 桐油钻生各柱	拆卸、检修、加固、抬升、拨正檐柱； 前檐檐柱墩接计 4 根（共 0.29 m³），墩接处施铁箍束固； 柱头、柱身嵌补 53 块； 补配明间南缝金柱 1 根（0.47 m³）； 北金柱、两山金柱进行墩接； 更换北山墙东山柱 1 根（0.3 m³）； 南山墙山柱墩接 1 根； 重新制作后檐檐柱 4 根（1.3 m³）	用落叶松复制；铁箍的接头方式为倒刺钉

序号	部位及名称	修缮项目与做法	修缮工程量	备注
7	墙体	拆除前檐后增墙体及殿内隔断墙； 拆除两山严重空鼓、开裂的墙体； 重新砌筑两山及后檐墙体； 恢复前檐两次间槛墙； 墙体外壁抹红灰，内壁白灰罩面	拆除后人增砌墙体 15.88 m³； 拆除两山及后檐墙体计 80.85m³； 重新砌筑檐墙计 62.3 m²； 墙体内壁抹灰面积为 105.5m²、外壁抹灰面积为 105.5m²	灰缝平直、灰浆饱满，砌筑风格严格与原貌保持一致
8	台明与地面	拆除现有地面； 原土夯实； 灰土夯实（一步）厚 150mm； 掺灰泥坐底厚 25mm； 重新铺墁地面； 青灰勾抿，局部砖药打点； 补配压沿石	方砖墁地 80.5m²； 补配压沿石共 12.92m	
9	装修	拆除后人增设的玻璃门窗； 按设计图恢复装修	拆除后人改制的装修面积 27.6m²； 恢复装修面积 22.45m²	开关自如，起线均匀，心屉割角方正，榫卯严实，无戗槎，无锈印，表面光滑材料要求用落叶松
10	基础	重新砌筑前檐柱基； 重新砌筑檐墙基础、前槽南金柱下基础； 砌筑台明基础	重新砌筑前檐柱基合 6.17m³； 重新砌筑檐墙下基础合 38.88 m³； 台明基础砌筑 1.65 m³	
11	油饰	柱额四道灰； 装修三道灰； 新添木构件顺色作旧； 椽望两道灰； 博缝、悬鱼单皮灰	柱额油饰 65.5 m²； 装修油饰 33.1 m²； 新添木构件作旧 120.45m²； 椽望油饰 145.6 m²； 博缝、悬鱼油饰 8.91 m²	内外檐构件依据现存的内、外檐构件色泽，出际博缝板构件等，熟桐油钻生后，再施以生桐油一道，然后退光

东配殿主要修缮项目：

1.重修瓦顶，添配瓦件、脊刹等；依据 原制补配椽子、望板、栈砖、博缝板、悬鱼、惹草等构件。

2.拨正、加固梁架；重新制作两山平梁；复制前檐两次间檐槫；补配糟朽严重的替木，对滚动的槫条进行归位，并以 铁扒锔加固；补配后檐阑额。

3.拆除空鼓的墙体，依原墙体形制进行 砌筑,并对墙面进行抹灰。

4.拆除墙体后，对严重糟朽且无法继续使用的木柱依原制进行复制（该殿复制木柱共计6根）；对糟朽的柱脚进行镶补、墩接，并施铁箍加固。

5.逐一检修斗拱并加固，对残缺的构件补配。

6.拆除人为改制的装修，依设计图恢复装修。

7.依原方砖规格及铺墁方式重墁地面。

8.按设计图重砌台明，补配压沿石。

9.柱额、装修油饰作旧。

10.对拱眼壁画、梁架彩绘等清尘加固。

11.用方砖铺墁周檐散水。

12.对新添的木构件进行顺色作旧。

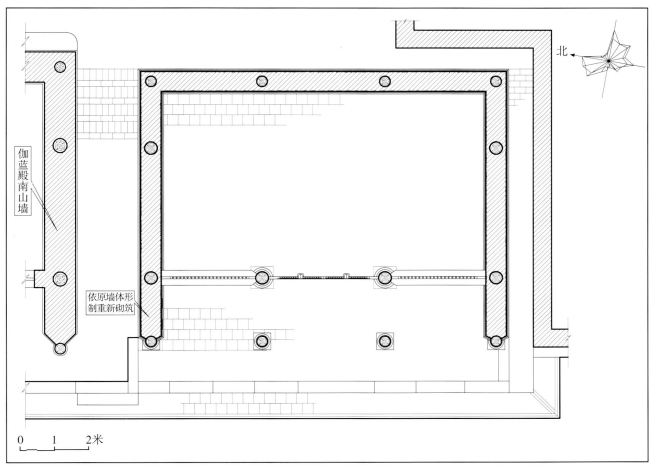

伽蓝殿南山墙

依原墙体形制重新砌筑

北

0 1 2米

·图 5-128 平面图

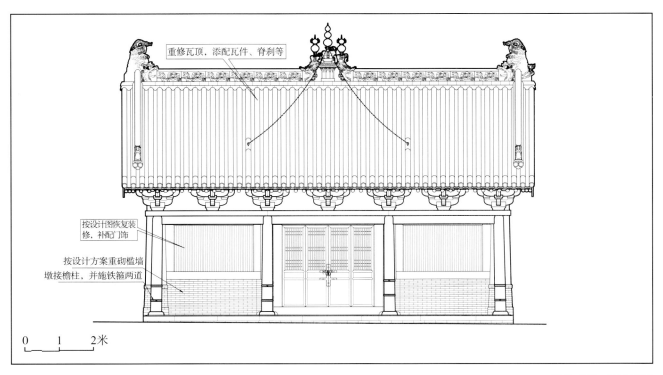

重修瓦顶，添配瓦件、脊刹等

按设计图恢复装修，补配门饰

按设计方案重砌槛墙墩接檐柱，并施铁箍两道

0 1 2米

·图 5-129 正立面图

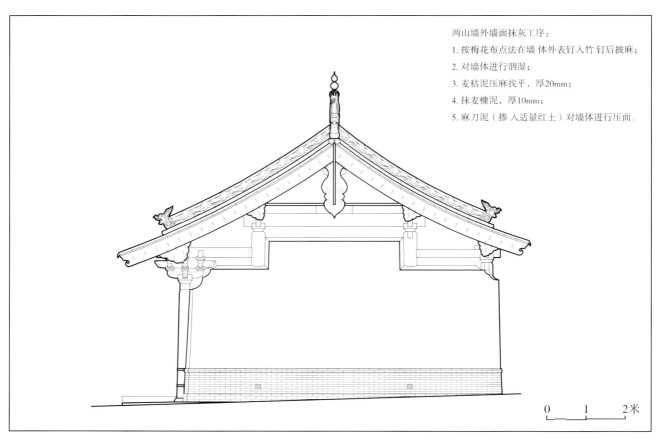

两山墙外墙面抹灰工序：
1. 按梅花布点法在墙 体外表钉入竹 钉后披麻；
2. 对墙体进行润湿；
3. 麦秸泥压麻找平，厚20mm；
4. 抹麦糠泥，厚10mm；
5. 麻刀泥（掺入适量红土）对墙体进行压面。

· 图 5-130　侧立面图

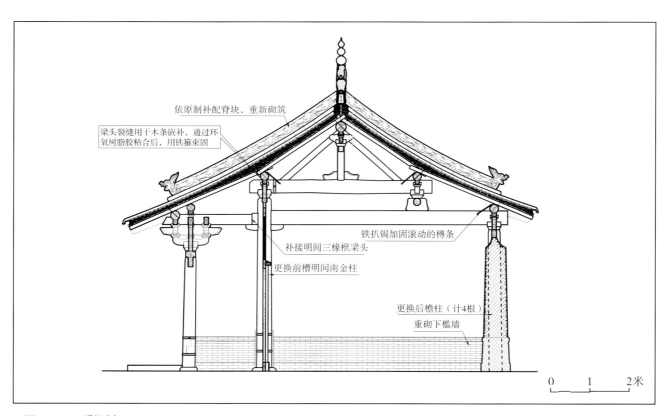

依原制补配脊块，重新砌筑

梁头裂缝用干木条嵌补，通过环
氧树脂胶粘合后，用铁箍束固

铁扒锔加固滚动的槫条

补接明间三椽栿梁头

更换前槽明间南金柱

更换后檐柱（计4根）

重砌下槛墙

· 图 5-131　明间剖面图

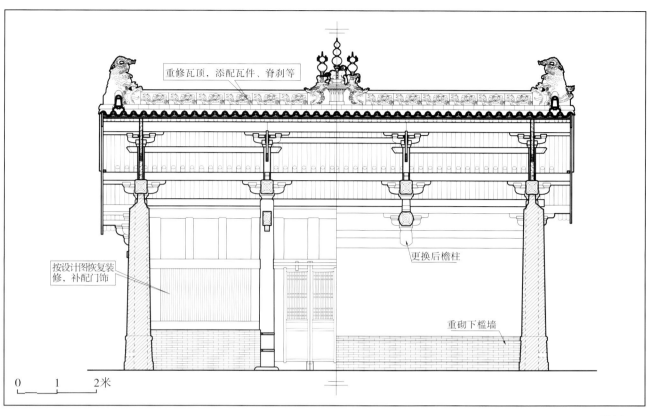

重修瓦顶，添配瓦件、脊刹等

按设计图恢复装
修，补配门饰

更换后檐柱

重砌下檻墙

0　1　2米

· 图 5-132　纵剖面图

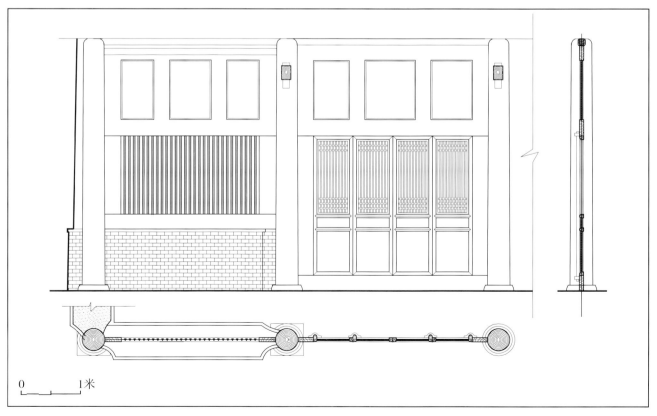

0　1米

· 图 5-133　门窗大样

四、观音殿

表 5-15　观音殿修缮表

序号	部位及名称	修缮项目与做法	修缮工程量	备注
1	屋顶	搭设屋顶脚手架； 摄像、拍照、编号后拆卸屋顶琉璃件、瓦件至指定地点分类放置； 依设计图补配大吻部分修复脊刹残缺部分，补配垂脊、垂兽； 补配勾头、滴水、筒瓦、板瓦； 对残缺琉璃件、瓦件进行修复、补配； 依传统工艺重新铺瓦屋面	屋顶修补面积 155m²； 补配筒瓦 970 个、板瓦 1840 个、滴水 95 个、勾头 99 个； 补配脊刹 1 份（高 0.88m）、正吻 2 份、垂兽 4 份、垂脊共 18m	搭设屋顶脚手架，保护大棚 瓦要求：敲击声音清脆，质地细腻，规格与原制相符，上架前应在青灰水中浸泡，用以堵塞砂眼
2	木基层	编号拆除两山出际构件捡出连檐瓦口、椽子、栈砖、柴栈； 用东北一级落叶松依原制补配博缝板、悬鱼、惹草； 依原制补配连檐瓦口、椽子； 对于头部糟朽的檐椽，去截朽部后视其长度铺钉于脊部或颈部用作花架椽； 依原制在前后出檐铺墁望板，其余铺栈砖、柴栈，望板、栈砖、柴栈上依次为护板灰、掺灰泥、青灰背	补配博缝板 9.5m²，补配悬鱼 2 组（长 1300 m、3.63m²）、惹草 10 个； 补配连檐 26.6 m 瓦口木 26.6 m； 补配椽子 234 根（共 735.14m）； 补配栈砖 40.06m²，望板、柴栈 114.94m²	材料要求：用落叶松复制；望板宽度不应小于 150mm，厚度 25—30mm，望板安装时应做防腐处理；木材含水率不应大于 16%
3	梁架	用干木条嵌补裂缝，通过环氧树脂胶粘后用铁箍束固； 对嵌补的木条进行作旧处理； 补配明间南缝平梁上蜀柱、合塌； 补配明间北缝搭牵梁和明间攀间枋	嵌补梁架 26 块； 施铁箍 48 道； 补配明间南缝平梁上蜀柱（0.04m³）、合塌（0.07m³）； 补配搭牵梁 0.114 m³ 攀间枋 0.32 m³	用落叶松复制；所施铁活需进行防锈处理，铁活作旧与梁身外侧保持一致
4	槫条	对滚动的槫条用铁扒锔进行加固； 将朽部全部去除，槽内满涂环氧树脂后嵌埋新木，再去除外溢部分待其完全凝固后随圆取弧； 补配后檐南山墙出际槫条	施铁扒锔 29 道； 嵌补木条 42 块； 补配槫条 0.7 m³	槫身任何一面所有木节尺寸不得大于所在部位的 2/3，且每个木节的最大尺寸不应大于枋身断面的 1/4，木材的含水率不应大于 16%，槫身表面光滑，无戗槎，无锈印
5	斗拱	按原制补配散斗、栌斗； 整修斗拱后进行桐油渗透加固； 对西南角柱柱头斗拱后尾槽升子进行加固	补配散斗 29 个；栌斗添配 2 个； 交互斗添配 13 个；单材拱 3 个； 归位加固西南角柱柱头斗拱后尾槽升子，并施铁箍 2 道； 对槽朽构件进行嵌补 38 块，并施铁扒锔 83 道	用榆木复制
6	柱额	清除柱子表面及裂缝内的积尘； 截除糟朽部位，采用"阴阳巴掌榫、刻半墩接"的方法，用一级落叶松墩接柱子，墩接面满涂改性环氧树脂，墩接的上下方设暗榫，在墩接部位设铁箍两道； 对前后檐檐柱、明间金柱裂缝进行嵌补； 依原制补配阑额； 桐油钻生各柱	前檐檐柱墩接 2 根（0.05m³），并施铁箍 4 道； 金柱墩接 3 根（0.06m³），施铁箍 8 道； 前檐檐柱柱身和明间金柱嵌补 36 块； 后檐柱墩接 4 根，施铁箍 10 道； 两山墙山柱墩接 2 根，施铁箍 6 道	用落叶松复制； 铁箍的接头方式为倒刺钉
7	墙体	拆除空鼓墙体与后人所砌墙体； 重砌后檐墙和两山墙	拆除后人所砌隔断墙 15.02 m²； 墙体砌筑 92.68m²、砌筑槛墙 51.45m²； 内壁抹灰面积为 118.7m²、外壁抹灰面积为 112.1m²	灰缝平直、灰浆饱满，砌筑风格严格与原貌保持一致

序号	部位及名称	修缮项目与做法	修缮工程量	备注
8	台明与地面	拆除现有地面； 原土夯实； 灰土夯实（一步）厚150mm； 掺灰泥坐底厚25mm； 重新铺墁地面； 青灰勾抿，局部砖药打点； 补配压沿石	方砖墁地1997块（合89.9m²）； 原条砖台明拆除36m³； 补配压沿石共0.8m³（共14块）； 础石剁斧见新2.5m²； 铺墁散水50.3 m²	墁地要求：正中为一块整砖，破头找于两山或后檐墙角之处，不妥之处用砖药打点
9	装修	拆除人为改制门窗和隔墙； 按设计图恢复装修	拆除后人改制的装修面积19m²； 恢复隔扇面积8.47 m²、槛窗面积7.6m²	开关自如，起线均匀，心屉割角方正，榫卯严实，无戗槎，无锈印，表面光滑 材料要求用落叶松
10	基础		台明基础13.3m³； 后檐墙基础9.8m³； 两山墙基础10.6m³； 归安柱础石0.75 m³（直径500mm、高120mm)	
11	彩绘油饰	熟桐油钻生，红土、松烟等主要材料作旧	柱额油饰92.5 m²； 装修油饰38.17 m²； 椽望油饰155 m²； 拱眼壁加固保护面积12.2 m²； 彩绘加固面积为119.88m²； 新添木构件油饰作旧196.3 m²； 博缝、悬鱼油饰13.13 m²	内外檐构件依据现存的内、外檐构件色泽，出际博缝板构件等，熟桐油钻生后，再施以生桐油一道，然后退光

观音殿主要修缮项目：

1. 重修屋顶；补配脊饰、瓦件；

2. 补配椽子及博缝、望板、悬鱼、惹草等；

3. 墩接糟朽的山柱、檐柱，并加固柱基；

4. 拨正、检修、加固梁架构件；补配明间南缝平梁上蜀柱、合㭼；补配明间北缝搭牵梁和明间攀间枋；补配后檐南山墙出际槫条；

5. 拨正、检修、加固斗拱，补配缺失的各类斗子；

6. 拆除空鼓的山墙、后檐墙以及后人增砌隔断墙；重做墙基，重砌山墙、后檐墙；对墙壁内外重新抹灰；

7. 重做台明，补配压沿石；重新铺墁台明、殿内地面；

8. 拆除后人改制装修，依设计图补配装修，并对其进行三道灰油饰；

9. 对柱额进行四道灰油饰并顺色作旧；

10. 对拱眼壁画清尘加固后进行封护；

11. 对新添木构件桐油钻生后顺色作旧；

12. 铺墁周檐散水。

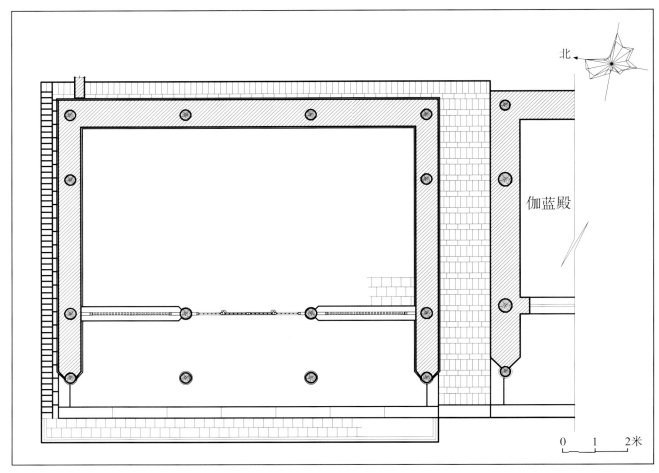

北

伽蓝殿

0 1 2米

·图 5-134 平面图

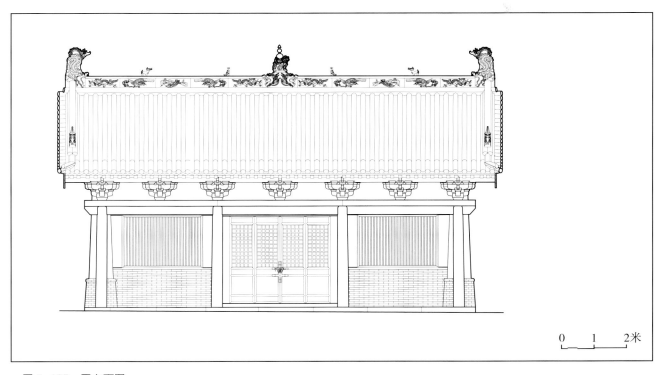

0 1 2米

·图 5-135 正立面图

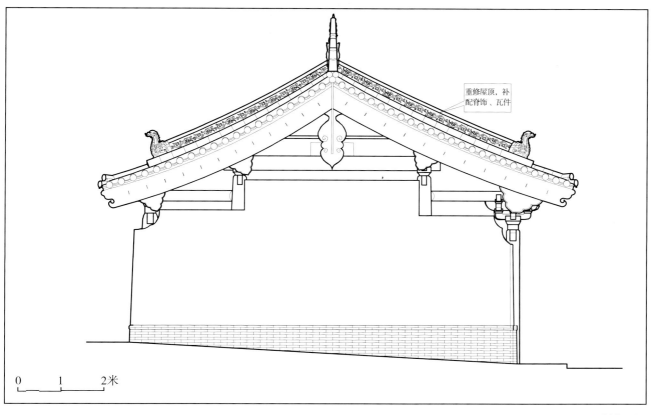

重修屋顶，补
配脊饰、瓦件

0　　1　　2米

・图 5-136　侧立面图

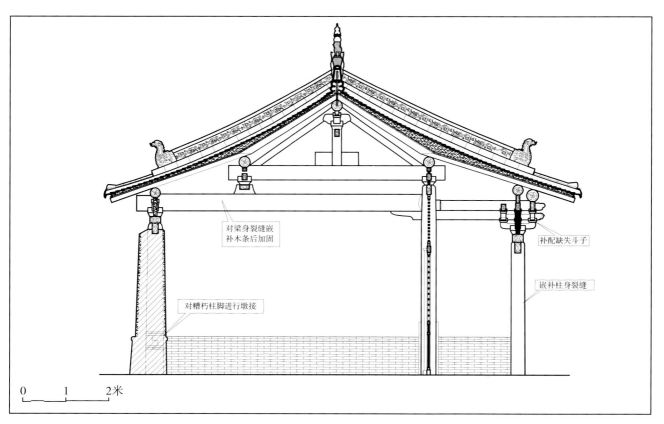

对梁身裂缝嵌
补木条后加固

补配缺失斗子

嵌补柱身裂缝

对糟朽柱脚进行墩接

0　　1　　2米

・图 5-137　明间剖面图

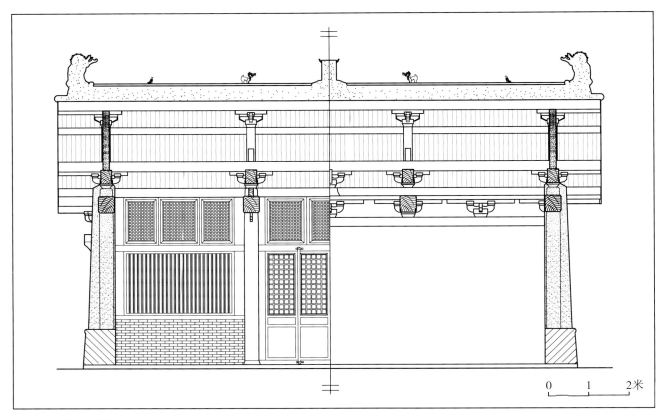

· 图 5-138　纵剖面图

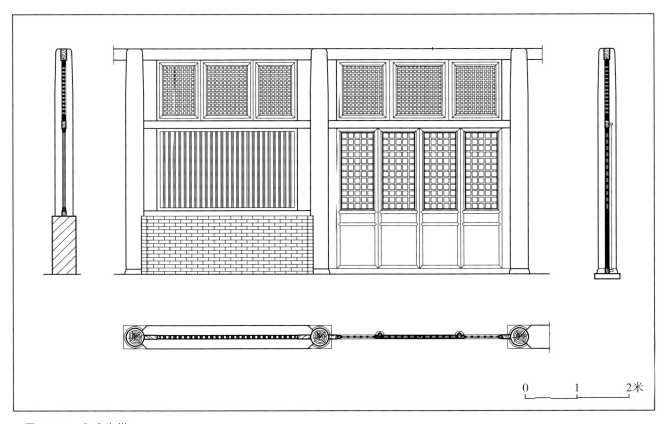

· 图 5-139　门窗大样

五、慈氏殿

表 5-16　慈氏殿修缮表

序号	部位及名称	修缮项目与做法	修缮工程量	备注
1	屋顶	搭设屋顶脚手架； 摄像、拍照、编号后拆卸屋顶琉璃件、瓦件至指定地点分类放置； 依原制补配大吻、脊刹残缺部分，补配垂脊、垂兽； 补配勾头、滴水、筒瓦、板瓦； 对残缺琉璃件、瓦件进行修复补配； 依传统工艺重新铺瓦屋面；	屋顶修补面积 102.21 m²； 补配筒瓦 903 个、板瓦 1510 个、滴水 92 个、勾头 106 个； 补配脊刹 1 份（高 1.05m）、正吻 1 份、垂兽 4 份、垂脊共 12m	搭设屋顶脚手架，保护大棚瓦质要求：敲击声音清脆，质地细腻，规格与原制相符，上架前应在青灰水中浸泡，用以堵塞砂眼
2	木基层	编号拆除两山出际构件捡出连檐瓦口木、椽子、柴栈、望板； 用东北一级落叶松依原制补配博缝板，依设计文件补配悬鱼、惹草； 依原制补配连檐瓦口木，椽子； 对于头部糟朽的檐椽，去截朽部后视其长度铺钉于脊部或颈部用作花架椽； 依原制在两山出际、檐槫外部铺墁望板，其余部位铺墁柴栈，望板、柴栈上依次为护板灰、掺灰泥、青灰背.	补配博缝板 6.8m²、补配悬鱼 2 组（长 1100mm、2.5 m²）惹草 8 个； 补配连檐长 20.24 m、瓦口木长 20.24 m； 补配椽子 204 根（673.2 m）； 补配柴栈 31.01 m²、望板 71.2 m²	材料要求：用落叶松复制；望板宽度不应小于 150mm，厚度 25～30mm，望板安装时应做防腐处理；木材含水率不应大于 16%
3	梁架	抬升梁架，拨正梁架； 用干木条嵌补裂缝，通过环氧树脂胶粘后用铁箍束固； 对嵌补的木条进行作旧处理	抬升、拨正梁架 9.6 m²； 嵌补梁架 32 块； 施铁箍 57 道； 施铁扒锔 68 道	用落叶松复制；所施铁活需进行防锈处理，铁活作旧与梁身外侧保持一致
4	槫条	对滚动的槫条用铁扒锔进行加固； 将朽部全部去除，槽内满涂环氧树脂后嵌埋新木，再去除外溢部分待其完全凝固后随圆取弧	施铁扒锔 56 道； 对糟朽构件进行嵌补 15 块	槫身任何一面所有木节尺寸不得大于所在部位的 2/3，且每个木节的最大尺寸不应大于枋身断面的 1/4，木材的含水率不应大于 16%，槫身表面光滑，无戗槎，无锈印
5	斗拱	按原制补配散斗； 按原制补接昂嘴； 对糟朽斗拱进行木条嵌补并施铁箍加固	补配散斗 6 件； 补接昂嘴 2 件； 嵌补木条 25 块、施铁箍 25 道	用榆木复制
6	柱额	清除柱子表面及裂缝内的积尘； 截除糟朽柱部位，采用"阴阳巴掌榫、刻半墩接"的方法，用一级落叶松墩接柱子，墩接面满涂改性环氧树脂，墩接的上下方设暗榫，在墩接部位施铁箍两道加固； 更换前檐明间金柱，补配东北角柱，重做柱基础； 对开裂的柱头、柱身裂缝进行嵌补； 桐油钻生各柱	东南角柱墩接 1 根（0.06 m³），并施铁箍 2 道； 后檐柱柱脚的墩接 4 根（0.14 m³），施铁箍 8 道； 柱头、柱身嵌补 37 块； 补配前檐明间金柱 2 根（0.7m³），与东北角柱 1 根（0.3m³）； 金柱（暗）墩接 2 根，施铁箍 4 道； 两山墙山柱（暗）墩接 2 根，施铁箍 4 道	用落叶松复制 铁箍的接头方式为倒刺钉
7	墙体	拆除空鼓墙体； 重砌后檐墙和两山墙	拆除原墙体 88.9 m²； 墙体重砌 68.41 m²、槛墙重砌 20.51 m²； 内壁抹灰面积为 61.97 m²、外壁抹灰面积为 68.41 m²	灰缝平直、灰浆饱满，砌筑风格严格与原貌保持一致

序号	部位及名称	修缮项目与做法	修缮工程量	备注
8	台明与地面	拆除现有地面； 原土夯实； 灰土夯实（一步）厚150mm； 掺灰泥坐底厚25mm； 重新铺墁地面； 青灰勾抿，局部砖药打点； 补配压沿石	方砖墁地834块（合50.3m²）； 补配压沿石共0.81m³（共14块）； 础石制作和归安0.45m³； 础石剁斧见新2.79m²； 散水铺墁25.2m²； 原条砖台明拆除3.3m³	墁地要求：正中为一块整砖，破头找于两山或后檐墙角之处，不妥之处用砖药打点
9	装修	拆除人为改制门窗； 按原制恢复原装修	拆除原装修面积15m²； 检修、加固装修面积23.13m²（槛窗面积11m²隔扇面积12.13m²）	开关自如，起线均匀，心屉割角方正，榫卯严实，无饯槎，无锈印，表面光滑
10	基础		重做前檐明间金柱与东北角柱柱基础3m³； 后檐墙基础6.63m³； 两山墙基础9.17m³； 台明基础11.83m³	
11	油饰	柱额四道灰； 装修三道灰； 新添木构件顺色作旧； 椽望两道灰； 博缝、悬鱼单皮灰	彩绘加固面积为58.5m²； 柱额油饰34.93m²； 装修油饰23.13m²； 新添木构件作旧120.3m²； 椽望油饰92.66m²； 博缝、悬鱼油饰9.3m²	内外檐构件依据现存的内、外檐构件色泽，出际博缝板构件等，熟桐油钻生后，再施以生桐油一道，然后退光

慈氏殿主要修缮项目：

1. 重修瓦顶，添配瓦件、脊刹等；依据原制补配椽子；补配望板、柴栈、博缝板、悬鱼、惹草等。

2. 拨正、加固梁架；对滚动的槫条进行铁扒锔加固；对糟朽的槫条进行木条嵌补。

3. 补配前檐明间金柱2根与东北角柱。对糟朽的柱脚进行墩接，并施铁箍加固。

4. 拆除后人在殿内的隔断墙，重砌后檐墙与两山墙。

5. 原位拨正加固斗栱，补配斗栱中缺失的各类构件、补接昂嘴。

6. 依原方砖规格及铺墁方式重墁地面。

7. 按设计图纸砌筑台明，补配压沿石。

8. 对原装修进行检修并按原制补配装修。

9. 对柱额、装修、椽望油饰作旧。

10. 对拱眼壁画、梁架彩绘等清尘加固后进行封护。

11. 对所有新添木构件顺色作旧。

12. 用方砖铺墁周檐散水。

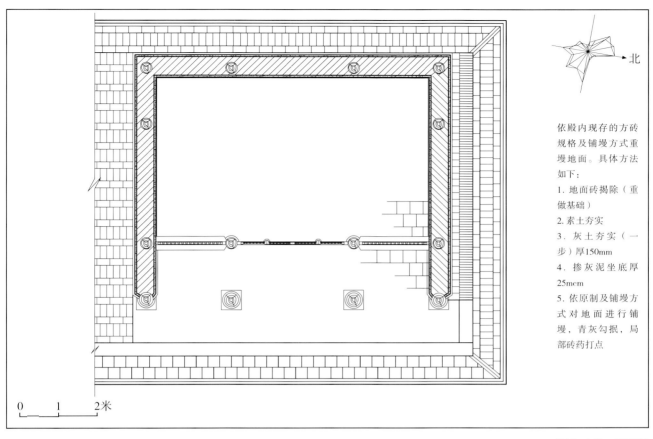

依殿内现存的方砖规格及铺墁方式重墁地面。具体方法如下：

1. 地面砖揭除（重做基础）
2. 素土夯实
3. 灰土夯实（一步）厚150mm
4. 掺灰泥坐底厚25mcm
5. 依原制及铺墁方式对地面进行铺墁，青灰勾抿，局部砖药打点

0　1　2米

· 图 5-140　平面图

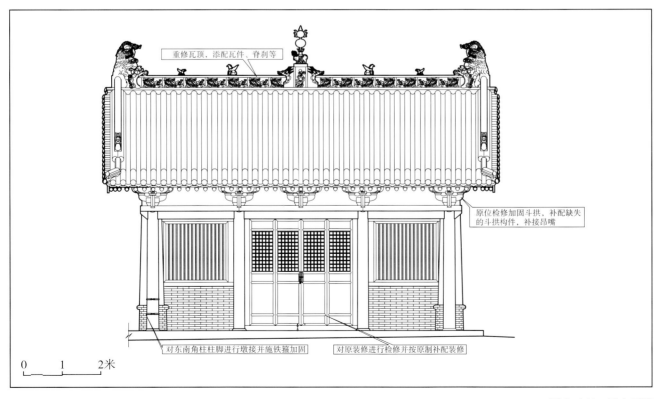

重修瓦顶，添配瓦件、脊利等

原位检修加固斗拱，补配缺失的斗拱构件，补接昂嘴

对东南角柱柱脚进行墩接并施铁箍加固　　对原装修进行检修并按原制补配装修

0　1　2米

· 图 5-141　正立面图

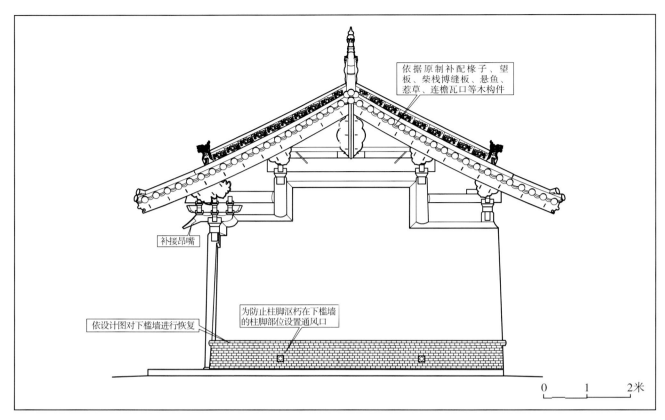

依据原制补配椽子、望板、柴栈博缝板、悬鱼、惹草、连檐瓦口等木构件

补接昂嘴

为防止柱脚沤朽在下槛墙的柱脚部位设置通风口

依设计图对下槛墙进行恢复

0   1   2米

· 图 5-142　侧立面图

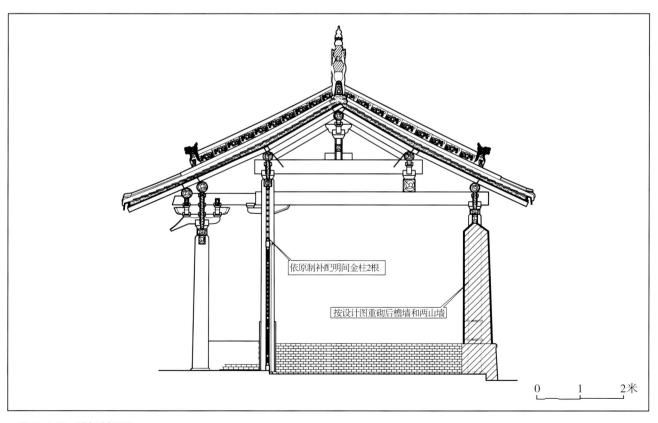

依原制补配明间金柱2根

按设计图重砌后檐墙和两山墙

0   1   2米

· 图 5-143　明间剖面图

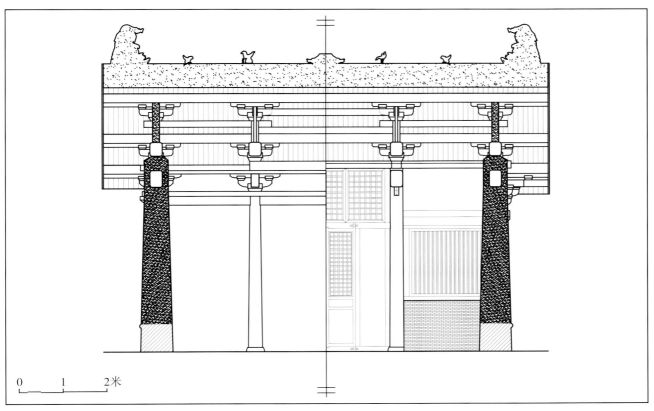

· 图 5-144 纵剖面图

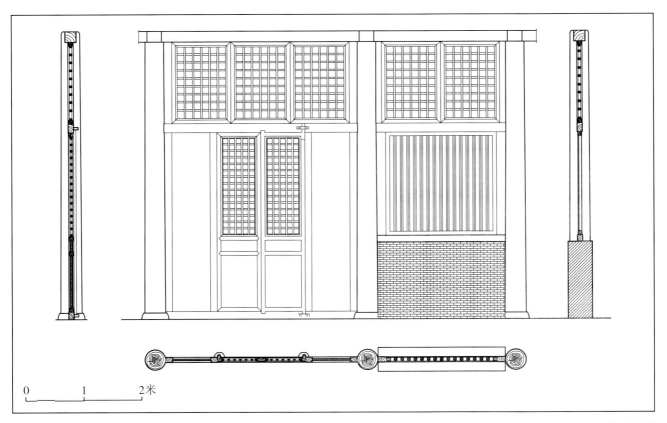

· 图 5-145 门窗大样

六、地藏十王殿

表 5-17　地藏十王殿修缮表

序号	部位及名称	修缮项目与做法	修缮工程量	备注
1	屋顶	搭设屋顶脚手架； 摄像、拍照、编号后拆卸屋顶琉璃件、瓦件至指定地点分类放置； 依设计图补配大吻、修复脊刹残缺部分，补配垂脊、垂兽； 补配勾头、滴水、筒瓦、板瓦； 对残缺琉璃件、瓦件进行修复、补配； 依传统工艺重新铺瓦屋面	屋顶修补面积 252.46m²； 补配筒瓦 1421 个、板瓦 4680 个、滴水 192 个、勾头 201 个； 补配脊刹 1 份（高 0.995m）、正吻 2 份、垂兽 4 份、垂脊共 13.74 m	搭设屋顶脚手架，保护大棚瓦质要求：敲击声音清脆，质地细腻，规格与原制相符，上架前应在青灰水中浸泡，用以堵塞砂眼
2	木基层	编号拆除两山出际构件捡出连檐瓦口、椽子、望板； 用东北一级落叶松依原制补配博缝板、悬鱼、惹草； 依原制补配椽子； 对于头部糟朽的檐椽，去截朽部后视其长度铺钉于脊部或颈部用作花架椽； 依原制补配望板，望板上依次为护板灰、掺灰泥、青灰背	补配博缝板 11.8m²，补配悬鱼 2 组（长 1500mm、3 m²）、惹草 8 个； 补配椽子 364 根、合 1383.2m（椽径 13cm、长 3.8m）； 补配望板 252.46m²； 补配连檐 40.72m、瓦口木 40.72 m	材料要求：用落叶松复制；望板宽度不应小于 150mm，厚度 25～30mm，望板安装时应做防腐处理；木材含水率不应大于 16%
3	梁架	用干木条嵌补裂缝，通过环氧树脂胶粘后用铁扒锔束加固； 对嵌补的木条进行作旧处理	平梁嵌补、加固 0.68 m²； 嵌补梁架 21 块； 施铁扒锔 34 道	用落叶松复制；所施铁活需进行防锈处理，铁活作旧与梁身外侧保持一致
4	槫条	对滚动的槫条用铁扒锔进行加固； 将朽部全部去除，槽内满涂环氧树脂后嵌补新木，再去除外溢部分待其完全凝固后随圆做弧； 补配前檐南稍间正心槫和前檐南稍间平槫； 补配后檐出际、前檐北稍间正心槫、瞭檐槫下随槫枋	施铁扒锔 45 道； 补配前檐南稍间正心槫 1 根（0.16m³）、 补配前檐南稍间平槫 1 根（0.16 m³）； 补配前檐北稍间正心槫、瞭檐槫（0.56m³）； 嵌补木条 36 块； 补配随槫枋 0.65 m³	槫身任何一面所有木节尺寸不得大于所在部位的 2/3，且每个木节的最大尺寸不应大于枋身断面的 1/4，木材的含水率不应大于 16%，槫身表面光滑，无戗槎，无锈印
5	斗拱	依原制补配散斗、栌斗、交互斗； 依原制补配拱子； 整修斗拱后进行桐油渗透加固	补配散斗 33 个、栌斗 2 个、交互斗 8 个； 补配拱子 4 件； 整修斗拱 19 座； 嵌补木条 26 块并施铁箍 28 道	用榆木复遏制
6	柱额	清除柱子表面及裂缝内的积尘； 截除糟朽部位，采用"阴阳巴掌榫、刻半墩接"的方法用一级落叶松墩接柱子，墩接面满涂改性环氧树脂，墩接的上下方设暗榫，在墩接部位设铁箍两道； 更换后檐明间北缝、北稍间南缝檐柱，并重做柱基础； 对有开裂的柱身进行嵌补作旧； 依原制补配后檐和明间金柱头阑额； 桐油钻生各柱额	东南角柱墩接 1 根（0.08m³），并施铁箍 2 道； 后檐柱柱脚墩接 4 根（0.38 m³），并施铁箍 8 道； 补配后檐明间北缝、北稍间南缝檐柱 2 根（0.69 m³）； 山柱墩接 2 根； 两山墙金柱墩接 2 根； 柱身嵌补木条 32 块； 补配阑额 1.1 m³； 补配明次间金柱 2.03 m³	用落叶松复制 铁箍的接头方式为倒刺钉
7	墙体	拆除空鼓、坍塌墙体； 拆除后人所砌墙体； 重砌后檐墙和两山墙	拆除后人所砌墙体 16.6 m² 墙体重砌 165.25 m²、槛墙重砌 31.5 m² 内壁抹面积为 150.9m²、外壁抹灰面积为 165.25 m²	灰缝平直、灰浆饱满，砌筑风格严格与原貌保持一致

柳林香严寺——研究与修缮报告

序号	部位及名称	修缮项目与做法	修缮工程量	备注
8	台明与地面	拆除现有地面； 原土夯实； 灰土夯实（一步）厚 150mm； 掺灰泥坐底厚 25mm； 重新铺墁地面； 青灰勾抿，局部砖药打点； 补配压沿石；	方砖墁地 2046 块（合 154.2 m²）； 配压沿石 2.01（共 17 块）； 归安柱础石 1.61 m³、础石制作 1.2 m³、础石剁斧见新 4.6 m²； 散水铺墁 48.9 m²； 原条砖台明拆除 1.54 m³	墁地要求：正中为一块整砖，破头找于两山或后檐墙角之处，不妥之处用砖药打点
9	基础		补砌后檐明间北缝和北稍间南缝檐柱柱基础 2 m³； 后檐墙基础 20.5 m³； 两山墙基础 20.1 m³； 台明基础 28.5 m³	
10	装修	拆除人为改制门窗和隔墙； 按设计图恢复装修	拆除原装修面积 56.6 m² 隔扇面积 22.95 m²、槛窗面积 6.88m²	开关自如，起线均匀，心屉割角方正，榫卯严实，无戗槎，无锈印，表面光滑 材料要求用落叶松
11	彩绘油饰	熟桐油钻生，红土、松烟等主要材料作旧	彩绘加固面积为 158.4 m² 拱眼壁加固面积为 10.2 m² 新添木构件作旧 101.7 m² 柱额油饰 81.31 m² 装修油饰 72.73 m² 椽望油饰 252.46 m² 博缝、悬鱼油饰 14.8 m²	内外檐构件依据现存的内、外檐构件色泽，出际博缝板构件等，熟桐油钻生后，再施以生桐油一道，然后退光
12	碑石		归安石碑 2 座	

地藏十王殿主要修缮项目：

1. 重修瓦顶，添配瓦件、脊刹等；依据原制补配椽子、望板、博缝板、悬鱼、惹草等木构件。

2. 拨正、加固梁架；复制前檐南稍间正心榑、平榑及北稍间瞭檐榑、正心榑；补配糟朽严重的随榑枋，对滚动的榑条进行归位，并以铁扒锔加固；补配阑额。

3. 拆除墙体后，对严重糟朽且无法继续使用的木柱依原制进行复制（该殿复制木柱共计6根）。对糟朽的柱脚进行镶补、墩接，并施铁箍加固。

4. 逐一检修斗拱并进行加固，并对残缺的构件进行补配。

5. 依原方砖规格及铺墁方式重墁地面。

6. 拆除空鼓的墙体，依原墙体形制进行重砌，并对墙面进行抹灰。

7. 按设计图纸重砌台明，补配压沿石。

8. 拆除人为改制的装修，依设计图纸恢复装修。

9. 柱额、装修油饰作旧。

10. 对拱眼壁画、梁架彩绘等清尘加固后进行封护。

11. 石碑归安。

12. 用方砖铺墁周檐散水。

13. 对新添的木构件进行顺色作旧。

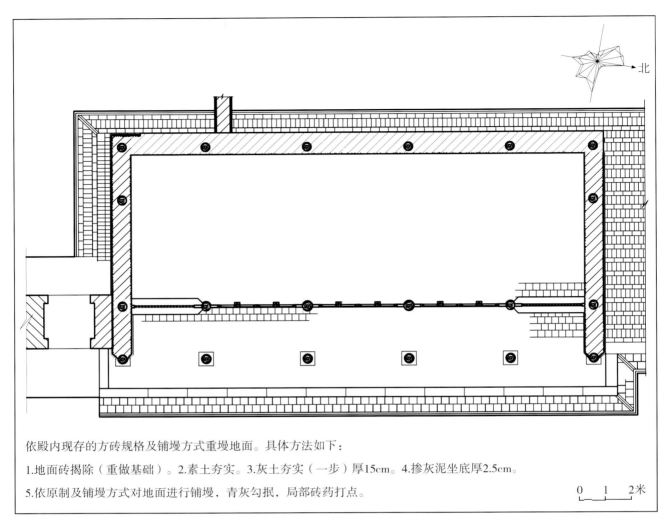

北

依殿内现存的方砖规格及铺墁方式重墁地面。具体方法如下：

1.地面砖揭除（重做基础）。2.素土夯实。3.灰土夯实（一步）厚15cm。4.掺灰泥坐底厚2.5cm。

5.依原制及铺墁方式对地面进行铺墁，青灰勾抿，局部砖药打点。

0　1　2米

· 图 5-146　平面图

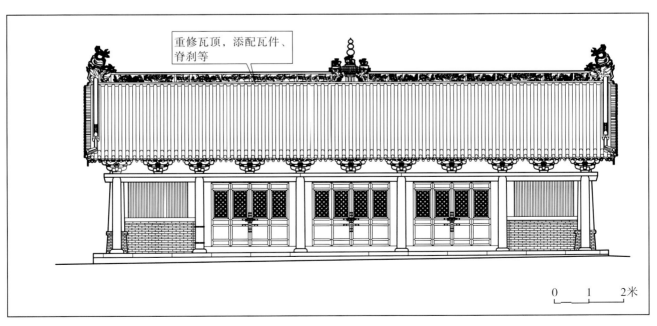

重修瓦顶，添配瓦件、脊刹等

0　1　2米

· 图 5-146　正立面图

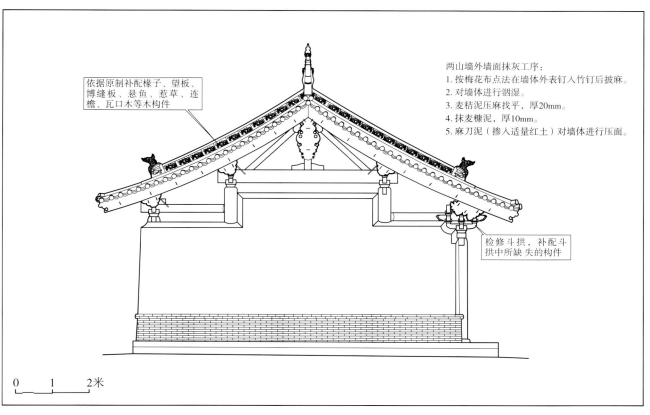

依据原制补配椽子、望板、博缝板、悬鱼、惹草、连檐、瓦口木等木构件

两山墙外墙面抹灰工序：
1. 按梅花布点法在墙体外表钉入竹钉后披麻。
2. 对墙体进行洇湿。
3. 麦秸泥压麻找平，厚20mm。
4. 抹麦糠泥，厚10mm。
5. 麻刀泥（掺入适量红土）对墙体进行压面。

检修斗拱，补配斗拱中所缺失的构件

0 1 2米

· 图 5-148　侧立面图

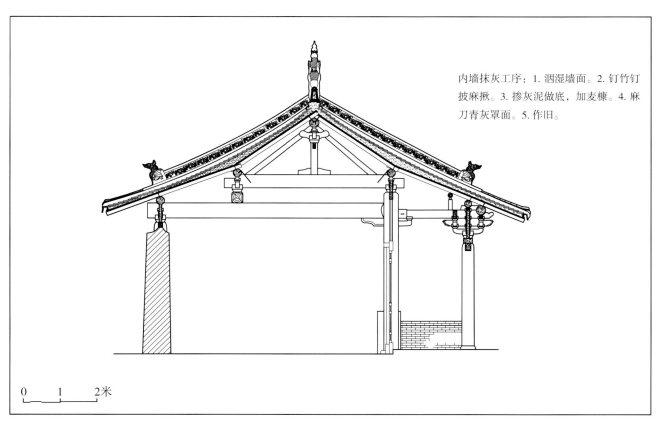

内墙抹灰工序：1. 洇湿墙面。2. 钉竹钉披麻揪。3. 掺灰泥做底，加麦糠。4. 麻刀青灰罩面。5. 作旧。

0 1 2米

· 图 5-149　明间剖面图

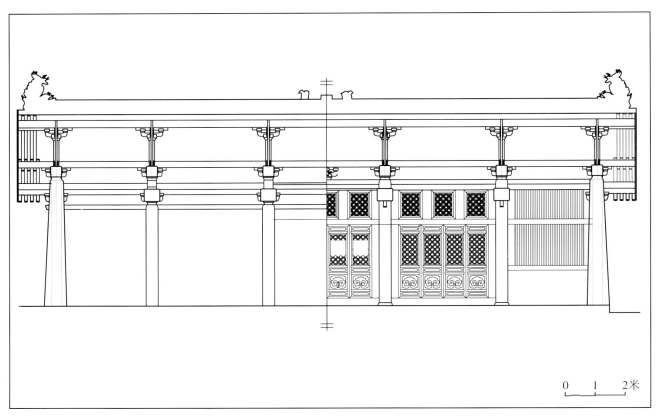

0　　1　　2米

• 图 5-150　纵剖面图

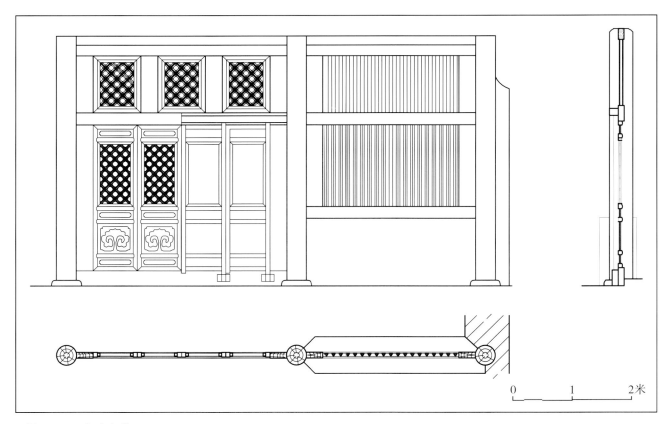

0　　1　　2米

• 图 5-151　门窗大样

七、钟、鼓楼

表 5-18　钟、鼓楼修缮表

部位	构件名称		修缮项目与做法	修缮工程量	注意事项
屋顶	脊、兽		北侧大吻拆卸后，与裂缝处施铁扒锔稳固；补接戗兽上脱落的花纹、兽角；重新制安上层套兽	大吻4个，垂兽8个，戗兽12个	依据鼓楼保存尚好的套兽形制、规格复制手工制灰陶套兽
	瓦面		补配瓦件，重制屋面，屋顶望板以上各层泥背及瓦顶做法详见钟楼二层瓦顶俯视图中的有关说明	共计170 m²	苫背层按传统方法做到拍打出浆、压光晾背后再坐瓦；脊部双坡屋面交汇处做出排水瓦及排水天沟
	木基层	望板栈砖	选用厚度为2.5cm的落叶松望板，铺钉采用柳叶缝的形式；按原制补配栈砖，重新铺设	共计168m²	椽钉用手工打制的方钉钉贯，断面8mm×8mm×长130mm，翼角椽后尾不得制成马蹄形，必须将翼角椽尾部紧密地集中于承椽枋出头两侧与隐角梁之间的三角形部位；檐部的连檐、瓦口形制保持原制（角部连檐分做三层，已利于弧起，在连檐、瓦口之间设置拉接铁活，至四角瓦口对接处施裹角铁加固）
		椽飞	更换下层、上层檐部严重糟朽的椽飞，翼角椽飞及檐部附件全部更换、复制，具体铺钉方法详见钟楼下层翼角椽布钉设计大样图及说明	计260根	
		博缝悬鱼	嵌补、加固裂缝；恢复残失部分；更换严重糟朽、风化部分	共计3.1m²	表面进行防风化处理
	风铎		补配上层已失的风摆，重新制作下层风铎	共计8个	依据上层保存的铎壁及铎摆规格、尺度，设计风摆；依设计图及残存部分重新制作下层风铎
檩条系统	檩条		①金檩及其以上梁架顶升归位后，在两端十字出头部位与里拽枋立设直径5cm的钢管进行辅助加固上、下支垫垫片；②嵌补、加固上层东檐檩北端，并施铁箍一道；③检修、加固、拨正、归位下层檐檩	脊檩2根；金檩4根；上层檐檩4根；下层檐檩12根	金檩原位支顶、拨正、加固
梁架	角穿插		用榆木制作角穿插，高为足材（20.5cm）；并在其背部墨书题写更改的必要性、时间，也就是可实别性的体现	角穿插4根	角穿插开的2/3的榫，斗栱中构件大部使用榆、槐木
	大角梁		更换上、下层东北角大角梁	大角梁8根	材质为榆木
	仔角梁		更换上层仔角梁，制作套兽榫	仔角梁8根	依连檐斜出、升起及套兽榫等恢复仔角梁长度
	抹角梁		在斜栱之下、小栱头上方顺小栱头长度、宽度嵌塞钢板一道，用以提高斜栱托承抹角梁的强度	抹角梁4根	抹角梁原位检修、加固、拨正
	垂莲柱		1.清理缝隙中积垢、杂物，剔除朽木 2.硬木条蘸环氧树脂胶嵌补缝隙 3.嵌补木条同垂连柱面取平 4.做旧处理	垂莲柱4根	传统方法加固
	雷公柱		同上	雷公柱1根	同上
	其他构件		检修、加固		
	下层联络枋（承椽枋）		清理缝隙中积垢，剔除朽木，嵌补木条，环氧树脂粘结后，施铁箍3道加固（宽8cm）	共计4根	所施铁箍位于椽档间，加固后铁活进行防锈处理
柱头	平板枋小额枋		原位检修、加固上层平板枋、小额枋 拆卸下层平板枋、小额枋后，补接榫卯，安装时于东、南两面平板枋的背部，加施铁扒锔连固；小额枋补榫后拨正、归位，不妥之处施铁片支垫	上、下层共计30个构件组成	加固时，对彩绘进行封护
斗栱	上层斗栱		平身科补配斜斗8个；更换斗子计6个；栱子整修、加固的计4根；补配异形花栱；新添构件桐油钻生后，顺色作旧	共计12攒	补配构件的材质为榆木
	下层斗栱		检修、加固	共计20攒	

部位	构件名称	修缮项目与做法	修缮工程量	注意事项
柱	通柱	拆除通柱外包裹的油漆、面袋；视通柱保存情况，嵌塞硬木条加固，并于通柱腰际施铁箍束固后进行四道灰油饰作旧	共计4根	
	廊柱	①拆卸廊柱后，拆除通柱外包裹的油漆、面袋，视保存情况；裂缝处嵌塞硬木条、糟朽部位剔朽后镶补、严重糟朽的柱脚进行墩接等修缮加固处理措施；②础石归按（础石上凿出柱脚榫）；③校正柱脚、柱头中线后，原位归安廊柱；④通柱柱身进行四道灰油饰作旧	共计12根	根据廊柱的实际高度，在础石上凿出柱脚榫
	撑檐柱	嵌补裂缝，柱身进行四道灰油饰作旧	共计12根	色泽为土朱色
础石	通柱下础石	在混凝土础石外表抹制一层厚为3cm的由黄砂岩粉末和改性环氧树脂胶的混合物，待其完全凝固干燥后对其表面进行剁斧处理	计4块	外观风格尽量与黄砂岩础石趋于一致
	廊柱下础石	①重新夯打柱基，归安础石；②础石为黄砂岩制，每块形制为素面方形，边长52cm，总厚30cm，在础石中央按柱径凿出柱底卯，卯坑的深度按原柱埋入地面以下的深度进行凿设	计12块	础石选用质地同鼓楼的黄砂岩
	撑檐柱下木地栿	检修、归安	计8根	接口为银锭榫
地面	楼内地面	拆除现地面，由东南角廊柱柱底础石上皮下挖25cm，从下而上为：三七灰土，掺灰泥坐底，条砖铺墁	计79 mm²	①地面依据现存东南角廊柱柱底础石上皮为标高进行重墁②正中依原制用条砖人字纹铺墁
	周檐排水	台明外侧铺设宽为73cm的散水，使其散水与院面形成明排水沟，排水沟东南角部与距院面东南角的9.1米处的地阶设置排水暗沟，暗沟泛率为3%，排水明沟泛率为1%		严格依设计图铺墁
其他	楼梯	木楼梯原物继用，按东南角廊柱柱底、础石上皮为标准，铺墁地面时，梯帮下脚铺墁条石一块进行支垫，石上开卯，梯帮入榫，起到稳固下脚的作用	计2.65mm²	榫卯严实
	楼板、楼楞	更换糟朽楼板；楼楞嵌补裂缝，铁箍加固，顺色作旧	楼板总计36.1mm²	
	勾栏	重新制安		
附属文物	彩绘	对彩绘进行清尘、修复、保护	总计152.5m²	施工中枋身一周先用细纸、拷贝纸各一层包裹，外面复裹海绵，再用防雨布或塑料布包裹，谨防雨水淋渗

钟鼓楼主要修缮项目：

1. 重修屋顶，添配瓦件、脊兽等；补配椽子，更换望板；

2. 对额枋、斗栱上彩绘清尘、回贴、加固后进行封护；

3. 检修斗栱、补配残缺小斗、加固抹角梁；更换角穿插、续角梁、仔角梁；补配风铎；拨正抹角梁、金檩等下沉构件至原位；

4. 检修、加固底层额枋、平板枋、斗栱及其上构件后，对廊柱视具体情况进行嵌补、镶补、墩接后，施铁箍束固；

5. 依东南角柱础石高程，重新刮制作廊柱础石，进行安置；

6. 东、南两侧的平板枋归位后，施铁板加固，补接断裂的小额枋榫卯；

7. 通柱腰际（楼板下端）加设铁箍；嵌补底层东侧承椽枋裂缝后，施铁箍三道进行束箍；

8. 依柳林县城内双塔寺的戏台及香严寺鼓楼东北角（角部没有发生明显下裁）的翼角椽铺钉方法重新铺钉翼角椽；

9. 补配糟朽楼板，重新制安勾栏；

10. 楼梯下脚设置土衬石进行稳固；

11. 依原条砖规格及铺墁方式重新铺墁地面；剔补西、北两侧台明上酥碱条砖；依设计图重砌东、南两侧的台明，并开设排水渠；

12. 柱子进行四道灰桐油钻生作旧；新添木构件进行顺色作旧；

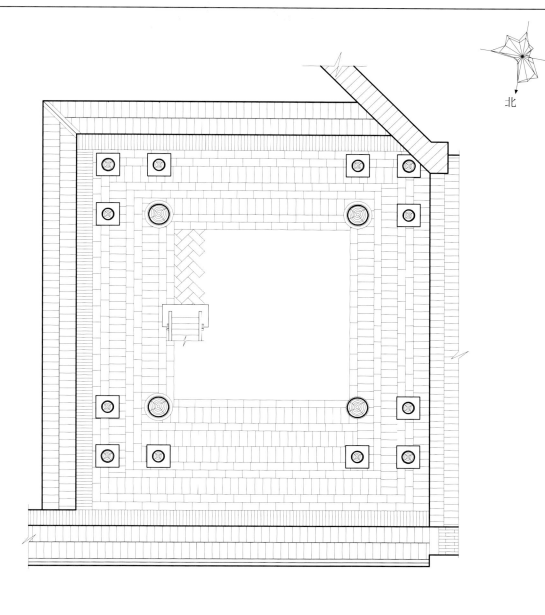

北

依现存的条砖规格（320×165×70）及铺墁地面。具体方法如下：

1. 地面砖揭除（重做基础）。

2. 素土夯实。

3. 灰土夯实（一步）厚150mm。

4. 掺灰泥坐底厚25mm。

5. 依原制及铺墁方式对地面进行补配、铺墁，青灰勾抿，局部砖药打点。

0   1   2米

· 图 5-152　钟楼底层平面图

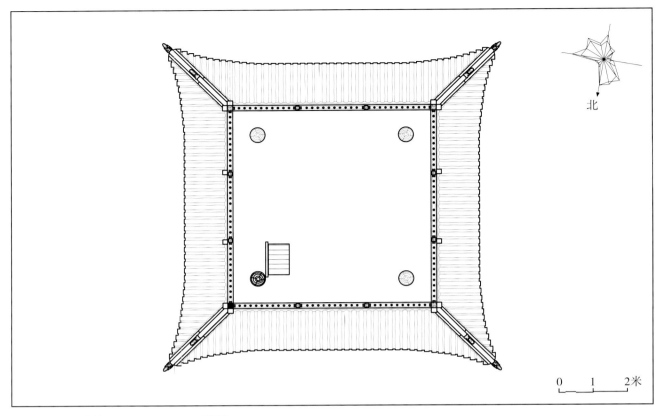

北

0　1　2米

· 图 5-153　钟楼二层平面及一层瓦顶俯视图

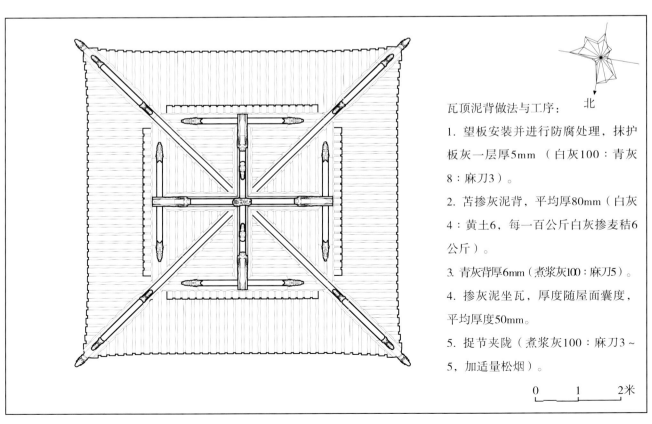

北

瓦顶泥背做法与工序：

1. 望板安装并进行防腐处理，抹护板灰一层厚5mm（白灰100：青灰8：麻刀3）。

2. 苦掺灰泥背，平均厚80mm（白灰4：黄土6，每一百公斤白灰掺麦秸6公斤）。

3. 青灰背厚6mm（煮浆灰100：麻刀5）。

4. 掺灰泥坐瓦，厚度随屋面囊度，平均厚度50mm。

5. 捉节夹陇（煮浆灰100：麻刀3～5，加适量松烟）。

0　1　2米

· 图 5-154　钟楼二层瓦顶俯视图

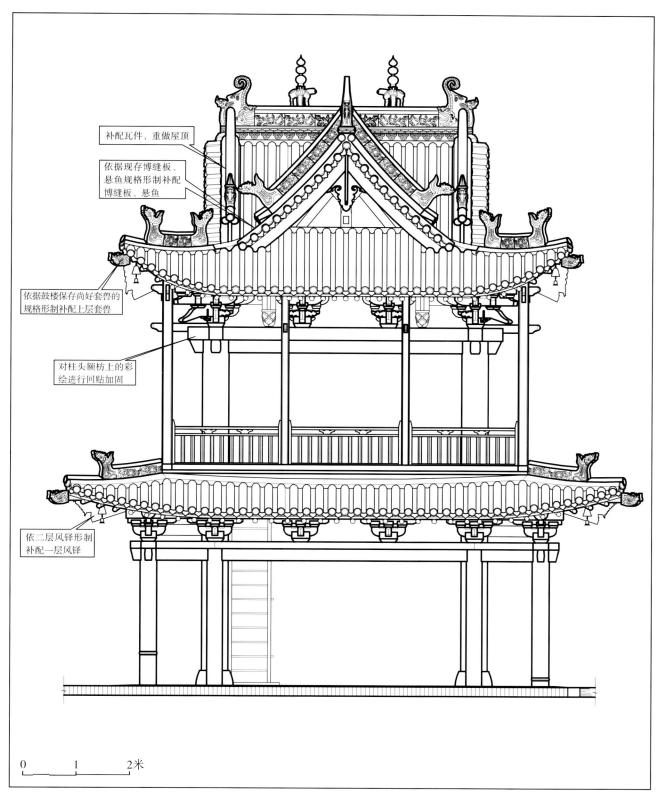

补配瓦件、重做屋顶

依据现存博缝板、
悬鱼规格形制补配
博缝板、悬鱼

依据鼓楼保存尚好套兽的
规格形制补配上层套兽

对柱头额枋上的彩
绘进行回贴加固

依二层风铎形制
补配一层风铎

0 1 2米

·图 5-155 钟楼北立面图

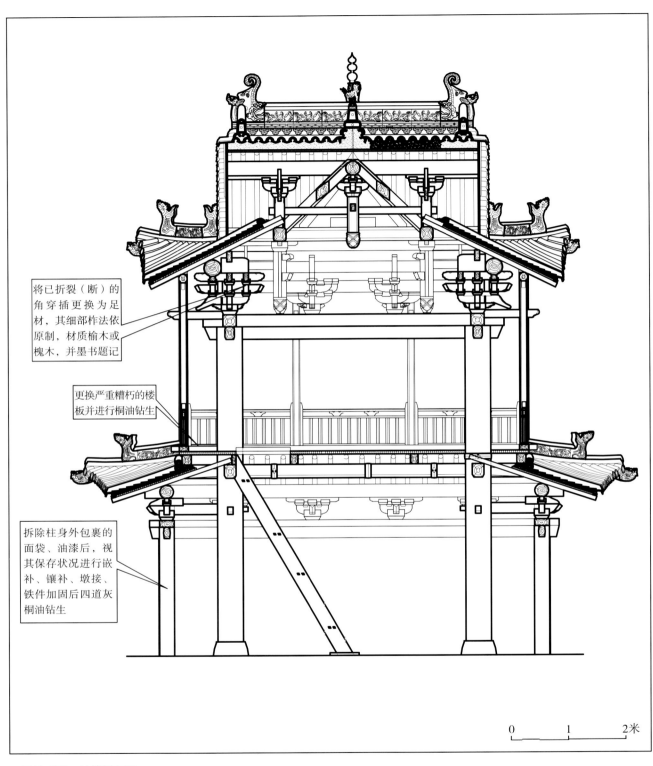

将已折裂（断）的角穿插更换为足材，其细部作法依原制，材质榆木或槐木，并墨书题记

更换严重糟朽的楼板并进行桐油钻生

拆除柱身外包裹的面袋、油漆后，视其保存状况进行嵌补、镶补、墩接、铁件加固后四道灰桐油钻生

0 1 2米

· 图 5-156　钟楼剖面图

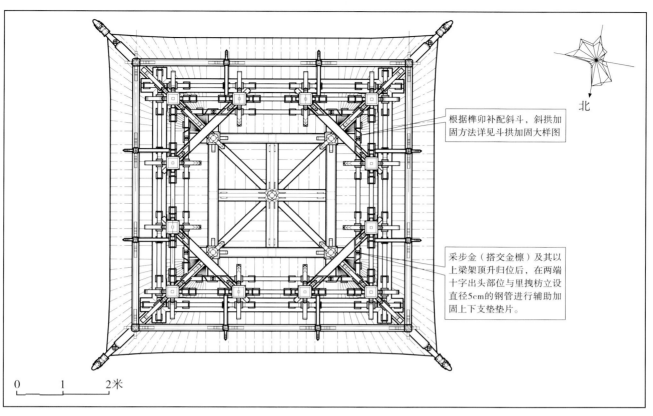

根据榫卯补配斜斗，斜拱加固方法详见斗拱加固大样图

采步金（搭交金檩）及其以上梁架顶升归位后，在两端十字出头部位与里拽枋立设直径5cm的钢管进行辅助加固上下支垫垫片。

北

0 1 2米

· 图 5-157　钟楼一层梁架仰视图

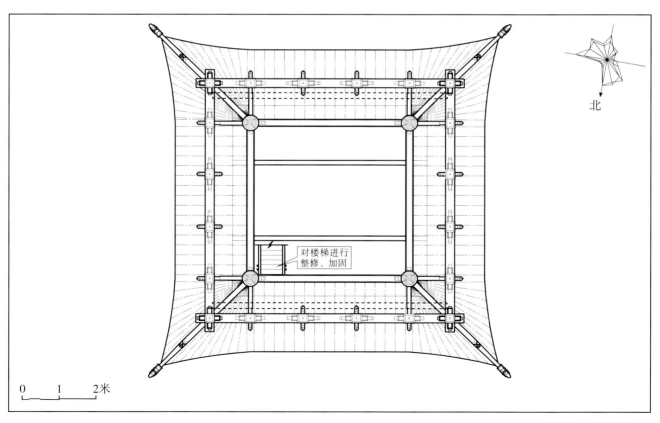

北

对楼梯进行整修、加固

0 1 2米

· 图 5-158　钟楼二层梁架仰视图

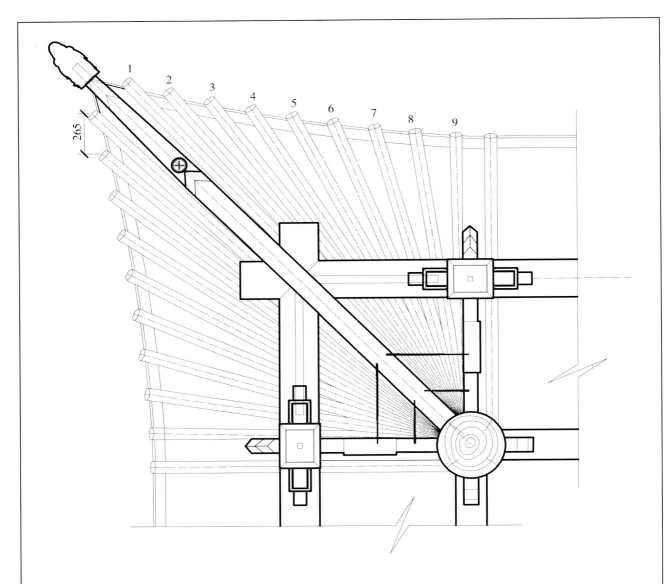

翼角椽实际长度及内侧雀台尺寸：

1号椽实际长度3130mm，内侧雀台136mm

2号椽实际长度2905mm，内侧雀台127mm

3号椽实际长度2700mm，内侧雀台120mm

4号椽实际长度2500mm，内侧雀台100mm

5号椽实际长度2330mm，内侧雀台86mm

6号椽实际长度2200mm，内侧雀台71mm

7号椽实际长度2060mm，内侧雀台57mm

8号椽实际长度1970mm，内侧雀台42mm

9号椽实际长度1920mm，内侧雀台21mm

说明：

钟鼓楼翼角椽铺钉设计是根据勘测柳林境内的同类建筑及香严寺鼓楼东北角（角部没有发生明显下栽）进行制安，令九根翼角椽尾部紧密地集中于承椽枋出头两侧与隐角梁之间的三角形部位，每根翼角椽尾部的宽度均为1厘米，在铺钉时紧贴隐角梁的第一根椽子尾部钉至隐角梁侧面，相邻角椽尾部依次横向用铁钉贯连起来，最后使九根椽尾部连接在一起，与隐角梁、承椽枋连固。角椽头部盘角方正，不得随翼角的斜出锯截成马蹄形。转角部位的连檐瓦口施裹角铁加固。

0   20厘米

· 图 5-159 钟楼一层翼角椽布钉设计大样图

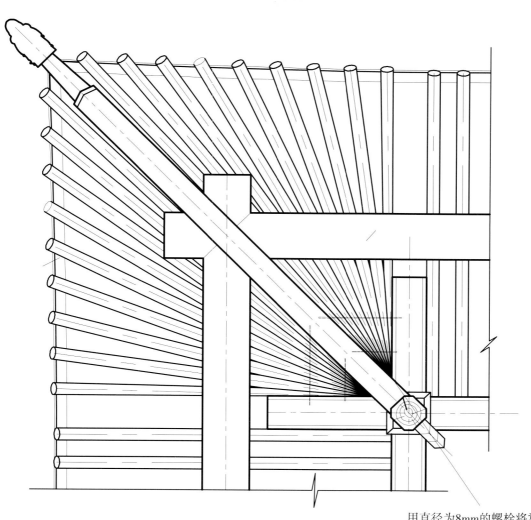

用直径为8mm的螺栓将翼角椽尾部贯穿起来，螺栓两端分别钉入隐角梁和承椽枋

说明:

钟鼓楼翼角椽铺钉设计是根据勘测柳林境内的同类建筑及香严寺鼓楼东北角（角部没有发生明显下栽）进行制安，令九根翼角椽尾部紧密地集中于承椽枋出头两侧与隐角梁之间的三角形部位，每根翼角椽尾部的宽度均为1厘米，在铺钉时紧贴隐角梁的第一根椽子尾部钉至隐角梁侧面，相邻角椽尾部依次横向用铁钉贯连起来，最后使九根椽尾部连接在一起，与隐角梁、承椽枋连固。角椽头部盘角方正，不得随翼角的斜出锯截成马蹄形。转角部位的连檐瓦口施裹角铁加固。

注：檐部步架1165mm举高360mm升起720mm斜出80mm

0   20厘米

·图 5-160　钟楼二层翼角椽布钉设计大样图

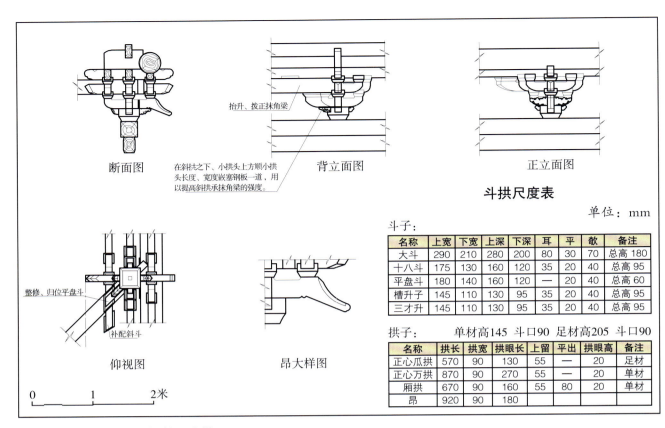

断面图

在斜拱之下、小拱头上方顺小拱头长度、宽度嵌塞钢板一道，用以提高斜拱承抹角梁的强度。

背立面图

正立面图

抬升、拨正抹角梁

整修、归位平盘斗

补配斜斗

仰视图

昂大样图

斗拱尺度表

单位：mm

斗子：

名称	上宽	下宽	上深	下深	耳	平	欹	备注
大斗	290	210	280	200	80	30	70	总高180
十八斗	175	130	160	120	35	20	40	总高95
平盘斗	180	140	160	120	—	20	40	总高60
槽升子	145	110	130	95	35	20	40	总高95
三才升	145	110	130	95	35	20	40	总高95

拱子： 单材高145 斗口90 足材高205 斗口90

名称	拱长	拱宽	拱眼长	上留	平出	拱眼高	备注
正心瓜拱	570	90	130	55	—	20	足材
正心万拱	870	90	270	55	—	20	单材
厢拱	670	90	160	55	80	20	单材
昂	920	90	180				

0　1　2米

· 图 5-161　钟楼二层平身科加固大样图

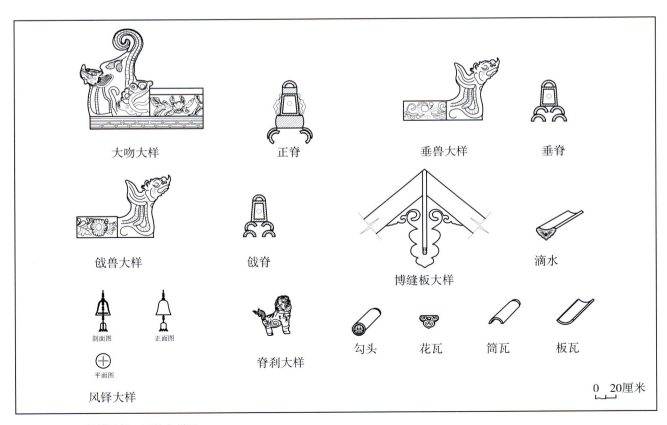

大吻大样

正脊

垂兽大样

垂脊

戗兽大样

戗脊

博缝板大样

滴水

剖面图

正面图

平面图

风铎大样

脊刹大样

勾头

花瓦

筒瓦

板瓦

0　20厘米

· 图 5-162　钟楼风铎、瓦件大样图

八、藏经殿

表 5-19　藏经殿修缮表

序号	部位及名称	修缮项目与做法	修缮工程量	备注
1	瓦顶	搭设屋顶脚手架； 摄像、拍照、编号后拆卸屋顶琉璃件、瓦件至指定地点分类放置； 依据设计图补配垂兽 4 份； 补配勾头、滴水、筒瓦、板瓦； 对残缺琉璃件、瓦件进行修复、补配； 依传统工艺重新铺瓦屋面（护板灰 — 青灰背—灰泥背—瓦瓦等）	搭设屋顶保护大棚，搭设屋顶脚手架； 屋顶修补面积 187.14m²； 补配垂兽 4 份，补配走兽 2 份； 补配板瓦 2123 个，补配滴水 48 个，补配勾头 35 个	搭设屋顶脚手架，保护大棚； 瓦质要求：敲击声音清脆，质地细腻，规格与原制相符，上架前应在青灰水中浸泡，用以堵塞砂眼
2	木基层	编号拆除两山出际构件放置指定地点，并检出栈砖、望板的样品进行复制； 用东北一级落叶松依原制补配博缝板，依设计文件补配悬鱼、惹草 按设计要求补配连檐瓦口（高 50mm，长 2592mm），椽子（120×120mm 方椽） 对于头部糟朽的檐椽去截朽部后视其长度铺钉于脊部或金部用作花架椽 依原制铺墁栈砖、博缝板	补配博缝板 1.13m²，补配悬鱼 2 组、惹草 8 个 补配连檐瓦口 25.92m 补配椽子 64 根（合 237.2m） 长椽改短椽 6 根（合 22.35m） 补配栈砖 1837 块	材料要求：用落叶松复制；望板宽度不应小于 150mm，厚度 25～30mm，望板安装时应做防腐处理；木材含水率不应大于 16%
3	檩条	待屋顶卸载梁架拨正后拨正滚动错位的檩条； 对檩条折断且风化严重无法继续使用的，依原制复制； 对两端风化裂裂檩条进行铁箍加固后继续使用； 对檩条檩身裂缝进行嵌补加固	檩条上扒锔 12 道； 拨正滚动檩条 3 根，依照原物复制檩条 5 根； 加固随檩枋 3 根； 檩条嵌补 18 块	檩身任何一面所有木节尺寸不得大于所在部位的 2/3，且每个木节的最大尺寸不应大于枋身断面的 1/4，木材的含水率不应大于 16%，檩身表面光滑，无戗槎，无锈印
4	梁架	支撑满堂红梁架承重脚手架； 抬升梁架，拨正梁架系统； 对三架梁梁身进行嵌补后作旧； 对梁架上糟朽严重的角背、脊瓜柱进行复制更换； 对开榫结构松散的梁架进行铁活加固	抬升梁架，拨正梁架； 更换梁架上角背 0.046m³、脊瓜柱 0.403m³； 拆修两山单步梁及托脚	用落叶松复制；所施铁活需进行防锈处理，铁活作旧与梁身外侧保持一致
5	斗拱	整修斗拱后进行桐油渗透加固，补配缺失的斗子，复制折断的要头	补配升斗耳、平 7 件； 补配小斗 13 件，补配异型拱 4 件； 拆修前后檐斗拱； 桐油渗透	用榆木复制缺失斗拱
6	柱额	拨正归位各根柱子； 清除柱额表面及裂缝内的积尘，对柱额进行嵌补； 用一级落叶松墩接后檐柱、山柱，方法如下：截除糟朽部位，采用阴阳扒掌榫刻半墩接法进行墩接（要求：墩接面设暗榫，墩接面满涂改性环氧树脂，在墩接处设铁箍两道、其接头方式为倒刺钉式）； 加固开裂柱额、普柏枋； 桐油钻生各柱额	山柱柱脚墩接 4 根； 后檐柱墩接 4 根； 柱身嵌补 46 块	用落叶松复制柱子，铁箍接头方式为倒刺钉式
7	基础	依传统工艺重新做台明、柱基础（开挖基槽—素土夯实—重做基础）	拆除改造墙体下的墙基础 14.43m³； 重做柱基础 7.26m³； 台明基础 3.8m³； 制安柱础石 0.756m³	

序号	部位及名称	修缮项目与做法	修缮工程量	备注
8	墙体	拆除改制墙体； 补修东山墙墙身三道裂缝； 按传统工艺对后檐墙进行局部择砌； 拆除前檐檐柱处基砖槛墙； 依传统工艺剔补酥碱条砖； 拆除墙体内壁抹灰层后，依传统工艺对墙体内壁进行抹灰（钉麻钉—麦秸泥—压麻—麦壳泥—压面）	墙体裂缝处条砖进行剔补加固（108块）； 墙体酥碱砖剔补231块； 墙面择砌3.28 m²； 拆除改制墙体19.87 m³； 拆除墙体内壁抹灰层118.65m²，墙体内壁抹灰118.65m²	灰缝平直、灰浆饱满，砌筑风格严格与原貌保持一致
9	台明与地面	重新十字缝铺墁廊部及台明地面，工艺如下：拆除坍塌地面并清除残损碎砖； 由现地面上皮下挖240mm； 加固地基后灰土夯实（一步）厚150mm； 掺灰泥坐底厚25mm； 地面铺墁方砖—青灰勾抿、局部砖药打点； 依传统工艺砌筑坍塌台明； 重新制安台明压沿石	方砖墁地84.8m²； 砌筑坍塌台明4.7m³； 台明压沿石补配0.762m³	正中为一块整砖，破头找于两山或后檐墙角之处，不妥之处用砖药打点
10	装修	拆除简易门窗； 按设计图恢复装修	拆除简易门窗22.26m²； 隔扇装修面积46.378m²	开关自如，起线均匀，心屉割角方正，榫卯严实，无戗槎，无锈印，表面光滑
11	油饰、彩画	工程前期对梁架彩画进行清理后，依传统工艺对梁架彩画进行封护，并在梁架上做保护海绵软层，待工程结束后拆除保护海绵软层； 待工程结束后对柱额作四道灰桐油钻生，对新制装修作三道灰油饰； 对新添木构件进行做旧	梁架彩画清理59.83m²； 柱额作四道灰桐油钻生97.83m²，装修油饰46.378m²； 新添木构件做旧121.56m²	内外檐构件依据现存的内、外檐构件色泽，出际博缝板构件等，熟桐油钻生后，再施以生桐油一道，然后退光

藏经殿主要修缮项目：

1. 重修屋顶；补配脊饰、瓦件。

2. 补配椽子及博缝、望板、悬鱼、惹草等。

3. 墩接糟朽山柱、后檐柱，并加固柱基。

4. 拨正、检修、加固梁架构件；对明间西缝三架梁上角背、脊瓜柱进行复制更换。

5. 拨正、检修、加固斗拱，补配缺失斗子。6. 拆除后人增砌隔墙；补修东山墙墙身三道裂缝；局部择砌后檐墙；对墙面酥碱砖进行剔补，对墙体内壁重新抹灰。

7. 补砌台明，补配压沿石；重新铺墁台明、殿内地面。

8. 拆除改制门窗，依设计图补配装修，并对其进行三道灰油饰。

9. 柱额进行四道灰油饰并顺色作旧。

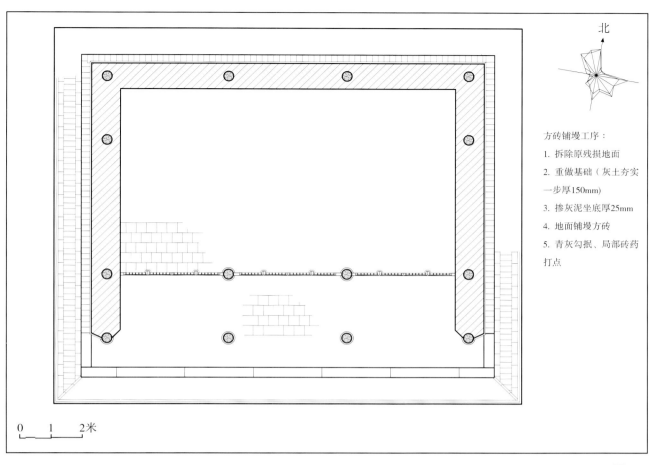

北

方砖铺墁工序：

1. 拆除原残损地面

2. 重做基础（灰土夯实
一步厚150mm)

3. 掺灰泥坐底厚25mm

4. 地面铺墁方砖

5. 青灰勾抿、局部砖药
打点

0　1　2米

· 图 5-163　平面图

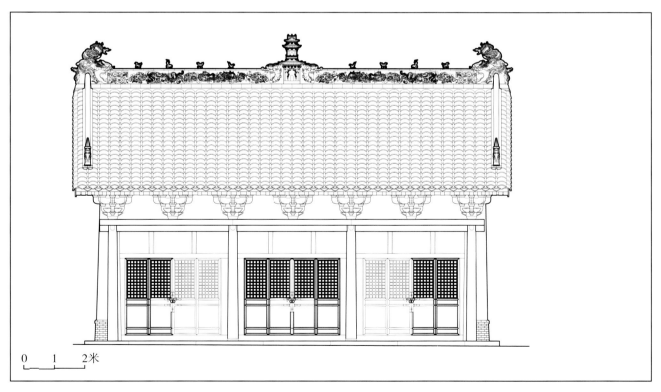

0　1　2米

· 图 5-164　正立面图

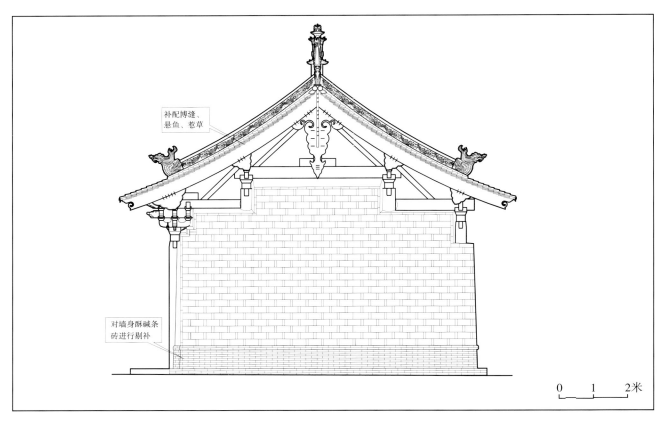

补配博缝、
悬鱼、惹草

对墙身酥碱条
砖进行剔补

0　　　1　　2米

· 图 5-165　侧立面图

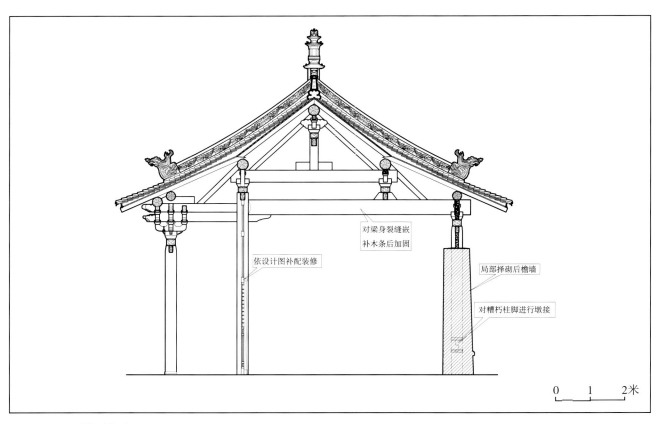

依设计图补配装修

对梁身裂缝嵌
补木条后加固

局部择砌后檐墙

对糟朽柱脚进行墩接

0　　　1　　2米

· 图 5-166　明间剖面图

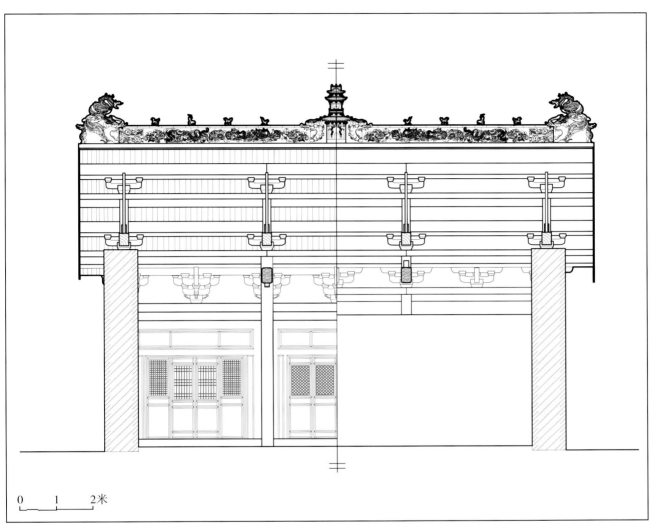

0　　1　　2米

・图 5-167　纵剖面图

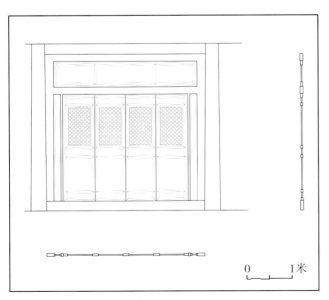

0　　　　1米

・图 5-168　明间门窗大样

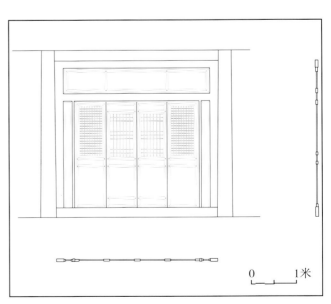

0　　　　1米

・图 5-169　次间门窗大样

九、崇宁殿

表 5-20　崇宁殿修缮表

序号	部位及名称	修缮项目与做法	修缮工程量	备注
1	瓦顶	搭设屋顶脚手架； 摄像、拍照、编号后拆卸屋顶琉璃件、瓦件至指定地点分类放置； 依设计图补配大吻 2 份，同时检出样品后定购，补配正脊 8.37m，垂脊 15.58m，垂兽 4 份； 补配勾头、滴水、筒瓦、板瓦； 对残缺琉璃件、瓦件进行修复、补配； 依传统工艺重新铺瓦屋面	屋顶修补面积 114.29m²； 补配大吻 2 份，补配垂兽 4 份，新做正脊 8.37m，垂脊兽后 15.58m，补配板瓦 3563 个，补配滴水 98 个，补配勾头 8 个	搭设屋顶脚手架，保护大棚 瓦质要求：敲击声音清脆，质地细腻，规格与原制相符，上架前应在青灰水中浸泡，用以堵塞砂眼
2	木基层	编号拆除两山出际构件检出连檐瓦口、飞椽、椽子、栈砖； 用东北一级落叶松依原制补配博缝板，依设计文件补配悬鱼、惹草批； 按设计要求补配连檐瓦口（高 5cm，长 11.37m），方椽（椽头 120mm）； 对于头部糟朽的檐椽（椽头 120mm）去截朽部后视其长度铺钉于脊部或金部用作花架椽； 依原制铺墁栈砖	补配博缝板 3.38m²、补配悬鱼 2 组（合 2.1m²）、惹草 8 个（合 2m²）； 补配连檐瓦口 22.94m； 补配椽子 88 根； 长椽改短椽 16 根； 栈砖 114.29m²	材料要求：用落叶松复制；望板宽度不应小于 150mm，厚度 25～30mm，望板安装时应做防腐处理；木材含水率不应大于 16%
3	檩条	对滚动的槫条用铁扒锔进行加固； 按原制补配糟朽的随檩枋 3 根（长 3100mm，枋高 260mm，宽 120mm）； 按原制复制后檐檐垫板（长 9220mm，高 260mm，厚 30mm）； 将朽部全部去除至好木，补接槽内满涂环氧树脂后嵌埋新木，再去除外溢部分待其完全凝固后随圆取弧，最后在两端施铁箍两道； 依原制补配后檐西次间檐檩、明间金檩	檩条上扒锔 18 道； 补配随檩枋 3 根 0.29m³； 补配后檐檐垫板 0.14m³； 复制明间金檩 0.17m³，西次间檐檩 0.19m³	檩身任何一面所有木节尺寸不得大于所在部位的 2/3，且每个木节的最大尺寸不应大于枋身断面的 1/4，木材的含水率不应大于 16%，檩身表面光滑，无戗槎，无锈印
4	梁架	抬升梁架，拨正梁架； 更换五架梁上垫墩及脊部两根叉手、角背； 将东山柱朽部全部去除至好木（深 40mm），补接槽内满涂环氧树脂后嵌埋新木，再去除外溢部分待其完全凝固后随圆取弧； 在梁底皮开槽嵌补槽钢，长 5.9m，后在外嵌补木条封面后束铁箍 5 道	抬升梁架，拨正梁架；镶补东山柱 0.737m³，墩接西山柱 1 根； 铁箍 5 道； 复制五架梁上垫墩及脊部叉手、角背 1.35m³； 槽钢 0.43m³； 梁架清污 37.38m²	用落叶松复制；所施铁活需进行防锈处理，铁活作旧与梁身外侧保持一致
5	斗拱	整修斗拱后进行桐油渗透加固，补配缺失的斗子，复制折断的耍头	补配升斗 11 件，复制折断的耍头 5 件，复制折断的拱子 3 件； 整修斗拱； 桐油渗透	用榆木复制
6	柱额	抬升、拨正檐柱； 清除柱额表面及裂缝内的积尘； 截除糟朽部位，采用"阴阳巴掌榫、刻半墩接"的方法，用一级落叶松墩接柱子，墩接面满涂改性环氧树脂，墩接的上下方设暗榫，在榫接部位施铁箍两道加固； 桐油鳍生各柱额	抬升、拨正檐柱 0.95m³，前檐柱脚墩接 0.236m³； 后檐柱墩接 4 根，山柱墩接 2 根，柱身嵌补 14 块，柱子铁箍加固 213.69kg； 前檐额枋、小额枋补配 2.43m²； 檐柱制安 2 根； 柱础石制安 10 个	用落叶松复制柱子，铁箍接头方式为倒刺钉式

序号	部位及名称	修缮项目与做法	修缮工程量	备注
7	墙体	拆除后人改制墙体及暴鼓墙体；重砌后檐墙与东西山墙；重抹内墙抹灰层；重砌下槛墙	拆除后人改制墙体 34.36m³，拆除暴鼓墙体 72.8m³，后檐墙重砌 27.67m²，两山墙重砌 45.14m²，内壁抹灰面积 86.4 m²，外壁抹灰面积 118.34m²，槛墙砌筑 27.15m²	灰缝平直、灰浆饱满，砌筑风格严格与原貌保持一致
8	台明与地面	拆除水泥地面；由现地面上皮下挖 240mm，加固地基；灰土夯实（一步）厚 150mm；掺灰泥坐底厚 25mm；地面铺墁方砖青灰勾抿，局部砖药打点；补配压沿石，重砌台明方砖十字缝重墁上下层地面	拆除水泥地面 59.51m²；方砖墁地 1489 块（合 59.51m²）；台明条石砌筑 3.62 m³，条石补配 11.8m	墁地要求：正中为一块整砖，破头找于两山或后檐墙角之处，不妥之处用砖药打点
9	基础	重砌墙体基础：开槽；原土夯实；三七灰土；片石基础	后檐墙基础 9.92m³，两山墙基础 14.67m³；台明基础 9.32m³	
10	装修	拆除简易门窗；按设计图恢复装修	装修面积 28.42m²；槛框制安 56.86m，隔扇制安 18.74m²；心屉制安 7.94m²；裙板制安 3.36m²；绦环板制安制安 1.58m²，门饰制安 3 套	开关自如，起线均匀，心屉割角方正，榫卯严实，无戗槎，无锈印，表面光滑
11	其他	熟桐油钻生，红土、松烟等主要材料作旧	装修油饰 54.24m²，柱额油饰 98.9m²；椽子油饰 70.24m²；博缝、悬鱼油饰 9.846m²；新添木构件 156.83m²	出际博缝板构件等，熟桐油钻生后，再施以生桐油一道，然后退光

崇宁殿主要修缮项目：

1. 揭修瓦顶。添配吻兽、瓦件等；依据前檐明间飞椽（原制）形制，补配飞椽；补配栈砖、博缝板、悬鱼、惹草、连檐等。

2. 拨正、加固梁架；复制后檐西次间檐檩及脊部金檩，按原制补配随檩枋及后檐檐垫板。

3. 拆除后檐墙体及两山墙体，内外墙面抹灰。

4. 复制前檐额枋；镶补东山柱、墩接西山柱；前檐通柱的加固、拨正、归位，重做柱础石。

5. 原位加固拨正斗拱，补配斗拱中缺失构件。

6. 按殿内明间保存的方砖规格及铺墁方式重墁地面。

7. 按现存的条石规格，重砌前檐台明。

8. 重制装修。

9. 装修、柱额及新添木构件油饰。

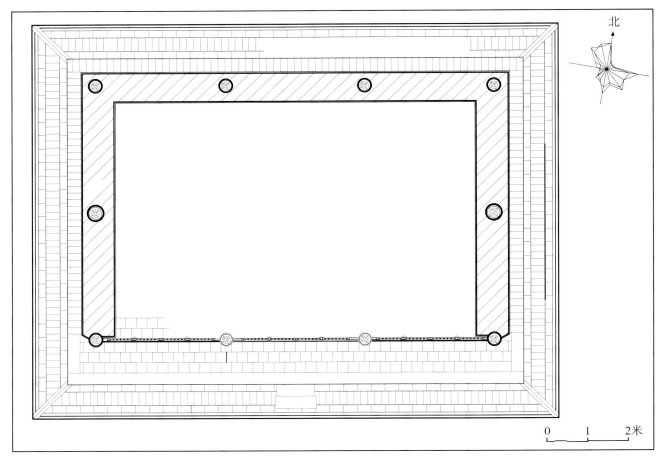

北

0   1   2米

· 图 5-170 平面图

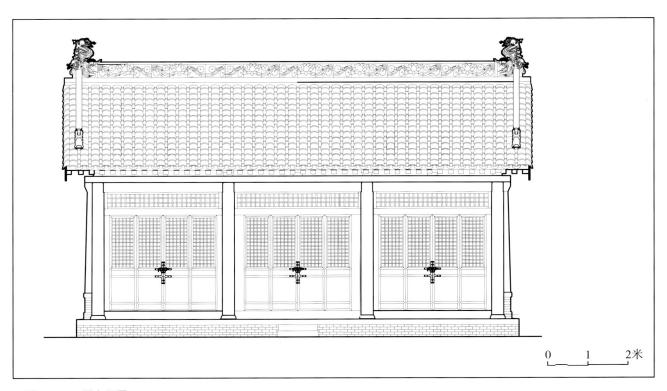

0   1   2米

· 图 5-171 正立面图

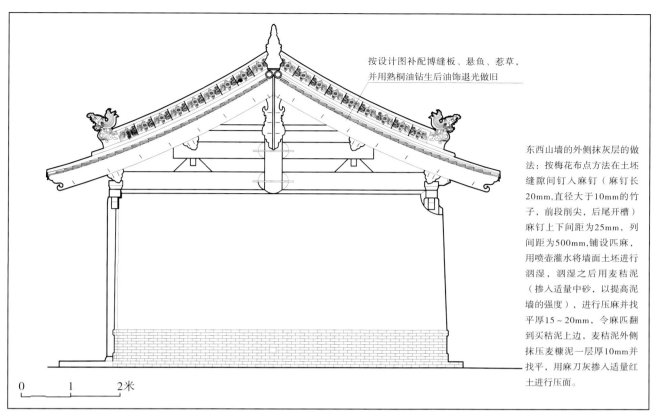

按设计图补配博缝板、悬鱼、惹草，并用熟桐油钻生后油饰退光做旧

东西山墙的外侧抹灰层的做法：按梅花布点方法在土坯缝隙间钉入麻钉（麻钉长20mm,直径大于10mm的竹子，前段削尖，后尾开槽）麻钉上下间距为25mm，列间距为500mm,铺设匹麻，用喷壶灌水将墙面土坯进行洇湿，洇湿之后用麦秸泥（掺入适量中砂，以提高泥墙的强度），进行压麻并找平厚15～20mm，令麻匹翻到买秸泥上边，麦秸泥外侧抹压麦糠泥一层厚10mm并找平，用麻刀灰掺入适量红土进行压面。

0 1 2米

· 图5-172 侧立面图

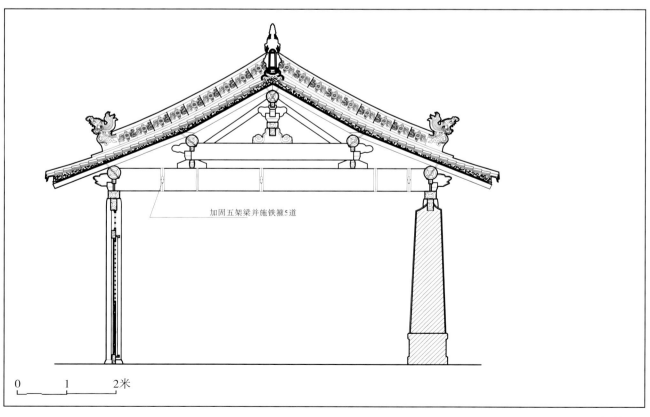

加固五架梁并施铁箍5道

0 1 2米

· 图5-173 明间剖面图

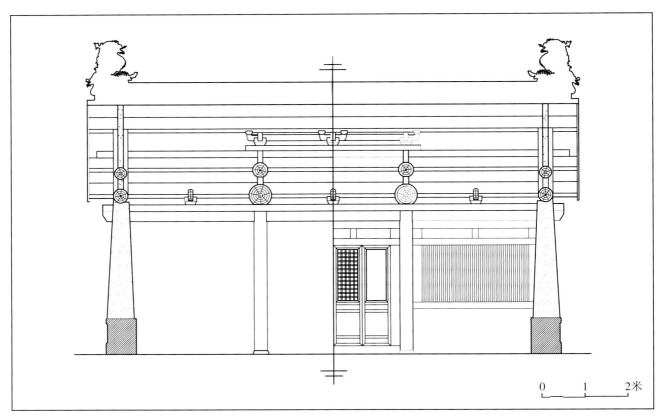

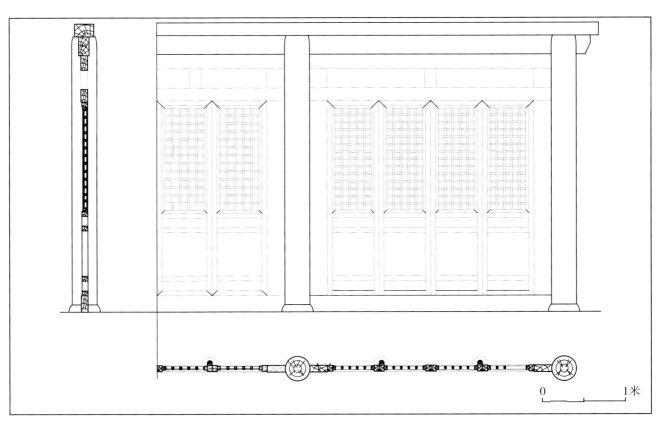

· 图 5-174　纵剖面图

· 图 5-175　装修大样

十、七佛殿

表 5-21　七佛殿修缮表

序号	部位及名称	修缮项目与做法	修缮工程量	备注
1	瓦顶	搭设屋顶脚手架; 摄像、拍照、编号后拆卸屋顶吻件、瓦件至指定地点分类放置; 依设计图补配大吻部分修复脊刹残缺部分,补配正脊1020mm、垂脊1578mm、垂兽4份; 补配勾头、滴水、筒瓦、板瓦; 对残缺陶件、瓦件进行修复、补配; 依传统工艺重新铺瓦屋面	屋顶修补面积120.8 m²; 补配大吻2份,补配垂兽4份,新做正脊1020mm,垂脊1578mm,补配筒瓦1996个,补配板瓦2958个,补配滴水81个,补配勾头61个	搭设屋顶脚手架,保护大棚; 瓦质要求:敲击声音清脆,质地细腻,规格与原制相符,上架前应在青灰水中浸泡,用以堵塞砂眼
2	木基层	编号拆除两山出际构件检出连檐瓦口、飞椽、椽子、栈砖、望板; 用东北一级落叶松依原制补配博缝板,依设计文件补配悬鱼、惹草; 按设计要求补配连檐瓦口(高50mm,长1190mm),飞椽(椽径105mm); 对于头部糟朽的檐椽(椽径105mm),去截朽部后视其长度铺钉于脊部或金部用作花架椽; 依原制在明间椽上铺墁栈砖(200mm×200mm×50mm),前后檐及两次间铺钉望板,望板上依次为护板灰、掺灰泥、青灰背	补配博缝板8m²、补配悬鱼2组、惹草8个; 补配大连檐23.96m、小连檐11.98m、瓦口木23.96m、闸挡板11.98m; 补配椽子104根,补配飞子44根(513.2m); 长椽改短椽29.12m; 栈砖48.4 m²、望板85.772m²	材料要求:用落叶松复制;望板宽度不应小于150mm,厚度25～30mm,望板安装时应做防腐处理;木材含水率不应大于16%
3	檩条	对滚动的檩条用铁扒锔进行加固; 根(长3074mm枋高260mm宽120mm); 按原制复制后檐檩垫板(长9220mm,高260mm,厚30mm); 将朽部全部去除至好木,补接槽内满涂环氧树脂后嵌埋新木,再去除外溢部分待其完全凝固后随圆取弧,最后在两端施铁箍(500mm×50mm)两道; 更换后檐东次间金檩,前檐西次间金檩	施铁扒锔25道; 补配随檩枋2根0.10 m³; 补配后檐檩垫板0.13m³; 加固东次间檐檩和随檩枋并施铁箍两道; 更换金檩0.32m³	檩身任何一面所有木节尺寸不得大于所在部位的2/3,且每个木节的最大尺寸不应大于枋身断面的1/4,木材的含水率不应大于16%,檩身表面光滑,无戗槎,无锈印
4	梁架	抬升梁架,拨正梁架并检修其上构件; 将朽部全部去除,槽内满涂环氧树脂后嵌埋新干木条,再去除外溢部分待其完全凝固后随圆取弧后用铁箍(500mm×50mm)束固	抬升梁架,拨正梁架20.8 m²; 嵌补梁架14块; 施铁箍两道	用落叶松复制;所施铁活需进行防锈处理,铁活作旧与梁身外侧保持一致
5	斗拱	整修斗拱后进行桐油渗透加固,补配缺失的斗子,加固更换糟朽折断的拱子	补配升斗39件(大斗5件),复制各类折断的拱子18件(异形拱6件); 整修斗拱7朵,桐油渗透0.33 m²	用榆木复制
6	柱额	抬升、拨正檐柱、并拆除后人临时所加的柱子,清除柱额表面及裂缝内的积尘; 截除糟朽部位,采用"阴阳巴掌榫、刻半墩接"的方法用一级落叶松墩接柱子,墩接面满涂改性环氧树脂,墩接的上下方设暗榫,在榫接部位施铁箍两道加固; 更换后檐柱4根,复制山柱2根,重做柱基础。用一级落叶松复制前檐廊柱4根; 桐油鐕生各柱额	抬升、拨正檐柱;拆除后人临时所加的柱子3根(0.64m³);后檐柱制安0.874m³、前檐廊柱制安0.19m²;前檐柱墩接2根,后檐柱墩接4根,山柱墩接2根,铁箍加固四道;前檐柱嵌补12块;柱础石补配0.25m³,望柱制安0.05m³	铁箍的接头方式为倒刺钉式
7	墙体	拆除后人改制墙体及暴鼓墙体;重砌后檐墙与东山墙,择砌西山墙头,剔补西山墙酥碱条砖;重券窑洞一孔半,重砌窑洞槛墙,重抹上下层内墙墙面	拆除后人改制墙体5 m³;拆除坍塌开裂墙体61.74m³;拆除墙体旧基础23.76 m³;墙体重砌68.78 m³,下层窑洞择砌面积29.84 m²;内壁抹灰面积276.12 m²,外壁抹灰面积68.78m²,拱眼、象眼抹灰19.8 m²	灰缝平直、灰浆饱满,砌筑风格严格与原貌保持一致
8	台明与地面	拆除坍塌地面并清除残损碎砖; 由现地面上皮下挖240mm,加固地基; 灰土夯实(一步)厚150mm; 掺灰泥坐底厚25mm; 地面铺墁方砖青灰勾抿,局部砖药打点; 补配压沿石,重砌台明方砖十字缝重墁上下层地	拆除坍塌地面97m²,方砖墁地1378块(合97m²); 铺墁散水49.5 m²; 台明砌筑3.553m³; 条石补配0.78m³	墁地要求:正中为一块整砖,破头找于两山或后檐墙角之处,不妥之处用砖药打点

序号	部位及名称	修缮项目与做法	修缮工程量	备注
9	基础	基槽开挖；三七灰土夯实；片石砌筑；回填土	后檐墙基础3.74m³，两山墙基础8.6m³；台明基础10.32m³；柱基础3.09m³	
10	装修	拆除下层窑洞改制门窗；按设计图恢复窑洞装修，拆卸检修上层隔扇，补配糟朽、缺失构件	拆除改制门窗10.2m²，下层隔扇制安4.3m²，槛窗制安3.5m²，心屉7.43m²，槛框制安6362mm，装修整修30.42m²，连楹制安1205mm，余塞板2.07m²，绦环板0.12m²，裙板3.36m²，窑洞装修楗条补配1.69 m²，门饰制安4套	开关自如，起线均匀，心屉割角方正，榫卯严实，无戗槎，无锈印，表面光滑材料要求用落叶松
11	楼板、勾栏	拆除糟朽楼板，检出楼板样品；用落叶松依据东次间规格及形制复制勾栏（长107mm，高512mm）；更换全部楼板（长994mm，宽180mm）；按原制补配楞木、出头木；复制地栿1157mm	楼板制安23m²；勾栏制安9.74m²；地栿制安1.4m³；出头木制安0.19m²；楞木制安1.69m²	材料要求用落叶松
12	佛台	按明间现存形制加固坍塌的佛台，方砖铺墁台面	台面方砖硬化面积13.87m²，立面修补（土坯砌泥塑）4.68m²，立面作旧4.68m²；画壁抹灰4.68m²；佛台起线抹灰4.68m²	保持原制
13	壁画、彩画	回贴加固、封护山花壁画；对梁枋表面用软刷逐一除尘并做封护性保护；保护层由内而外依次为：细纸、拷贝纸、塑料布、防水油毡、木龙骨、板材、棚布	回贴加固、封护山花壁画面积3.67m³；梁架彩画清污37.38m²	拆除东山墙时山花壁画要揭除
14	新添构件油饰作旧	熟桐油钻生，红土、松烟等主要材料作旧	楼板油饰35.78m²，勾栏油饰10.957m²，地栿油饰10.69m²，出头木油饰0.19m²，楞木油饰3.2m²，后檐柱油饰13.69m²，装修油饰35.55m²，嵌补梁架12块，窑洞装修楗条补配1.69m²	内外檐构件依据现存的内、外檐构件色泽，出际博缝板构件等，熟桐油钻生后，再施以生桐油一道，然后退光
15	附属文物		归安石碑2通；拱眼壁画保护加固4.53m²；彩绘保护与加固48.38m²	

七佛殿主要修缮项目：

1. 重修瓦顶，添配大吻、瓦件等；补配椽飞；补配望板、栈砖、博风板、悬鱼、惹草等。

2. 拨正、加固梁架；复制东、西次间金檩及东次间檐檩，按原制补配随檩枋及后檐檐垫板。

3. 拆除后檐墙体后，复制后檐柱，重做后檐基础，补配础石。

4. 重砌东山墙体，择砌西山墙体。

5. 对东、西山柱及前檐通柱加固、拨正、归位。

6. 原位加固拨正斗栱，补配斗栱中缺失构件。

7. 按殿内明间保存的方砖规格及铺墁方式重墁地面。

8. 按现存的条石规格，重砌前檐台明。

9. 廊柱、栏板依东次间残存原有形制复制。

10. 恢复窑洞装修，检修上层隔扇，补配装修门饰。

11. 佛台台面形制依据现存边缘残存的泥制材料、比例结构及其厚度重新抹压，由下而上依次为素泥找平、麦秸掺灰泥、青灰压面泥，佛台立面按明间及次间现存的泥塑格式进行修补后顺色作旧。

12. 砖砌踏步整修，条砖铺墁上下层散水。

13. 回贴加固山花壁画，对梁枋表面除尘封护。

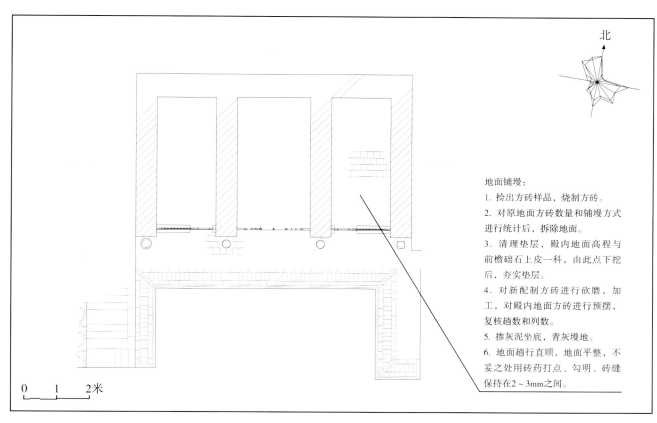

北

地面铺墁：

1. 捡出方砖样品，烧制方砖。

2. 对原地面方砖数量和铺墁方式进行统计后，拆除地面。

3. 清理垫层，殿内地面高程与前檐础石上皮一科，由此点下挖后，夯实垫层。

4. 对新配制方砖进行砍磨，加工，对殿内地面方砖进行预摆，复核趟数和列数。

5. 掺灰泥坐底，青灰墁地。

6. 地面趟行直顺，地面平整，不妥之处用砖药打点、勾明、砖缝保持在2～3mm之间。

0　1　2米

・图 5-176　底层平面图

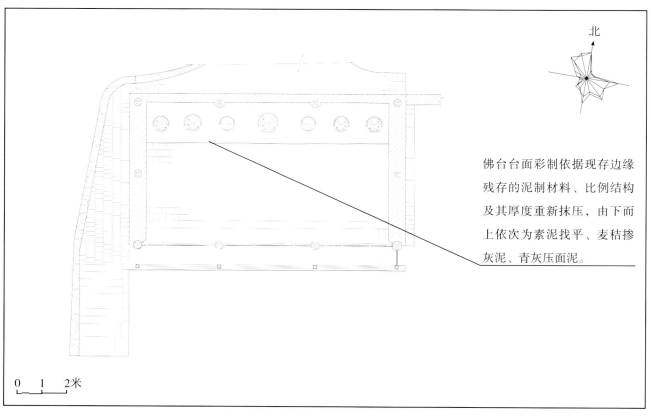

北

佛台台面彩制依据现存边缘残存的泥制材料、比例结构及其厚度重新抹压，由下而上依次为素泥找平、麦秸掺灰泥、青灰压面泥。

0　1　2米

・图 5-177　二层平面图

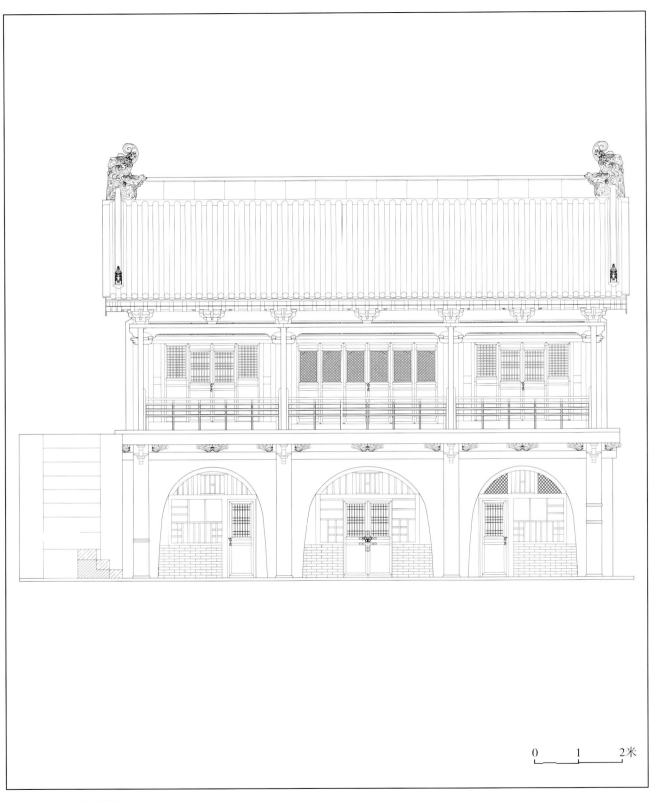

0   1   2米

· 图 5-178　正立面图

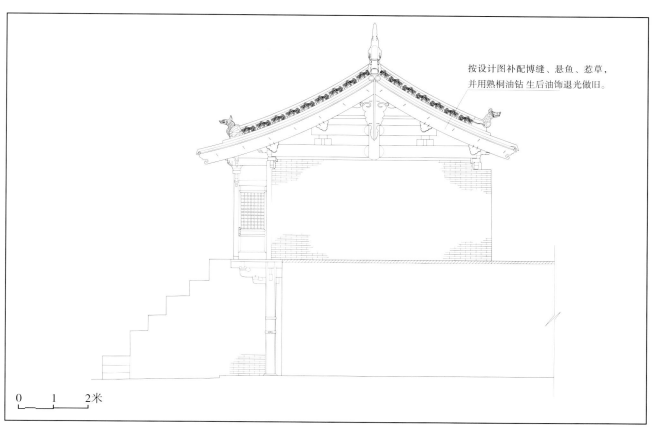

按设计图补配博缝、悬鱼、惹草，并用熟桐油钻生后油饰退光做旧。

0　1　2米

·图5-179　侧立面图

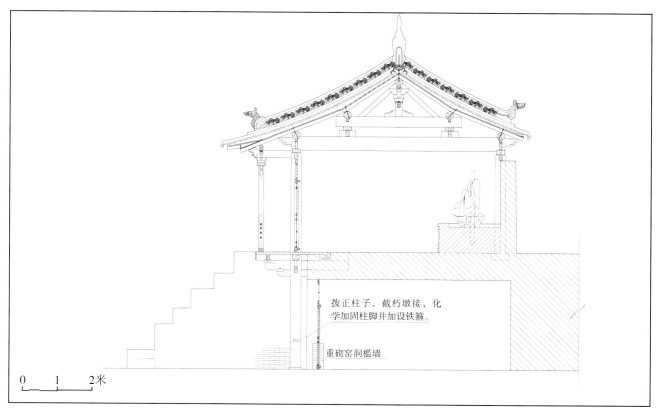

拨正柱子，截朽墩接，化学加固柱脚并加设铁箍。

重砌窑洞槛墙

0　1　2米

·图5-180　明间剖面图

・图 5-181　一层明间门窗大样图

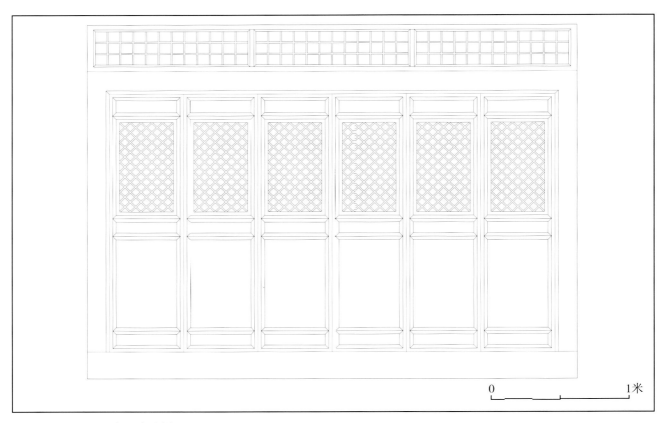

・图 5-182　二层明间门窗大样图

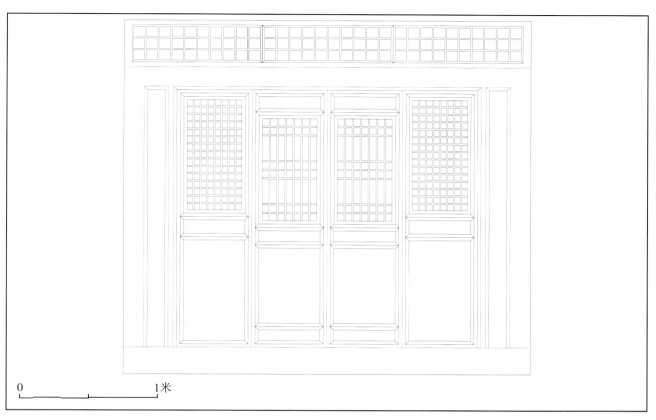

0   1米

· 图 5-183 二层次间门窗大样图

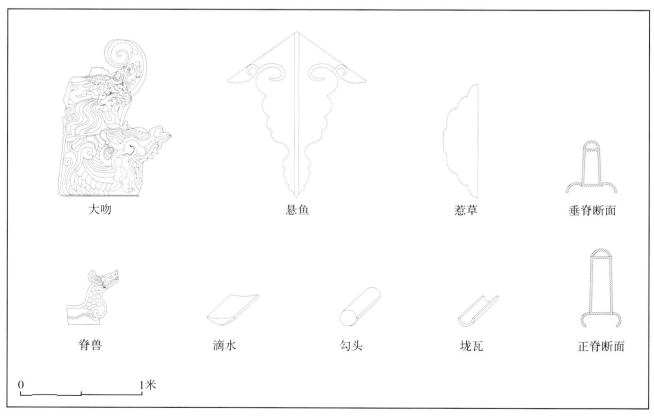

大吻　　　　　　　悬鱼　　　　　　　惹草　　　　　　　垂脊断面

脊兽　　　　　　　滴水　　　　　　　勾头　　　　　　　垅瓦　　　　　　　正脊断面

0   1米

· 图 5-184 瓦件、悬鱼、惹草详图

第六章　修缮工程施工技术

第一节　修缮工程目标

柳林香严寺保护修缮工程分两期进行。第一期主要针对大雄宝殿、天王殿、东配殿、观音殿、地藏十王殿、慈氏殿、藏经殿、崇宁殿、七佛殿共9座文物建筑的本体；工期从2003年7月16日开始至2005年10月15日修复竣工，历时28个月（表6-1）。第二期主要针对钟鼓楼和院落地面修缮以及护坡加固；工期从2008年5月8日开始至10月30日结束。

作为文物建筑，柳林香严寺保护修缮工程的目标是最大限度地保留其历史价值、科学价值和艺术价值，彻底根除危及到文物安全的各种隐患，拆卸后人随意增改的部分，保持文物的原真性，从而使文物建筑"延年益寿"。为此，又制定了以下分项目标：

安全目标：确保修缮工程中文物与施工人员的双安全。

质量目标：确保各建筑工程质量达标，争创优秀工程。

成果目标：争创文物保护修缮工程文明施工项目。

表6-1　香严寺修缮工程（一期）进度计划表

序号	工程项目	开工时间	完工时间	2003年 (7-12)	2004年 (1-12)	2005年 (1-10)
1	进度安排	2003-7-16	2005-10-15	▬▬▬	▬▬▬▬▬▬	▬▬▬▬▬
2	大雄宝殿	2003-7-20	2004-6-10	▬▬▬	▬▬▬	
3	七佛殿	2003-8-20	2004-10-20	▬▬	▬▬▬▬▬	
4	藏经殿	2003-8-20	2004-9-20	▬▬	▬▬▬▬	
5	崇宁殿	2004-4-1	2001-10-30		▬▬▬	
6	慈氏殿	2004-4-1	2004-10-30		▬▬▬	
7	地藏十王殿	2004-6-1	2005-5-31		▬▬▬▬	▬▬
8	观音殿	2004-7-1	2005-8-20		▬▬▬	▬▬▬
9	东配殿	2004-7-1	2005-8-31		▬▬▬	▬▬▬
10	天王殿	2005-3-15	2005-8-31		▬▬▬	▬▬▬
11	自检工程	2005-8-15	2005-9-30			▬
12	场地清理	2005-9-15	2005-10-15			▬

第二节　修缮工程主要步骤和注意事项

修缮工程涉及11座由宋代至清代的古建筑，建筑面积合计1625.08m²。根据各建筑具体残损情况的不同，其修缮工程性质被确定为日常保养、现状整修、重点修复三种类型，但对文物建筑的保护理念和常规做法都有许多共性。因此，在施工前一定要掌握文物建筑的原状与工艺，熟悉修缮工程的性质及主要施工步骤，以确保文物保护工程的质量。

一、工程前期准备

1. 组织准备

成立柳林香严寺保护修缮工程领导组，建立香严寺保护修缮工程项目部，健全岗位责任制，建立分项工程责任到人的制度。对施工场地进行规划、做好临时设施建设,达到"三通一平"的施工要求。

2. 技术准备

首先，由建设单位组织设计单位、施工单位、监理单位共同进行有关事项的会商，进行技术交底和疑难问题的答辩释疑。重点是通过设计图纸会审，熟练掌握各建筑原状、构造特征、地方手法、以及形制风格等，深刻领会设计人员的理念和修缮要求。

其次，施工单位对文物建筑修缮前进行第二次现场勘察，再次明确保护项目要求与工程范围，对各文物建筑的残损情况进行详细登记，确定修缮方法，编印必要的技术资料。具体列出各种材料的用量与明细表，特别是屋顶瓦件和琉璃构件的定制，条砖与方砖的补配，工程实施中特殊材料的预订，脚手架材料的采购等，都制定出详细的规格、数量、到货时间等计划；对建筑各处构造、各个节点、各种做法在修缮前作全面的文字编写、现状影像及图片资料记录，为在修缮过程中保持文物建筑原状提供详细的实物资料。

再次，对各建筑瓦面形制、瓦垄数目、排布方式等进行登记，确定补配量、挑选样品并到厂家定制；对现场登记各类椽飞的排布方式、规格形状、补配数量，提前准备干燥的木材；熟知木构架保存

现状及修缮方法；二次勘测墙体及地面，确定择砌、补砌、重砌的范围；全面了解装修及附属文物的修缮和保护要求。

二、工程施工顺序

根据各建筑的保存状况，其修缮性质为日常保养、现状修整、重点修复等类型；再按各建筑结构、部位不同的内容需求，搭设外檐排架、大木构架打牮与戗固网架；对彩画、壁画、塑像、石刻等附属文物在实施中需搭设临时性保护棚架；建筑侧面与屋面均搭建防雨雪性质的围挡罩棚。（图6-1）

（一）搭设脚手架与保护罩棚

1. 外檐脚手架

香严寺内的各建筑实施保护修缮前，首先要搭设坚实可靠的外檐脚手架、殿内满堂红脚手架等，以保证建筑构件在修缮中有安全可靠的存放、检测、加固、补配的作业场所。

以下是外檐脚手架支搭的一些要求：

材料要求：本工程的施工脚手架一律使用铁管，连接使用铸铁扣件，脚手板使用木脚手板。

支搭要求：寺内不管是大雄宝殿、天王殿，还是两侧的东配殿、地藏十王殿等，明间脚手架第一步的高度至少达到1.8米，满足施工人员的通行；建筑前后檐及两山檐口的高度满足拆除工程、斗拱检修、柱头拨正、椽望铺钉、屋面檐口窎瓦、符合中线，利于检查的需求；在殿的前檐东侧设登临脚手架的一字马道；前檐设上料平台，搭设吊葫芦；殿内满堂红脚手架与外檐齐檐脚手架一体合成，至屋坡搭设屋面保护大篷；殿内满堂红脚手架的钢管距离梁枋构件至少0.6米，给保护彩绘、梁枋现状顶升预留足够的操作空间，利于实施现状保护修缮。

注意事项：保护大篷的搭设应该根据天气情况选择无风雨时段作业；支搭前将屋面上檐口勾滴、部分瓦件及脊兽全部拆卸后方可作业；避开文物构件，距墙体至少保证30厘米；如近于贴近构件可适当垫塞软

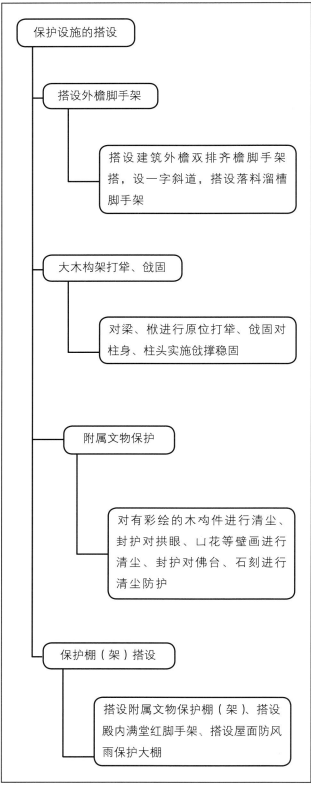

图6-1　前期施工顺序图

性材料或木板进行隔离、防护。

相关规定：钢管横平竖直，扣件牢固，结构稳定；立杆下脚稳定；相邻横杆连接严实；戗杆与地面夹角为60度；架板必须铺放平稳，两端捆绑牢固，不得悬空；横杆立杆的上下、左右间距符合国标，满足施工要求；各类脚手架根据使用功能不同进行支搭，且满足上述要求及修缮中的操作空间和作业条件；下脚位置距地面20厘米之内必须增加扫地杆，之上按预定的高度进行支搭（边支搭边根据实际情况进行适当调整）；屋面保护大篷做到防风吹、日晒、雨淋等自然现象对其造成的破坏。

支搭步骤：根据上述要求及施工需要在大雄宝殿前后檐及两山用尺量出内、外立杆距檐口、墙体的距离，并做好标记。用钢卷尺拉直，按国标间距及殿内的构架分出立杆位置，并用粉笔点出立杆位置标记。同时技术员绘图、计算脚手架搭设所需的钢管型号与数量。准备支搭前，在准确地定位线上先垫板，垫板必须铺放平稳，不得悬空（当在松软地面上搭设架子时，必须进行夯实处理后再搭）。大雄宝殿自身高度为14.05米，采用6米、4米杆对接(总高10米)。在东、西、南、北四面支设戗杆，戗杆与地面夹角为60度较为稳固。之后按常规做法进行支搭。最上一步横杆要超出檐口2米，并挂设檐口防护网以保证施工安全。所以檐部水平杆间距以满足密目网的实际宽度要求为宜。

2. 大木构架打牮与戗固网架

修缮前的东配殿、观音殿及地藏十王殿殿内梁栿随构架的变形，现状向不同方向歪闪、下沉。此次修缮拆除屋顶前，利用脚手架对柱额进行现状稳固、戗撑，具体方法是在外檐双排脚手架间根据柱位搭设独立的井字架，距离柱外皮20厘米，柱身外侧用宣纸一层、软性材料一层、海绵棉垫一层，共计三层进行包裹，这样稳固后的柱额不会因拆除中二次对构架进行创牮，对构件进行损伤。

屋顶拆除后，首先对基础进行加固、础石进行归位，这种情况下对梁栿进行原位打牮、戗固，具体方法是在下沉的梁端底部置千斤顶、立短木，将下沉的梁头端部顶升起（顶升高度考虑下沉的数值、归位后的柱头标高、柱头榫的尺度、操作空间），鉴于工作时间及千斤顶的特性，在其一侧采用传统的方法，铺垫整块硬方木，其上立短杆支顶，杆下脚背塞三角木楔进行支顶、稳固。无误后，拆卸千斤顶支顶的设施。

待柱基加固、础石归位后，拨正柱子、归安额枋，归安时严格按设计要求，榫卯结构方式逐一校正柱侧角、升起、榫卯、开间、进深中线等。柱额归安后，按传统的打牮方法将梁栿构件归安，安装无误后，及时符合梁栿与柱身的中线、标高、榫卯情况。无误后，再次利用外檐脚手架搭设稳固柱身的井字架，将归位后的柱子进行戗固，待屋面工程结束后，方可拆除。

3. 附属文物临时保护棚架

此次维修香严寺建筑内的附属文物有大雄宝殿殿内的金代砖雕佛台、七佛殿内的塑像及泥塑佛台、天王殿前檐的石雕门枕及各建筑彩绘、壁画，以及庙内散落的各类碑刻。这些附属的文物构件，在建筑实施维修前，首先对其进行专项的保护、防护，防止在实施中对其的碰撞、磕碰以及掉落物的砸压等情况出现，对其造成的二次损伤及破坏。为此，实施保护工程前，对其进行专项保护，具体方法说明如下：

砖雕神台的保护：首先用软毛刷先将神台立面上的尘土清理干净；之后由顶面向立面用厚1厘米的海绵网进行覆盖。然后在神台下脚，无雕饰的部分随神台长度横置枋木一道，再由方木外侧至神台顶面根据其尺度制独立的保护框，框内设宽5厘米的龙骨，外侧钉设厚2.5厘米的保护板，安装后在框外侧设戗杆临时戗固、稳固，定期检查时将戗杆去除，保护框取出进行检查，完毕后将其扣置、保护。待整个工程结束后，方可拆除。

七佛殿内的塑像保护：塑像背部、各像躯体之空隙处，均以布团或草绳团等材料填塞（所用材料既要有其柔性，又利于通风）。塑像胸部、肘部、膝部分别垫厚100毫米的海绵块，然后戗撑斜杆（下脚与地杆、平杆相连），戗杆支顶强度以塑像略受震动即刻能达到有效戗撑保护为宜，使塑像处于稳定状态。

神台前1.5米处顺佛台边设地杆一道，塑像背

部与后檐墙之间地杆走向同此。前后左右所竖立杆间距1.5米，杆径12厘米，横杆间距同立杆。贴后檐墙的部分所设横杆充分利用五架梁为支点进行搭设，这样做的目的：一是有利于抬高保护架的高度，使保护大棚顶部呈坡形，利于塑像保护。再者减少了神台上立杆的数量，并使殿内塑像得到统一保护。之后再保护架四周及顶部，钉设厚4厘米的板材封闭，在保护架的立面，每间中央位置预留日常检查及通风门洞。板材外侧铺钉防水油毡二层，最外用防水大棚覆盖。

天王殿前檐石雕门枕的保护：在构件外侧用海绵及软性材料进行覆盖，之后钉设独立的保护框进行扣置、保护。

各类木构件彩绘保护：施工期间的保护先用细纸、拷贝纸各一层依梁身一周包裹，外面复裹海绵。再用聚乙烯复合膜包裹，谨防雨水淋渗。在底部、侧面预留通风口。

壁画：清扫壁面尘土至净，临时稳固；再用细纸、拷贝纸各一层由墙头向下依壁面表面贴覆保护，同时在殿内距墙脚1.2米处根据壁画的位置搭设专用的壁画保护架（棚）。

各类碑刻构件的保护：在其外侧用软性材料包裹，外侧钉设板材封护。

4. 搭建围挡罩棚

在各建筑脚手架向外2米的位置搭设防护围挡，避免施工中高空构件不慎跌落造成的损伤；在寺院门口贴设提示标语：非施工人员不得入内及进入施工现场必须佩戴安全帽等强制性标语和规定，保证施工中文物及人员的双安全。

屋面顶部根据施工要求搭设防风雨、防雨雪、防风沙的屋面保护棚，确保文物构件的安全。

（二）拆卸与登记

拆卸与登记在文物建筑修缮工程中是同时进行的，边拆卸边记录，有些构造部位只能在拆卸后才会发现隐蔽处的榫接方式和构造做法，需及时登记、记录；此工作可以大致分成拆卸前、拆卸中、拆卸后三个阶段。

1. 拆解放置

（1）拆卸前：认真熟读设计图纸及要求,确定拆解对象及范围。对各建筑构造及构件之间的搭压方式进行拍照、摄像、记录,对隐蔽部位的构造做出预测和拆解预案；对各个建筑开间、进深、标高及细部尺度再次详细测量,特别是落架前先复核梁架的步举架,如设计方案中有不妥之处,应做及时调整、记录。拆卸的各类木构架（件）、石构件要及时、科学、合理地编号、登记,为后续修缮提供翔实的依据。

（2）拆卸中：拆解中注意安全防护,首先是附属文物的临时性保护,大型梁枋原位打牮戗固后方可拆卸屋面；对所有构件、柱子包裹后预以拆卸,并拍摄拆解照片；拆卸时不得损坏各椺件及其榫卯,做到轻拿轻放,防止出现人为二次破坏文物构件；对有文字记载的构件及新发现应及时登记。杜绝盲目施工、野蛮操作,做到有条不紊。

（3）拆卸后：对拆卸下的构件应分类、码放整齐,立设标示牌（标明殿名、部位、性质、数量）,防止出现倒塌现象；对各类旧构件,即便是不能再继续使用或糟朽严重的艺术构件,都要认真

对待,不能随意舍弃,目的是为重新添配构件提供依据；凡是拆下的残损构件在未安排清运时不得随意运走。

2. 登记记录

（1）屋顶：采用文字记录、绘制表格、图纸大样的方式将瓦顶拆卸前的原制、构件质地、排布方式、构件规格、残损情况及补配量进行登记,并挑选样品提前定制补配；二次对屋面弧度进行水平等距测量,并绘制独立的屋面弧度大样图；拆卸中,要对瓦顶泥背的构成方式及材料配比进行分析记录,特别是瓦件、吻兽、脊桩内铁件的分布、规格及做法,内部材料配比及特殊工艺的分析、总结；拆卸后的构件需分类码放,对碎裂的构件进行粘接、加固且能拼合的继续使用；对不能使用的构件独立放置,以备补配参考。二次统计构件的使用量、现存量、补配量。

（2）基层：登记椽飞布列方式,特别是出际的边椽,两山博缝、悬鱼的钉挂方式以及地方手法的记录。

（3）木构架（件）：拆卸之前应对构架的所有构件绘制编号图纸（图6-2、3、4）,并对其拆卸前

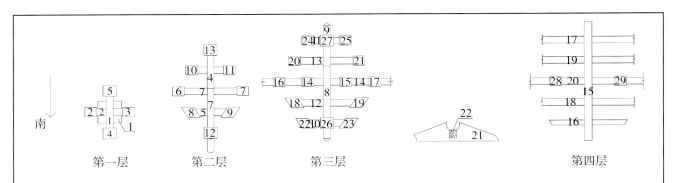

南

第一层　　　　第二层　　　　第三层　　　　第四层

斗子:

1.栌斗　2.散斗　3.散斗　4.交互斗　5.交互斗　6.散斗　7.散斗　8.斜斗　9.斜斗　10.散斗　11.散斗　12.交互斗　13.交互斗
14.散斗　15.散斗　16.散斗　17.散斗　18.斜斗　19.斜斗　20.散斗　21.散斗　22.斜斗　23.斜斗　24.散斗　25.散斗
26.交互斗　27.交互斗　28.散斗　29.散斗

拱子:

1.华拱　2.泥道烘　3.昂　4.瓜头子　5.瓜子拱　6.瓜子拱　7.泥道慢拱　8.要头　9.靴契　10.令拱　11.令拱　12.瓜子慢拱
13.瓜子慢拱　14.素枋　15.衬头枋　16.替木　17.罗汉枋　18.罗汉枋　20.素枋　21.垫木　22.随槫枋

· 图6-2　大雄宝殿前檐4号补间铺作编号图

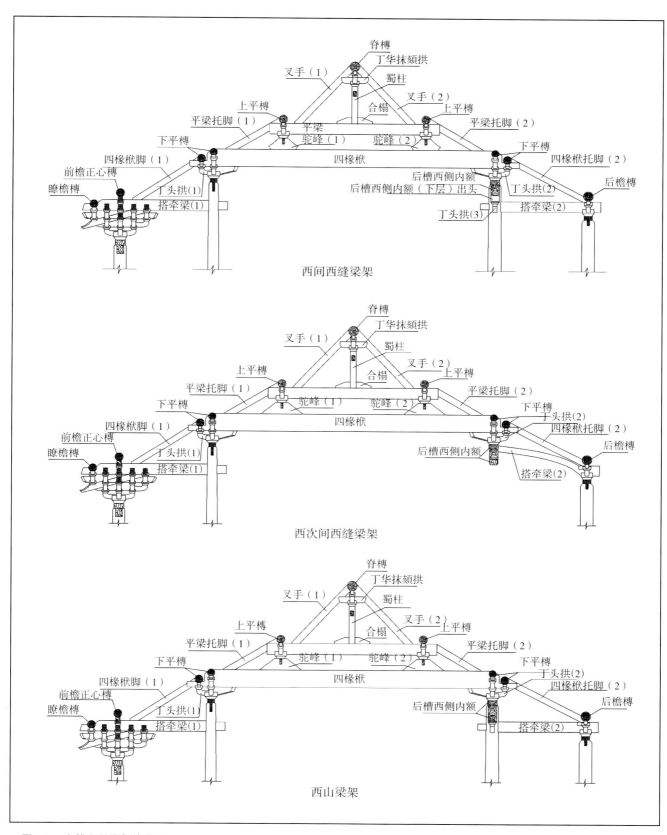

• 图6-3 大雄宝殿梁架编号图

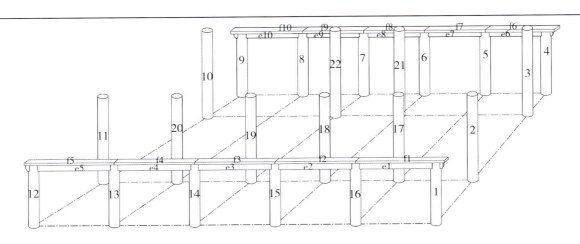

柱子：

1.东南角柱　2.东稍间前槽山柱　3.东稍间后槽山柱

4.东北角柱　5.东次间后槽东侧檐柱

6.明间后槽东侧檐柱　7.明间后槽西侧檐柱

8.西次间后槽西侧檐柱　9.西北角柱　10.西稍间后槽山柱

11.西稍间前槽山柱　12.西南角柱　13.西次间前槽西侧檐柱

14.明间西侧檐柱　15.明间东侧檐柱　16.东次间前槽东侧檐柱

17.东次间前槽东侧金柱　18.明间前槽东侧金柱

19.明间前槽西侧金柱　20.西次间前槽西侧金柱

21.明间后槽东侧金柱　22.明间后槽西侧金柱

阑额：

e1.东稍间前槽阑额　e2.东次间前槽阑额　e3.明间前槽阑额

e4.西次间前槽阑额　e5.西稍间前槽阑额　e6.东稍间后槽阑额

e7.东次间后槽阑额　e8.明间后槽阑额

e9.西次间后槽阑额　e10.西稍间后槽阑额

普柏枋：

f1.东稍间前槽普柏枋　f2.东次间前槽普柏枋

f3.明间前槽普柏枋　f4.西次间前槽普柏枋

f5.西稍间前槽普柏枋　f6.东稍间后槽普柏枋

f7.东次间后槽普柏枋　f8.明间后槽普柏枋

f9.西次间后槽普柏枋　f10.西稍间后槽普柏枋

·图6-4　大雄宝殿柱子、阑额、普柏枋编号图

的整体形制、结构方式进行拍照记录。之后按照编号图纸逐件拆卸，并登记清楚各构件的形制、材质、规格、做法及具体残损情况，随后分类码放整齐，做好防雨雪保护措施，整个拆卸过程采用摄像的方法实时记录，以备归安之用（图6-5）。

（4）柱额：逐根记录柱子的形制（柱身收分、卷刹、侧角）、材质、保存现状，并根据其现状及修缮方案确定修缮方法。

（5）墙体及地面：记录墙体的原形制、砌筑手法、背里做法、墙面风貌，测量原状尺度，并分析抹灰层中各层的材料、配比及尺度。

（6）装修及其他：详细观察建筑历年的修缮与改制，记录、登记与装修相邻构件上原有卯口及印迹信息，为修缮提供翔实的原状资料。

（7）附属文物：统计附属文物的保存状况及数量，登记并对一些不注意、隐蔽部位的彩绘、壁画进行标明提示，增强人们的保护意识。

·图6-5　拆卸后的构件分类码放、立标立牌

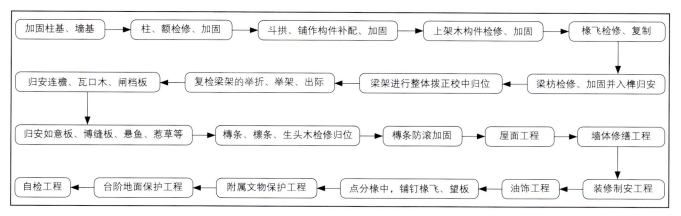

```
加固柱基、墙基 → 柱、额检修、加固 → 斗拱、铺作构件补配、加固 → 上架木构件检修、加固 → 椽飞检修、复制
                                                                                                    ↓
归安连檐、瓦口木、闸档板 ← 复检梁架的举折、举架、出际 ← 梁架进行整体拨正校中归位 ← 梁枋检修、加固并入榫归安
        ↓
归安如意板、博缝板、悬鱼、惹草等 → 槫条、檩条、生头木检修归位 → 槫条防滚加固 → 屋面工程 → 墙体修缮工程
                                                                                            ↓
自检工程 ← 台阶地面保护工程 ← 附属文物保护工程 ← 点分椽中，铺钉椽飞、望板 ← 油饰工程 ← 装修制安工程
```

· 图6-6 修缮工程顺序图

（三）修缮与加固

柳林香严寺的保护与修缮是一项系统工程，其单体建筑的施工顺序（图6-6）。

（1）基础现状加固：大木构架修缮、归安之前需对各类柱基、墙基进行现状补强加固，对于基础严重软化、下沉者，予以拆卸重做；对于轻微下沉者通过传统的灰土挤密桩进行现状加固。

（2）柱额检修加固：基础加固之后，对各建筑柱额进行逐一检修、加固，首先将柱身裂缝按传统方法进行嵌补、加固；对柱脚糟朽的部分根据保存情况进行包镶处理或墩接加固（图6-7）；对墙内的柱子开挖柱门后，视其保存状况实施墩接加固或戗换；最后根据柱身侧角、升起、开间、进深尺度进行原位拨正、归安。无误后，原位嵌补、加固额枋，之后按原榫接方式归安。

（3）斗拱加固、归安：根据各建筑斗拱的保存状况对严重残损的铺作进行解体，对拆卸后继用的构件逐根进行嵌补加固、铁活加固，对不能继用的构件依据原形制、尺度、榫卯方式及细部做法重新制作；之后通过预搭套、展拽等方式逐朵（攒）校正、加固、复核。对不预拆卸的斗拱原位更换斗子、加固拱子，整体进行拨正、吊中、归位。

（4）上架木构件检修、加固、归安：根据构件的保存情况进行逐件检修加固。包括嵌补裂缝、镶补糟朽的部分、植入铁活加固。对不需解体修缮的梁架采用对角放线、抄平、吊中等综合方法，用千斤顶、吊葫芦、倒链等多种工具对梁架进行整体拨正、校

中、归位，并复检梁架的举折、举架、出际等各部尺寸与结构情况。

（5）槫(檩)条检修、补配、归位。通过剔朽嵌（镶）补、植入铁活的方法逐根检修、加固各架槫(檩)条，在各间檩条对接处施用异型扒钉的方法进行槫条防滚加固，并采用拉杆椽由檐部至脊部对槫条实施整体加固。

（6）木基层工程：对各步椽子、飞椽逐根进行检查，对继用的构件原物原位使用；按照原制点分椽中，铺钉椽飞、望板，制安连檐、瓦口木、闸档板、如意板、博缝板、悬鱼、惹草等。对于使用栈砖的屋面在每缝檩条背部铺钉木质腰串。

（7）屋面工程：按原工艺抹压护板灰、掺灰泥、青灰背，瓦捏排山、窨瓦。屋面工程结束后，按记录的各脊桩形制、分布位置钉设铁活，然后安正吻、置脊刹、砌正脊、垂兽、垂脊，捉节夹垄、清扫屋面。抹压泥背层时用木棒槌拍打严实，脊部用麻丝

· 图6-7 开挖墙门、墩接山柱

由前而后披在脊上，这样可有效提高苫背层的防水性能，之后再抹压青灰背。泥背抹压时与瓦口、博缝、连檐相接部位全用白灰膏抹制，利于木构件防朽。

（8）墙体修缮工程：根据墙体保存情况搭设相应的砌筑脚手架，对其进行剔补、择砌、加固、重砌修缮；内壁抹灰墙面应将现存残灰彻底铲除，之后钉竹签、披麻揪，重新抹灰。剔补条砖的背里层灰浆灌注严实；择砌的墙体于新旧砌体间增设铁条，防止因灰浆沉降、不匀发生的沉降、开裂现象；墙体加固的措施处于隐蔽部位；重砌的墙体按照原制或相邻墙体壁面的砖规格、灰缝大小、叠涩收分等砌筑手法。

（9）台明修缮工程：根据各殿台明具体保存状况，按设计要求对台基、台明进行重砌、择砌、剔补，补配垂带石、阶条石、压沿石、燕窝石、散水及坡道。

（10）地面修缮工程：对大雄宝殿的原始方砖地面进行查补、勾抿；其余建筑地面按原状采用十字缝细墁的方法重墁。

（11）装修制安工程：制作、归安各类门枕石、槛框、地栿、上额、门簪、连楹、伏兔、隔扇、槛窗、板门、门头板、迎风板、余塞板、铁饰等装修构件。

（四）油饰及作旧

搭设内外檐椽望油饰脚手架，对上架各类新添木构件用桐油钻生防腐后，顺色做旧；对各类新配装修做三道灰地仗、油饰作旧；对各殿檐柱及柱头额枋进行砍净挠白、裂缝嵌补、镶补、桐油熬制、猪血发酵、刷汁浆、捉节灰、中灰、细灰、光油、顺色作旧。

（五）构架安装及成品保护

1. 构架安装

各类制作完的木构件，都要进行预搭套、组装、检查复合；每层构架安装前，先检查构件及与相邻构件本身是否存在榫卯不符、中线不合、平水不平、贯梢不严等问题，一经发现必须即刻解决。组装检查完毕后，对构件逐一进行编号，逐层拆卸码放整齐。安装前搬动、运输的过程中轻拿轻放，注意对成品构件的保护。

构件上架安装时，测量梁底中线与柱子内侧中线位置偏差；测量瓜柱中与梁背中线对准程度；吊线整榀梁架构件正、侧面中线相对是否错位。测量吊线、

水准仪抄平检查复合各檩枋步、举架是否符合要求。

安装中需注意以下事项：

（1）每一层构架预装前，先检查本身是否存在榫卯不符、中线不合、贯梢不严等问题。一经发现必须即刻解决。

（2）随时复检各层构件的标高是否一致；各构件的前后中线是否与中轴线垂直相符，不得出现开间不一致的问题；柱头柱脚榫卯绞合严实；每层构件需按号、分层、有序的安装。

（3）用水平尺检查各层构件的平整度。

（4）斗拱部件是分件制作而成的，新制的斗拱构件在上架前必须依次预先搭套、展拽。

（5）在整个梁架归安过程中，绝对注意对构件进行安全保护，不得因搬运、组装而损伤构件。

（6）构件连接榫卯全用凿子手工剔凿，杜绝采用电钻打圆孔卯。

（7）木构件安装前，柱、枋等木构件必须符合质量要求，运输搬动过程中无损坏变形。

2. 成品保护措施

（1）对砌筑好的各建筑墙体，特别是棱角部位和易受损坏的部位，需加设防护板保护。

（2）台明、垂带等石活安装完成后，应用木板封护，防止磕棱断角。

（3）屋顶宽瓦前，对两山出际构件（博缝、惹草等）用塑料布进行包裹保护，以防污染构件。

（4）屋顶泥背抹压完毕后，施工人员在抹制青灰背时，不准穿带钉子的鞋蹬踏泥背。运送材料的工具轻拿轻放，防止破坏泥背。

（5）地仗施工前，应对相邻的墙体粘贴纸带，相关的台明及地面铺塑料布进行保护，以防污染。

（6）在架子搭设、拆卸时，要轻拿轻放，随搭拆随撑戗。在靠近墙体的一端塞垫软性材料，避免对墙面进行破坏。架子工必须对周边修缮后的成品构件进行护挡设防。

（7）地面铺墁后，灰浆养护期间，应设置护拦及警示牌，禁止踩踏、堆放物品。

第三节 分项工程技术

根据香严寺保存状况，在修缮工程各工序中，针对不同病害，采取了相应的保护措施。结合工程实施中的情况，对各分项工程中的典型技术做法予以说明。

一、大木构架

（一）大雄宝殿西山四椽栿的加固

大雄宝殿两山四椽栿材质为油松，栿身长10.02米，断面高54厘米、宽44厘米。四椽栿前后端由立设于山墙内的前、后槽山柱及柱头结点承托，两山山墙上端砌至四椽栿底皮，栿身上部通过驼峰、攀间斗栱隔承平梁承载屋顶荷重。

修缮前的两山四椽栿除栿身内外两侧自然风化发生劈裂外，在后槽上平槫结点的部位（驼峰下脚）严重朽空，栿身垂弯、开裂（图6-8）。四椽栿虽然折裂但是并没有完全断为两截。遵循"尽量保留原有构件，残损的构件经修补后仍能继续使用的，不予更换"及"允许添加加固结构，增添构件应置于隐蔽部位"的技术原则，对其采取了挖剔朽木、嵌入硬木并束铁箍加固的方法。在栿身断裂处上下施钢夹板螺栓的综合方法进行了加固。所嵌硬木的长度为通材，两端直接于栿身内的好木用改性环氧树脂粘合，硬木的断面为方形（栿身断面近于长方形，但上部没有折裂部分要完全保留，剔朽后空洞成方形），新面尺寸随挖空部分的高宽值，嵌补时于梁身内侧涂满胶。为了缓解折裂处的垂直荷载，使荷载向栿身前后两个方向传递，在嵌补好木后，在栿身底部、背部分别施用宽度同梁宽、长度大于好木1米的槽钢与钢板，二者上下用螺栓紧固，背部的钢板预留其上驼峰下脚的榫卯，以利四椽栿与驼峰构造。出于进一步耐久与稳固的考虑，在钢板下山墙内增立木质辅柱一根（图6-9）。

辅柱的支顶从结构力学分析，实际是通过缩短四椽栿净跨距离，增强栿身承载强度。因四椽栿是通材，所立辅柱的强度不宜过大，立柱时柱头距离栿底

· 图6-8 修缮前的大雄宝殿东山墙

· 图6-9 施工中在栿身断裂处上下施钢夹板螺栓，下立辅柱进行加固

· 图6-10 加固后的四椽栿

的高度是2厘米，屋顶工程完成后观察这个高度基本保持在1厘米左右，就是说对断裂的栿身经过加固后一旦发生微沉，辅柱即可起到支顶作用。假设开始辅柱就直接呈刚性支顶，可能会导致因支点部位强度大于栿身两端使梁栿乃至于整个山面梁架受力体系发生变化。另外，辅柱虽然隐蔽于山墙内，但对于该殿柱网布局仍有增加之嫌，同时为后人辨别此次修缮增添的构件提供一些信息，在柱身上墨书了立柱的时间及其原因。

栿身其余部位的自然裂缝，经清尘嵌补硬木条后，进行了铁箍加固。对新添的硬木条断白做旧，依原墙体的砌筑手法及收分比率等封堵了柱门。通过对两山四椽栿的加固，两山的梁架受力安全且平衡，达到了修复的目的（图6-10）。

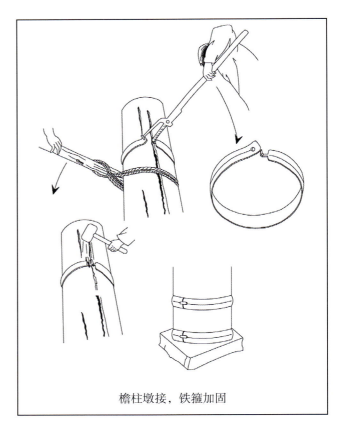

檐柱墩接，铁箍加固

· 图6-11　檐柱的墩接

（二）柱子加固

（1）墩接法：东配殿前檐檐柱，柱脚全部糟朽，但其糟朽高度未超出柱高的1/3（图6-11），具体方法是拆卸前檐檐柱，剔除朽木后，采用"阴阳巴掌榫刻半墩接法"进行墩接。墩接材料选用经烘干后（含水率控制在15%～18%）的一级落叶松（图6-12）。

东配殿是早期建筑，柱子有收分、侧角，现状柱脚已经严重糟朽残缺。为了求得原柱脚直径，在墩接前对柱身的收分比例、拟定锯截处的柱径、墩接高度等都要进行逐一的测量，并且依据这些尺寸来确定墩接料的上下直径及侧角需要的去截高度，从而使墩接后的柱子符合原制。

上下段墩接部位在新旧木上分别凿设相应的暗直销，墩接面需截销平整，墩接前认真检修搭交面是否严实，无误后满涂改性环氧树脂胶进行粘合，并在榫接处各施宽度为10厘米的铁箍加固。铁箍接头按照传统做法制成"倒刺钉"，不得采用螺栓紧固式或"活扣"等方法进行加固。此外，所加设的铁箍经打磨去锈后，还要涂刷防锈漆两道做防锈处理。

（2）镶补法：地藏十王殿南次间前檐檐柱，柱身糟朽高0.5米，糟朽深度达柱径之半。对此采用了以木块镶补的方法进行加固。首先将朽木剔除至净（立面呈直角或锐角几何形，不要挖成不规则的椭

· 图6-12　柱身的墩接

圆），见好木为止，用有机氯化钠合剂进行防腐处理。用同材质、含水率相近的木块刷改性环氧树脂胶粘结，再束以铁箍加固。

（3）嵌补法：如大雄宝殿前檐檐柱，柱身大多存在通裂（宽3.5~5厘米，深4~6厘米），针对此种状况，可采用嵌补硬木条的方法进行加固。首先将柱身裂隙内的朽木、积尘彻底打磨清洗干净，并根据剔朽后的裂缝宽度与深度制成断面外宽内窄的整块三角木，之后在裂缝内及嵌补木条上满涂粘合剂，将木条嵌入裂缝内（图6-13），然后视劈裂的实际情况加铁箍加固。

（4）更换：东配殿后檐柱严重糟朽，其朽高已经大于柱高1/3的，且糟朽深度大于10厘米，现已无法继续使用，针对该类木柱，修缮中用与原柱材质相同的材料进行复制（图6-14）。其柱头卷刹、柱底直径、柱身收分比率、柱头、柱脚的榫卯及制作手法等严格依照原物进行制作更换。

（三）梁头加固

东配殿明间北缝平梁梁头因常年受雨水浸蚀，致使梁头严重糟朽、劈裂。修缮时，首先将平梁拆卸至地面后去截梁头朽木，再向后刻出搭接榫，用直径与梁身相等的硬木依原制补接梁头（粘合材料为鱼膘胶），在搭接部位以两道铁箍合抱进行加固。

（四）槫条外滚加固

槫条的防滚措施是在对梁架结点、斗拱及槫条自身的检修、拨正后进行的。为防止槫条继续外滚，槫条归位后，可利用穿构拉杆椽或在槫条对接处、槫条与梁栿侧面钉设铁扒锔的方法予以解决（图6-15）。现大雄宝殿的各架梁栿端部虽有"檩碗"，但其深度不足所承槫条直径的1/6，且檐部的正心槫是通过替木叠设在搭牵梁的背部，如今梁头的糟朽已使原檩碗对防止槫条外滚的作用基本丧失。修缮中在每间每架各选出两根新配的椽子或者保存较好的旧椽作为拉杆椽使用，同时还在各架梁栿端部与槫条之间加施了异型扒钉（各槫两道），加强了梁头与槫条的拉结力。

（五）防柱子倾斜

大雄宝殿斗拱归安时，各间纵向枋子一端与梁栿

・图6-13　柱身的嵌补

・图6-14　重新制作柱子

侧面榫接，另一端与耍头侧面榫接。修缮时在枋子两端加角铁与梁栿、耍头的侧面进行连构，这样既能使纵向枋子对所有外檐斗拱的整体连接力得到强化，又能对斗拱向前栽斜的状况起到一些作用。另外，在斗拱里转施铁箍一道将两层出跳华拱与耍头、衬枋上下合锔成一体，起到了防止耍头、衬枋后尾起翘的作用（图6-16）。

檐柱柱头内倾是因为柱子本身是有侧角的，柱头斗拱的前倾又给了柱子一个反句推力，加上柱脚内侧因长期失衡受压，其高度相对缩短（含柱脚槽杇值），从而加大了柱身的内倾。所以，防止柱身内倾的首要前提是对斗拱防倾的加固，其次是加固柱头与普柏枋的榫卯结构。为此，需在拨正柱身后于柱底内侧垫塞一些生铁片稳定柱脚；在屋顶工程期间及完成后的一段时间内，还应在檐柱与金柱之间顺进深方向水平设置横枋一根，目的是防止柱子因原内倾的惯性在屋架活荷载外力下形成微倾，一段时间后（屋架稳定、柱身受力相对处于静止状态），可适时去除所增的横枋。

二、斗拱构件

此次对香严寺保护修缮中所涉及的斗拱，有属于宋式的五铺作单抄单下昂重拱计心造、四铺作里外出单抄、三踩单下昂、把头交项造，还有属于清式的一斗二升交麻叶及挑承楼板的斗拱等六种类型，共122朵，其中有斗子1189个，拱、枋总计834件。

对斗拱修缮方法的选择，一是根据自身各构件的残损程度，二是看斗拱上部叠压的梁枋及下部的柱额修缮加固的操作空间和可行性来决定。基本分为全部解体（东配殿、七佛殿、地藏殿及大雄宝殿的后檐斗拱）、抬升梁架后原位抽换拱枋及升斗（慈氏殿、观音殿、天王殿）、整朵整排拨正加固（大雄宝殿的前檐斗拱、藏经殿、崇宁殿）及局部解体几种方式进行修葺。

修缮的原则是尽最大程度通过加固补强等手段，使原构件、原结构方式、原工艺特征等得以妥善地保留；坚持补配加固为主、复制更换为辅的原则。新配

・图6-15 槫条外滚的加固

・图6-16 防止耍头、衬枋后尾起翘的加固措施

构件的材质选用与原件相同的榆木或槐木并且是没有发生腐朽的轴心材，制作工艺依然沿袭传统的手工锯截、解榫刻凿方法进行制作，各部分尺寸及榫卯、暗销、隐口等严格保持原制。

斗拱补配中所用的木料是已干燥后的榆木或槐木。拆卸了檐槫及其随槫枋或替木后，要抬升梁架、

·图6-17 斗拱的逐件的编号、钉牌

拨正梁架，斗拱上层的枋子也就自然解体了，剩余结构基本可以整朵调整或者按号补配。斗拱的修缮无论对其解体与否，逐件的编号、钉牌等工作是必不可少的（图6-17），这是防止各类构件修配归安中发生紊乱的有效手段。

斗拱构件的残损除了自然风化因素外，梁架的变形与柱额的歪闪下沉会使其构件因长期受力失衡而发生整体倾斜、升斗底部压碎变形、拱枋倒棱脱榫等现状。对此，首先是单体构件的补强加固及榫卯补接，然后在归安拨正的过程中在相应的大斗底部、升斗内口用生铁片及硬杂木按拨正所需进行垫塞，并结合矩形铁箍、扒钉等措施进行加固。两山出际拱枋的端部和外转斗拱的立面，绝大部分存在风化裂缝，对此类构件修缮时，在彻底清除积尘和朽木后用改性树脂胶嵌入相应的木条，再施以扒锔加固，用熟桐油渗透。

1. 斗子

（1）压扁但不糟朽的，在斗内用硬杂木将"平"部分垫到原来位置，用胶粘牢，再用钉子加固。利用这种方法要考虑耳、平、欹三部分之间的比例，若被压扁太多，需更换。

（2）劈裂为两半者，断茬能对齐的可粘接使用，粘接时要将接茬部位的积垢和朽木清除干净，满涂胶粘合，凝固期间用夹板夹牢，对于大斗还应穿埋头螺拴加固。

（3）斗耳脱落的（图6-18），将残余的部分削成水平面后，用干燥的硬杂木进行补配，新旧料粘合之前先用手摇钻在结合部位打孔，孔径6毫米；粘合后，用毛竹削成的竹签钉贯至牢。之后，按原作形制及尺寸对新补的部分进行修整，直至与原件风格取得协调（图6-19）。

（4）更换残损严重无法留用和补配新斗时，更换的新斗规格、形制一是依据原残件，二是参考同一层、同一类斗子作为样板。由大木上放线锯截，大木顺纹方向为斗子的上宽，斗子的上深为木材的截断面。分段成型后，安装时根据斗上所承拱、昂、枋的实际规格及搭交方向于斗内开口后，进行安装。如隔口包耳、斗底卯口、平欹的实际高度、斗耳的隐口等，这些尺寸及位置要与各件斗子相交的构件搭接严实，不宜仅靠设计图提供的、经过统一后的尺寸去制作，因为原始手工操作制成的各件尺寸均存在一些差别。

· 图6-18 斗耳脱落

· 图6-19 补配斗耳

2. 拱子

（1）拱子的榫卯糟朽、折断者，可在中间锯开，用硬杂木重新接假榫。假榫接好后用胶粘牢，再用直径12毫米的螺拴加固2～4道。

（2）局部糟朽可将朽木剔净，补配新料用胶粘牢，再用钉子加固。

（3）0.5～1厘米的裂缝可嵌入木条粘牢。

（4）对糟朽严重无法留用的予以更换。更换时要选出标准式样，按旧件画线制作，做好后刷桐油两道。

（5）昂嘴脱落者，可用硬杂木按原样补接，或在两侧面镶嵌银锭扣榫接，或做成榫插入昂身，无论采用哪种方法，都要在接茬面满涂树脂胶（图6-20）。

三、木基层

1. 椽飞、望板复制

采用传统的敲击方法进行逐根排查，视具体情况进行针对性的加固、更换。更换时应注意，先换檐椽，后换脑椽和花架椽，这是为了尽量保留原有构件。将所换檐椽经过整理加工后用作脑椽和花架椽，所复制的椽、飞使用落叶松材质。望板全部更换为厚2厘米的落叶松板材，柳叶缝单面刨光，铺钉牢固。

2. 博缝、悬鱼、惹草

首先认真熟悉其形制、材质、规格、立面雕刻图

· 图6-20 补配昂嘴

案、雕刻手法、榫接方式以及相应的铁活形制和布列方式；根据拆卸前的文字记录、拍摄照片及草图，坚持保持原制、尽可能利用原物的原则念，绘制相应的补配和设计大样详图。

制作中尽可能使用传统工具，忠实地反应清楚原作的特征、手法及其他信息。

四、屋顶

在屋顶保护修缮工程操作之前，要进行准备工作。即：熟悉了解各建筑屋顶原制、瓦件质地、排布方式、各脊、兽的形制质地、檐口、翼角造型及构件残损情况，特别是对脊下埋设的铁拉件、铁桩位置（图6-21）、泥背中灰土比例、分层厚度做详细了解与必要的试验分析；统计各建筑原有瓦件、脊饰的

规格、形制、工艺，查验补配瓦件规格与质量，核实脊、吻兽分布位置，绘制瓦件排布图。

1. 屋面泥背做法

望板以上抹压泥背，依次为护板灰、掺灰泥、青灰背共三层，平均厚度在12厘米左右。

（1）护板灰：在木望板铺设完毕后，应先对望板进行勾缝，以防灰浆渗至下部梁架。抹护板灰时，应随抹随压，确保望板及各接缝处灰浆饱满，厚度控制在2厘米以内，护板灰用煮浆灰和麻刀灰按10∶5的比例搅拌均匀。

（2）掺灰泥：待护板灰凝固后，便可在其上施灰泥背。在灰泥背抹压前，应按屋顶举架形成的折度拴挂横向弧线。线绳可采用自重较大的麻绳，并按囊度要求在腰部分段绑设"吊鱼"，并贴设相应"灰饼"以确保各部位弧度的准确性。灰泥背的比例按白灰∶黄土=1∶3配制，并在泥背内按每100斤白灰掺入5～10斤麦秸。泥背抹压的要求是拍打严实、出浆压光（图6-22）。

（3）青灰背：掺灰泥干到六至七成时，可明显看到泥由于收缩而开裂的微细裂缝，这时便可在上面施青灰背。青灰背的比例按白灰∶黑烟子∶麻刀=100∶3∶5配制，抹压时由上而下进行，压抹严实。为加强灰背与坐瓦泥的有效链接，对脊部坡度大的地方要采取扎麻措施。

2. 瓦作工程

主要工序是分中—号陇—审瓦—泡浆—挂线—窊瓦—提节夹垄—清垄—檫瓦，详细做法如下：

（1）分中：在檐部连檐上找出当心间中点作为标记，以此点向两边均分瓦中（角部一垄的垄距为8/10正身垄中），按所分瓦垄中距及滴水头宽等尺寸制作并钉安檐部、排山的瓦口木。

（2）号陇：将瓦口木上的筒瓦中线点画在仗尺上，然后把标记翻到大脊上，用铁钉逐一钉好。窊瓦时由檐部瓦口木至脊步相应铁钉之间拴设的中线就是每垄筒瓦顺直的标准（实际操作时将此线向外平行移动1/2瓦径）。

（3）审瓦：在窊瓦之前，应对旧瓦件逐块剔

· 图6-21　屋顶铁件检样

· 图6-22　青灰背的抹压

灰；对新瓦件逐块检查，瓦件挑选以敲之声音清脆、不破不裂、没有隐残者为准，外观应无明显扭曲、变形、无粘疤、不掉釉等缺陷为标准。

（4）泡浆：将新配瓦件放入青灰水池中浸泡，将其沙眼渗堵，目的是提高瓦件强度。

（5）挂线：窊瓦之前，需要先行挂线，顺正脊上挂升起线（确定每垄瓦至当沟下的相应高度）；檐头挂檐口线；屋面中间及两山各挂线一道，称为棱线，在棱线上拴吊鱼，棱线是屋顶筒瓦纵向弧起的标准；最后是瓦刀线，可以随时挪用，每一垄用一次。瓦刀线上部钉在脊背铁钉上，向下一头栓半块瓦从檐头垂到檐下。

（6）窊瓦：窊瓦时，先安角部勾头滴水和排山瓦后，再排檐口滴水，然后开始拉线瓦底瓦，底瓦之下铺垫掺灰泥，滴水底面与瓦口及其里侧均抹压青灰。灰泥厚度至屋面囊度，底瓦应自下而上依

次进行，搭接方式按"稀瓦檐头密瓦脊"的方法操作。一座屋顶的瓦作前后坡应同时进行，每坡从中线两侧分为两个作业组，每垄的高低及伸出瓦口外均匀一致，滴水伸出瓦口木距离9～10.5厘米。在每块滴水之间，勾头之下，应放置一块遮心瓦，其釉面应朝下放置。当两垄板窊瓦完后，在两块瓦的缝隙处要用大麻刀灰塞严，这时便可以瓦勾头及筒瓦了，勾头瓦与滴水之间做出"睁眼"，勾头的高低以棱线为准。需要说明的是，各殿原瓦件规格较杂，为了取得整体协调，在每垄筒瓦中旧瓦与新瓦更替使用（檐部的黑琉璃勾滴85%以上为新配），在窊瓦时各个筒瓦的中线取得一致，杜绝了"一边倒"的现象。

（7）捉节：即将筒瓦之间的缝隙勾抹严实。勾抹灰采用麻刀灰，配比为白灰：青灰：麻刀=100：8：4。勾抹时，要将筒瓦之间的瓦缝用力将灰浆嵌入，外面必须与筒瓦边缘表面齐平。

（8）夹垄：即将筒瓦两侧与底瓦之间空挡用灰钩抹严实，灰的比例同勾抹灰；夹垄时，注意不能将灰凸出瓦外，要稍凹进一些。

（9）清垄、擦瓦：待捉节夹垄灰干到八成时，对屋面进行清扫，将瓦垄间的残灰等杂物清扫干净后，用抹布把筒瓦上的灰迹擦掉。

3. 调脊

各脊的砌筑归安顺序是先脊刹、正脊，再垂脊，最后安装吻兽。归安之前在地面按编号进行预安装（图6-23～25），复核花卉枝叶及其在脊饰上的连贯性与排列位置是否正确、各脊长度是否与坐脊当勾吻合。无误后在屋顶相应位置钉设脊桩、砌筑坐脊瓦，方可归安脊筒。正脊及吻兽均为琉璃砌筑，砌筑时采用青灰坐脊，在脊筒内用木炭、白灰填实。用麻刀灰勾缝打点，并将表面擦拭干净，大吻上下拼接处施扒锔加固，牵神与脊刹之间施刹链。

· 图6-23　对原琉璃脊块的整理

・图6-24　归安之前进行预安装

五、砌体

1. 台明修缮

大雄宝殿的台基高1.43米,台帮为21层条砖淌白顺砌,周檐台明上铺砌青石压檐石一层;其余八座建筑的后墙、山墙直接在地基上砌墙,前檐及两山的廊部用条砖三至五皮砌成,其上施压沿石扎边。

修缮前各殿的压沿石残缺严重,仅残留的几块也缺棱掉角断裂为数段。为此,在整修了条砖砌体的基础上,按设计要求对各殿压檐石全部进行了重新补配归安。

大雄宝殿的台明修缮分重砌、择砌及剔补条砖三种情况。后檐台明整体凹陷,在重做后檐墙基、柱基础的同时,拆卸了台明,重做了基础,但是各分步基础均为独立砌成。具体的做法是由自然地坪下挖1

・图6-25　对原残吻脊块进行修复

· 图6-26　剔除原酥碱条砖

· 图6-27　依原条砖规格尺度镶补

米，宽70厘米成为基槽，槽内由下而上依次为原土夯实、三七灰土人工夯实三步、片石白灰砂浆砌至地坪以下10厘米后再砌条砖。前檐东南角、西南角的台明因条砖严重酥碱局部外鼓，进行了择砌。转角部位收分线（8#铅丝）与皮数杆、靠尺等垂吊架设及操作方法同常规，盘角方正，收分准确。其砖规格、砌体厚度、立面收分、灰缝、背里等严格依原制，相关要求见下文檐墙择砌说明。对其余部位严重酥碱的条砖进行逐块剔补，要将剔除的碎砖用自制钢铲彻底清理干净，用喷壶浇水洇湿，再行镶补（图6-26～28）。考虑到新砌白灰的硬度与相邻旧灰相比有一个初凝收缩的系数差，在灰浆中掺入了适量的细沙，以提高其硬度。另外，新配的条砖为了符合灰缝要求进行了砍磨加工（图6-29）。

· 图6-28　剔补后的台明条砖

2. 檐墙修缮

檐墙按修缮项目分槛墙、大墙、墙肩、外壁红灰、内壁青灰等五部分。其修缮技术按各部位的实际保存状况分重砌、择砌、补砌、剔补、补砌五种情况。

（1）重砌槛墙：依据设计的同时，参考大雄宝殿前檐廊心槛墙的做法对各殿前檐次（梢）间槛窗下的槛墙全部重砌。形制为淌白丝缝条砖双面清水墙，其高度是按相邻隔扇抹头位置确定（槛窗榥条下边与隔扇心屉仔边取平）。

（2）重砌檐墙：重砌檐墙的建筑有东配殿、观音殿、地藏殿、慈氏殿、七佛殿及大雄宝殿后檐墙

· 图6-29　剔补条砖的砍磨加工

体。檐墙砌筑墙身下部补配了条砖，将原土坯进行逐块拣选后，使用于墙体上部。砌筑用灰浆为掺灰泥。檐墙的厚度、里外包金尺寸、内外壁面收分、墙头与前后柱头斗拱的出跳拱昂后尾处的双弧面处理、墙肩斜面收顶的尺寸、每根檐柱部位在墙内的通风道及通风口的处理等严格按设计要求进行。

（3）择砌：墙体局部空鼓、下坠的部分及开挖柱门后需要封堵的墙体都属于择砌的范围。原则上在拆卸时尽量保留墙角。择砌拆卸砖茬应拆成台阶状（图6-30），背里部分的松动碎砖均拆至稳定部分。择砌时每皮条砖是顺砌还是丁砌以及砖规格一定要按照拆卸前的做法。接茬两端的旧砖要将残灰彻底清除并且浇水洇湿，为了防止新旧砌体不均匀沉降发生墙身裂缝，在各层旧砖缝内嵌入长20～25厘米、厚2～3毫米、宽1.5厘米的铁片各三枚（图6-31）。

（4）补砌：在东配殿与观音殿前檐廊心墙施工中，拆卸后人新增砌体后，发现了由山柱向前存在一段原墙的断茬，经分析认为是原有廊心墙，会同相关部门商定后给予了复原。复原后的两山墙前端砌至前檐檐柱内侧面，收头形状参考大雄宝殿前檐廊心墙作八字形。

（5）剔补：先用凿子将需修复条砖的酥碱部分凿掉，凿去的面积应是单个整砖的整数倍，凿的深度以见到好砖为止，对剔补的部分提前拿水洇湿，然后按原墙体的条砖规格进行加工，砍磨后照原墙体的形制、做法重新补砌好，背里灰浆要严实。

3.抹灰工程

外墙抹灰之前，首先是将原有泥皮铲除干净，用清水洇湿墙面（图6-32），在墙上钉竹钉（图6-33）、披麻揪（图6-34）、抹底泥（图6-35），待干至六成时，抹压红灰面泥。抹灰时在转角处要置平板靠尺，在弧形墙肩位置需按斗拱轮廓做出内弧形的样板并放线后再行抹面。内墙面抹灰工艺及材料基本同上，但将底层泥中的麦糠改为麻刀、压面泥中不掺铁红改掺少量黑烟子。

底泥材料的配比为：黄土65：白灰30：中砂

·图6-30　后檐墙体的拆除

·图6-31　砌筑后的墙体

·图6-32　内壁抹压之前清水洇湿

· 图6-33　竹钉的制作

· 图6-34　条砖缝隙间钉并于竹钉上披设线麻

10：麦糠4（重量比）。

面泥材料配比为：煮浆灰100：黄土20：细砂3：麻刀3.5：氧化铁红5~7（重量比）。

六、地面

此次修缮中对大雄宝殿殿内地面残损严重和短缺的方砖进行了查补（图6-36）、勾抿。对其他建筑依据设计方案进行方砖工字缝细墁，其工艺及要求如下：

拆卸现在的地面后，清理垫层。殿内地面上平按照前檐柱础的础盘上皮为相对高程下挖30厘米。由下而上依次为原土夯实厚5厘米、三七灰土夯实一步厚10厘米制成垫层，掺灰泥一层厚3厘米坐底，用青灰铺墁方砖。

对新烧制的方砖进行砍磨加工，砍出四面"包灰"。方砖预摆，复合每趟方砖的块数及其与相邻砖块的灰缝是否存在"游丁走缝"的问题；检查地面高程和平整程度；使殿心及门口附近全为整砖，将"破头"找于两山墙与后檐墙下脚。

预摆无误后，青灰墁地。对每块方砖用橡皮锤捣实、砖缝间灰浆严实。要求所墁地面趟行直顺，地面平整，砖缝保持在2~3毫米之间。

· 图6-35　掺灰泥的抹压（将线麻揪起并扇面形铺压）

· 图6-36　方砖地面的查补

七、装修

在修缮中于柱身侧面发现了原装修的一些榫卯及构件遗存,依据所获信息对原设计进行了补充、完善,如大雄宝殿后檐明间的板门,根据原门枕石,在门侧的设置了余塞板、调整了身口板的厚度。装修制安中的一些注意事项包括:

(1)木材的烘干:装修制作用料除了对材质木节等要求以外,最重要的是要对材料进行烘干。按槛框、大边的厚度将圆木截成板材后,首先是放入烘干窑进行烘干,然后将板材用木条分层隔承置于向阳面进行自然干燥。鉴于此,装修用料需要提前购置,保证自然干燥期(夏季)达到3~4个月,只有这样才能避免制安后的装修发生走形、开裂的问题,从而达到开关自如的效果。

(2)对木材的要求:在边挺、棂条任何一面或任何150毫米长度内,所有木节尺寸的总和不得大于所在构件宽度或所在断面的2/3,且每个木节的最大直径不应大于构件断面的1/4。

(3)构件榫接做法:下槛、中槛两端做倒退榫,外檐下槛做抱肩,内檐下槛做溜销,中槛上下口按要求起线。门头板拼缝落银锭。隔扇、槛窗的边挺与抹头交角做大割角双榫实肩,大边与中抹交角为人字双榫蛤蟆肩。门窗边抹的肩角必须严密,木契的宽略小于卯眼宽度,不得用母榫或者闷头榫。外檐棂条应为盖面,内檐棂条应为凹面,仔边里口做窝角线。棂条榫卯丁字交接处做飘肩半榫,搭接处做马蜂腰。

板门拼缝为平口缝,穿带严紧适度,不得崩楞。边框、大边与抹头、仔边的制安中应对审角分次复合,保证盘角方正无误。

八、壁画、彩绘

此次对香严寺保护修缮所涉及的梁枋彩绘总计1147.76平方米、拱眼壁画及山花象眼的壁画总计78.73平方米。对这些附属文物的保护,按设计要求为建筑修缮过程中的防护保护(防碰撞、防风雨)和彩绘、壁画加固保护两个方面。

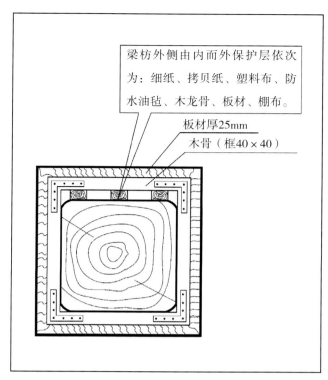

梁枋外侧由内而外保护层依次为:细纸、拷贝纸、塑料布、防水油毡、木龙骨、板材、棚布。

板材厚25mm

木骨(框40×40)

· 图6-37 梁枋彩绘保护示意图

1. 建筑修缮中对彩绘的保护

以梁枋彩绘保护为例(图6-37),其具体步骤是:

(1)用软刷(弹子)逐一清除构件表面浮尘。

(2)用一道细纸或熟宣,由构件底面顺两侧包裹至构件顶部素面处,用团粉浆糊粘合封闭,每段细纸叠压长度≥20厘米。

(3)覆裹一层拷贝纸,方法同上。

(4)在拷贝纸外侧包裹塑料布一层,同时用2厘米厚的柔性垫层(棉花、海绵)包裹,再外侧用一层防水油毡覆裹,接头部位选在梁背无彩画处,设木骨(条)压钉至牢。

(5)依梁栿断面作一矩形木框。做法是在梁伏背部(无彩绘部分),先钉一根水平木龙骨(断面50毫米×50毫米),由龙骨两端顺梁伏侧面用榫卯结构的方式挂设两侧龙骨,并与底部木框固结,矩形木框的间距为1~1.5米(遇有开榫或弧形构件所钉木框及板材均随弯就势钉设)。木框以外用厚30毫米的板材将梁伏全部封护。板材以外用防雨油毡两层包裹(图6-38)。

· 图6-38　对梁架彩绘的封护、保护

2. 彩绘污尘及起甲等加固保护

彩绘的保护修复，要在古建筑修缮结束之后进行专项实施。但为了保证修缮过程中避免对彩绘造成碰撞、擦蹭、大量工地灰尘污染以及对暴露在外的彩绘冲刷，就要在保护修缮工程的过程中采取一定的防护措施，具体如下：

（1）除尘与防护：使用吸尘器与软毛刷除去表面的灰尘和积累的土垢，再用海绵包裹有彩绘的木构件，外面用防雨布或塑料布包裹，谨防雨水渗淋。

（2）表面污染物的清洗：古建筑上的落尘浮土会渗入彩绘的皱纹和裂隙里，除尘时要用软毛刷配合吸尘器吸掉；使用吸尘器时，不要靠得太近，以免将彩绘色块吸掉。形成较厚结壳的结垢，先用机械法逐层剥离，再用棉签蘸取非离子表面活性剂清洗，随后用去离子水洗去残留在表面的活性剂。彩绘表面的较厚钙质结垢，使用非离子表面活性剂、AB 57（EDTA 二钠盐、碳酸氢铵混合液）进行清除。

（3）粘结加固：对于起翘、空臌、断裂的部位使用30%的聚乙烯醇缩丁醛乙醇溶液、15%的Paraloid B72的丙酮溶液或液态环氧树脂滴注、涂刷或灌注。

（4）木材基体防腐处理：选用德国雷马士公司生产的透明Aidol HK Lasur 户外木材专用漆涂刷两遍，使木材免于虫害、腐烂及霉变，因其无色，也不会使彩绘产生变色问题。

3. 拱眼壁画原位加固

（1）拍摄壁画现状图片，逐一记录残损情况。

（2）用浸湿后的毛巾轻轻软化画面上喷涂的白灰后，用自制的小木铲剥离白灰层，之后按200∶4∶3的比例配成胶矾水对画面进行封护。

（3）将后人堵塞的白灰清除，对画面上残存的鸟粪等各种污染杂物，用自制的小木铲尽量刮削，然后用10%的乙醇水溶液将污染部位浸湿后用湿棉球擦除残余泥迹、鸟粪等。

（4）对严重空鼓的壁画进行回贴加固。在空鼓部位的下脚（无颜色层、线条的部位）用手术刀水平切割出一个切口，然后用尖嘴式吹风机或高压气筒将壁画背部的积尘、积垢吹干净（图6-39），注射器灌注清水将地仗浸湿，然后用2%的聚乙烯醇缩丁醛乙醇溶液进行渗底（注：边缘部位进行多次灌注）。再注射10%的乙醇水溶液后进行回贴（画面上覆以脱脂棉、拷贝纸各一层），每次回贴的面积在10平方厘米左右。

（5）揭取局部近于跌落的壁画层至地仗后（注：彻底铲除松动的地仗），用注射器灌注清水将地仗层浸湿，然后用棉花、纸浆、细沙、骨胶、纯黄土、白灰拌和泥（图6-40），分两次抹压，壁画层背部的原地仗切割成菱形块，轻轻用油画刀铲除，待泥层六成干时，将画面层回贴（注：回贴时要垂直挤压）。

（6）对严重空鼓、开裂的壁画层进行泥钉锚固：在无颜色层、线条的空鼓部位用自制尖嘴钢铲在地仗层内钻孔。开孔后用尖嘴式吹风机将壁画背部的积尘、积垢吹拂干净，注射器灌注清水将地仗浸湿，用自制的泥钉将外壁与画面层锚固，面泥顺色作旧。

（7）边缘加固。铲除松动地仗，灌注清水将地仗浸湿，在素泥上钉入竹钉，然后披麻（线麻呈扇面形铺设）、找平泥层（线麻翻到找平泥层上），用棉花、纸浆、细沙、骨胶、纯黄土、白灰拌成泥补抹。

（8）空鼓、起甲回贴之后，用软毛刷、掸子对画面进行二次清尘。在画面表层遍喷一遍2%的聚乙烯醇缩丁醛的乙醇溶液进行表面封护。

（9）无论回贴注射加固，还是对残洞的加固，期间每道工序进行之前，都应对泥壁做清水渗透并将底层污垢清理干净，否则上下层泥壁会形成一个隔离层，影响到加固质量。另外，对大面积外露的土坯在抹压画面泥之前，要将其外侧松动和碎裂的土坯进行清除和替换，对于已完全没有颜色层及线

· 图6-39　壁画背部的积尘、积垢进行吹拂

· 图6-40　底泥的拌和

条的画面只进行随旧，不得随意添线着色，即保留壁画的原真性。

九、泥塑佛台

七佛殿上层殿内保存有明代的泥塑佛台、塑像。佛台立面用泥塑线道分成中央、两侧三个单元，每单元内泥塑仿木构线道、陡板，纵横线道交接方式形如隔扇中的抹头与边挺，由壁面外凸3.5厘米，其间空隙抹压成素面长方形陡板，其面积总计8.2平方米。由于屋顶坍塌，跌落下来的瓦件、椽望构件等将泥塑佛台严重砸损，其中两侧佛台立面的泥塑和地仗约60%已不存，土坯外露，中央泥塑线道部分残缺。另外，佛台平面莲花佛座周围的抹泥层大面积塌陷，瓦件、碎砖等散落其上（图6-41）。

· 图6-41 修缮前的东次间佛台现状

柳林香严寺——研究与修缮报告

　　此次修缮中，为了使泥塑佛台得到妥善的修葺，缺失的泥塑线道及陡板部分得到合理的复原，我们对其原风格、原材料配比、原结构方式、原外壁色泽等在现场比较分析的基础上进行了相关的补残、加固实验，实验过程及结论如下：

　　1. 原泥质材料的比例组成和结构方式分析

　　（1）泥层组成

　　佛台立面组成结构由内而外依次为：土坯砖（结构层）、麦秸泥打底（2厘米）、沙灰泥陡板（厚5毫米）、泥塑线道（外凸3.5厘米）。

　　（2）各层泥壁材料配比

　　麦秸泥材料的体积比为：黄土6：白灰4：细沙1：麦秸0.5。

　　沙灰泥陡板材料的体积比为：黄土4：白灰6：细沙2~3：麦糠0.5：棉绒0.3：麻刀0.3（图6-42）。

　　现场分析中发现在线道残段的背部留有少量钉眼，直径约为6~8毫米。

　　2. 实验材料与工具的准备

　　（1）材料：过筛后的纯黄土、细沙、水、纸浆（实验前提前一天用生宣泡制而成）、煮浆灰、砖面、麦糠、麦秸、头发、棉花、铁红、骨胶、明矾、

· 图6-42 对原泥质材料比例组成的分析

· 图6-43 材料的准备

麻刀、竹签（提前制作）、麻披、胶矾水及相关的作旧颜料（植物颜料）（图6-43）。

（2）工具：改造后的尖嘴气筒、天平、量杯、细筛（100目）、喷壶、大型容器3个、小型配色容器若干、剪刀1把、手术刀4把、腻子2把、线道木模、平尺板、水平尺、抹灰板、油画刀若干、油画铲若干、锤子1把、小楷毛笔2支、注射器若干、簸箕1个、扫帚1把以及油画刷3寸的2把、2寸的5把、1寸的3把，等等（图6-44）。

3. 实验步骤

选取佛台西侧一块高50厘米、宽90厘米的残损区作为实验范围（图6-45）。

（1）土坯上抹压地仗的方法

①用改造后的高压气筒将土坯缝隙内的残灰进行清除（图6-46）。

②用胶矾水对土坯的断岔、残段进行渗透性加固[注：胶矾水（水100：胶3：矾2）的温度需大于等于20℃]。

③土坯缝隙钉入竹钉（长6厘米），竹钉间距为10～13厘米（图6-47），然后披麻揪（注：竹钉排列时要上下错位，间距均匀）。

④用喷壶对土坯加水洇湿，对于相邻旧地仗的断茬用小刷子仔细洇到。

⑤由下而上抹压麦秸粗泥找平层后，将麻翻起呈扇面形披于泥层上（图6-48）（注：泥要用劲抹压，把土坯的缝隙塞牢）。

· 图6-44　工具的准备

· 图6-45　实验前的佛台立面

· 图6-46　残灰的清除

· 图6-47　钉设竹签

⑥底泥稍干时抹压麦秸掺灰泥（掺入适量麻刀与棉绒）地仗，抹压时与相邻旧残段一定做到有效的衔接（注：待稍干时用靠尺检查平整度，并及时处理）。

⑦待掺灰泥六成干时（泥壁出现微细裂缝）抹画面泥，抹泥时要做到轻拍出浆压光（图6-49）。面泥成份为黄土5：白灰5：纸浆0.3：黑烟子0.2：麻刀0.3：棉绒0.3：麦糠0.5：胶矾水1，适量头发。

（2）泥塑线道制作的三种实验

实验一：泥模分段粘接法

①用细黄土5：白灰5：细沙1：水3：白矾0.2：骨胶0.3：麻刀0.3：棉绒0.3：麦糠0.5：纸浆3：铁红0.2（材料比例为体积比）等多种材料调和成线道泥。将泥放入按照线道断面规格自制的木模中，压抹严实后，搁置在背阴处晾干。

②待12个小时后（模块干至六成时），将模块取出后在背面满涂骨胶水；于画面层线道位置按模块的长度钉入竹钉、横向披麻揪，涂抹胶水后将模块进行粘接（图6-50）。

用以上方法制成的线道泥塑，一是横竖行线道为分段制成，结构脱节，还需第二次修补；二是线道与地仗层需要用胶粘，两层泥壁不能融为一体，时间一长可能出现局部脱落的问题。

实验二：手工修补成形法

①在残缺的线道位置钉设竹签（竹签直径1厘米、长6厘米，间距10～12厘米），于竹签的头部拴系麻披，将麻披成网状（图6-51）。

②按相邻两侧线道为标准在地仗上弹出墨线，于墨线下支顶平尺板，将调制好的灰浆按要求抹压出线道的雏形（图6-52）。

③待灰浆干至六成，拆卸模板，用油画刀、油画铲等工具修整成型（图6-53）。

这种方法虽然作到了线道与地仗的有效衔接，但由于是手工分段修整，使线道立面发生了凸出凹进的不均匀波浪曲线，不符合原制，而且费工费时。

实验三：模具一次性成形法

①依纵横两种线道的断面规格尺度在硬木上刻出线道模型两个，长度分别为10厘米、20厘米（制成后

·图6-48　抹压找平层

·图6-49　掺入棉绒

·图6-50　模块的粘接

· 图6-51　将线麻披成网状

· 图6-52　线道雏形的抹压

· 图6-53　手工修补线道

· 图6-54　实验后的佛台立面

的模具用桐油进行浸泡，可利于泥浆脱模，是否不利于表面上色）。

②依照原制在相应地仗的位置钉设竹签（竹签直径1厘米、长6厘米，间距10～12厘米），竹签的头部凸出壁面1厘米，然后顺水平方向在竹签上披设线麻。

③支好靠尺后，将调制好的泥浆一次压抹到线道位置（材料配比与第一种方法一致），待泥六成干时，用模具进行成型。横竖线道交接处用手术刀修割成"人字蛤蟆肩"的仿木立面风格。

（3）佛台泥塑线道的实验结论与修补加固方法（含佛台台面）

通过对以上三种实验方法的比较，认为第三种方法不仅易操作而且能够与原风格取得一致，泥层结构牢固。因此，在对佛台泥塑线道的修补加固工程中采用了第三种实验方法。由于线道泥较厚，经过干燥水分蒸发后，线道泥必然会出现了少量细微的裂纹，这时可用骨胶水、过筛细土调制的泥糊对裂纹进行涂刷。另外，在抹压线道泥时也要用骨胶水进行渗底加固，这样更利于上下泥层的衔接。

明间保存尚好的佛台陡板的外观色泽是浅绿色、线道的外观色泽基本为橘红色。经过自然风化后现状斑驳、色泽发淡。据此，修补后的佛台立面也用相应的植物颜料进行了顺色作旧，使其立面色泽基本一致（图6-54）。

佛台上七尊佛像的泥塑莲花佛座之间，有碎砖、污土、瓦砾堆积，仅在其边缘保留有宽30～40厘米的压面泥层。施工中清除了碎砖、污土、瓦砾后，对台面由下而上进行了素泥、掺灰泥、青灰麻刀泥的分层抹压，之后按边缘残存的土青色泽顺色作旧。

通过上述方法实施，使这座明代的泥塑佛台得到了妥善、合理的修补加固，取得了预期效果。

十、木构件油饰

香严寺各殿上架大木油饰仅对嵌补后的新添木条做顺色作旧，椽、望、博缝、悬鱼等新添木构件为土朱色单皮灰油饰。下架檐柱依据柱身风化、劈裂现状进行了传统四道灰桐油钻生并作旧。檐部装修此次修缮多为重新制安，为了木构件的防腐和防风化，采用了四道灰油饰。

柱身作旧色泽应与原作及阑额普柏枋取得协调，装修色泽较柱身色泽略浅一些。部分柱头的阑额与普柏枋及外檐斗栱的立面存在部分原有彩绘及残色等，为了保留这种历史信息，此次修缮拔除了构件上残留的钉子，清除了党校占用期间张贴的各种纸张、喷涂的白灰及各种积垢灰尘后，对裂缝予以嵌补。最后用2%的paraloid B72溶液进行加固封护。檐柱、金柱、装修及部分阑额与普柏枋的泊饰工艺如下：

1. 材料准备

（1）血料发酵：利用鲜猪血、生石灰粉加清水使其发酵。将血块和血浆分开，然后在血块内放入刨花或稻草，用两手揉搓，边揉边搓，使血块成为血浆（图6-55），再用筛子将血浆过滤，将残渣全部去掉。血料发酵的用料配比（重量比）为：鲜猪血：清水：石灰粉 = 40：15：1。

按比例将材料称好，清水分两次倒入猪血内，白灰分三次倒入，随时观察颜色。一次倒入白灰，猪血呈鲜红色（图6-56）；二次倒入白灰呈紫红色；白灰全部加入呈黑紫色，稠度逐渐增加。不断搅拌，大约45分钟就开始发酵，即停止搅拌，放置3~4小时即好。温度控制在20~25度较为适宜（夏季可少加些石灰，冬季可多加些石灰）。

（2）熬油：熟桐油分两种，一是做地仗用的灰油；一是涂刷表层用的光油。灰油熬制方法：先将土籽面和樟丹粉按比例（重量比为生桐油100、土籽面7、樟丹粉4）放入锅内，炒干，再放入生桐油（图6-57），随熬随搅随扬，使烟放出，待表面略呈灰褐色，温度升高到180℃~200℃时，试将油滴入冷水中，油珠不散，并立即下沉水底，应马上撤火出锅（图6-58）。

（3）汁浆配制：把熬好的桐油倒入用白灰水和白面兑成的汁内（图6-59），再用力搅匀（图6-60），然后加入血料搅成汁，即汁浆（重量配合比为灰油1：血料5：清水10）。

（4）筛分砖灰：砖灰是做地仗的主要填充料，用碎砖自行捣碎研磨，按粒径进行筛分。一般分为粗灰、中灰、细灰，粗灰中又分冷籽、大籽、中籽、小籽、余籽五种，这主要是根据木结构的缝隙大小和表

· 图6-55　用锯木刨花将猪血揉搓

· 图6-56　材料准备：土籽、樟丹、白灰水、桐油、猪血

柳林香严寺——研究与修缮报告

・图6-57　土籽放入锅里炒干后，倒入桐油

・图6-58　桐油的熬制

・图6-59　桐油出锅时倒至已备好的石灰水中

・图6-60　桐油与白灰水、白面汁进行搅拌

面破损程度选用。在使用时对不同粒径的砖灰要进行级配，以增加其密实度。

　　2. 柱子的油饰操作

　　（1）砍净挠白：先用自制钢铲、小刀及钢刷将大型裂缝的朽木进行剔除，再用吹风机等工具对裂缝中残留的朽木渣进行清理，然后用清水将柱身进行二次清洗，清理干净后嵌补硬木条，用粗沙布对柱身进行打磨处理，使柱身表呈粗糙的茸状。

　　（2）刷汁浆：用油浆搅拌均匀在柱子上通刷一遍。

　　（3）捉缝灰：油浆干后，用腻子刀向缝隙内抹灰，填实刮平（图6-61）。

・图6-61　捉缝灰

· 图6-62　东配殿地杖工程完成

捉缝灰的重量配比是：血料∶灰油∶粗灰∶细灰
=1∶1∶1.05∶0.45。

（4）磨捉缝灰：待捉缝灰干后，用瓦片或是砖块在捉缝灰上来回摩擦，使灰表面都出现新茬。

（5）中灰：在捉缝灰上再通抹一道粒径更小些的灰，厚度2～3毫米，找圆、戈平，干后打磨、扫净，然后刷汁浆。

中灰的重量配合比是：血料∶灰油∶中灰∶细灰=1.8∶1∶0.64∶2.56。

（6）细灰：细灰是最后成型的关键性工序。只用灰油、土子粉和细砖灰调制而成。由上到下通抹一道细灰，并用皮子溜到光平圆直。再用细砂纸打磨（要随磨随用靠尺检查），平整度达到后马上钻生桐油一道，完成地仗工程（图6-62）。

（7）表层涂刷：地仗做完后，进行表面涂饰。将熟桐油加入铁红粉、黑烟子调成深土朱色后，在柱

· 图6-63　檐柱作旧

子表层涂刷三道。并按调试好的檐（廊）柱、金柱、装修及阑额与普柏枋四种既协调又有所区别的色调、色泽进行作旧（图6-63）。

第四节　保护修缮工程组织管理

香严寺保护修缮工程按照设计要求，在预定的时间内完成了工作任务，达到了修缮保护目标。分析总结这一保护工程，其组织与管理是保障工程质量的主要因素之一。

一、工程组织管理机构

柳林县人民政府高度重视香严寺保护修缮工作，2003年专门成立了香严寺保护修缮工程领导组负责工程各方面的管理工作和协调工作。领导组下设办公室负责工程修缮管理，选定有经验的设计、施工、监理单位，各司其职。与此同时，国家、省、县文物行政主管部门加强监督管理，构成了全方位的文物建筑保护修缮工程质量监控系统，工程监理、工程质量监督单位的全程介入，使修缮工程无论是管理方面还是工程技术方面不断趋于规范化、科学化。

1. 保护工程行政管理部门

国家：国家文物局

省级：山西省文物局

地方：柳林县文物旅游局

2. 保护修缮工程实施相关单位

业主单位：柳林县香严寺保护修缮工程办公室

设计单位：山西省古建筑保护研究所

施工单位：山西省古建筑保护工程有限公司

监理单位：山西为公建设监理有限公司

质量监督单位：山西省古建筑质量监督站

二、工程质量保证措施

1. 坚持"四明确、四订立"的原则

明确文物安全防护要求；明确文物保护技术方案；明确保护对象、工程项目与范围；明确分部、分项工程具体工艺的操作方法。

订立工程进度与组织管理计划；订立专项工程做法与技术操作细则；订立工程内在质量与外在观感质量目标；订立事先技术交底，事中定期巡查，事后总结验收制度。

2. 制定"八项"工程管理制度

（1）建立工程管理规范制度。按照《文物保护工程管理办法》规定，严格保护规划、勘察设计、施工、监理及验收等环节的审批管理。特别是明确了施工实际与设计方案有差异时，施工单位不能擅自自作主张，更不能让一线的工人处置，应将发现的情况及时报业主、监理、设计单位。

（2）建立工程例会制度。每月定期召开工程例会，相关单位通报工程实施情况和遇到的问题，加强沟通，保障工程实施顺畅。

（3）方案设计跟踪制度。委派原主要设计人员常驻工地对工程进行跟踪服务与指导，对工程中发现的相关信息进行研究分析，加强了对原设计的细化、优化，否定原设计中存在的不合理因素，并使之不断深化、完善；如基础的加固、墙内原装修的遗存、屋顶基层、槫檩背部保存情况与加固方法、墙体背里、木构榫卯等方面做到了边施工、边研究、边处理。

（4）施工技术交底与培训制度。开工前，由业主单位组织设计、施工、监理、监督单位开展的图纸会审及技术交底。对修缮范围和修缮对象进行确认，对重要部位、重要构件的修缮技术进一步明确。同时集中对技术人员进行培训，提高一线人员的保护意识、工序意识、质量意识。

（5）工程监理制度。监理单位开工前编制监理大纲、竣工前出具监理报告。严格按照批准的设计文件，在工程实施中真正发挥"三大控制"、"两大管理"、"一个协调"的作用，有效防止修缮行为的随意性和盲目性。工程维修使用材料、砖瓦构件等由专业检测机构进行试验检测，监理单位监理员要参与现场见证取样，确保检测材料数据的真实性。

（6）质量监督制度。山西省古建筑质量监督站，按照制订的质量监督管理办法对质量进行全过程的监督管理。参与图纸会审、基础加固、大木构架调整、屋面瓮瓦等分项工程的工序验收，确保工程质量的事先、事中控制。

（7）进度款拨付审核制度。对工程款的拨付，推行了由施工单位申报、监理单位审核、业主单位工地代表确认、业主单位法人审查的"三方"审查制度，有效加强了对专项经费监管。

（8）工程档案资料收集制度。明确要对施工过程中各工序进行全面记录，建立工序资料档案，为今后深入开展文物保护和学术研究积累第一手资料。

三、工程特色

（1）香严寺保护修缮工程的特点是充分运用传统的古建修缮方法进行修缮加固。具体方法基本依据山西省古建筑保护研究所多年来具有成功借鉴项目的技术，聘请了实践经验丰富的匠师、艺人现场指导，如木构材料的传统烘干法、柱、额大木传统的桐油钻生法、琉璃构件的拓模补配烧制法、各种铁活的手工打制法等。

（2）加强了对文物的认识，努力提高施工队伍的素质。工程前期对各殿的构造特征、原状、工艺手法、附属的各类文物及其做法与残损情况等进行了逐一的摄像记录、编号统计、分析研究，并在工程中加大了保护力度。依据施工中的相关发现会同原设计人员对设计方案进行了深化完善。使"文物原状"得到了确实保护，文物构件得到了合理加固。

四、总结

文物古建的修缮保护工作是一项综合性的、多元化的科研项目，集复原、加固、设计、规划、对文物价值的认识、保护方法的选择、各种材料的选择、原工艺结构的分析研究为一体。它不能等同于一般建筑的修建和重建，因此，边研究、边分析、边施工是文物古建保护修缮的一个重要特点。其中许多隐蔽的做法、原物和后人附加、甚至改造的部分、构件的隐残等随着工程的进度逐渐反映出来，如何对待它们，如何使文物的"原状"得到更为妥善的保护，以及如何对待后人补强加固的部分都应在古建专家的指导下，经过监理、监督、设计部门的会审，制定出相应的保护方案后，方可予以实施。同时还应尊重社会各界的意见并尽可能地对相关问题达成共识。

附　录

修缮前的天王殿南立面

修缮后的天王殿南立面

修缮前的天王殿北立面

修缮后的天王殿北立面

修缮前的大雄宝殿

修缮后的大雄宝殿

修缮前的东配殿

修缮后的东配殿

修缮前的观音殿正立面

修缮后的观音殿

修缮前的地藏十王殿

修缮后的地藏十王殿

修缮前的慈氏殿

修缮后的慈氏殿

藏经殿修缮前的立面

修缮后的藏经殿

崇宁殿修缮前的立面

修缮后的崇宁殿

七佛殿修缮前的立面

修缮后的七佛殿

修缮前的钟楼 修缮后的钟楼

修缮前的鼓楼 修缮后的鼓楼

柳林香严寺——研究与修缮报告

无名碑一

伏以严陈圣像，必假钱财，非钱焉可得成。祭奠□多，须凭供具，非供具将何献圣，今者床已修，工价全无，本院宗宿门梨晋□安戒师并合院僧□，诱化檀那，同成胜善，共结妙缘者，信士讳目，颁名于后。

百泉村维那前務官吴仲贤、宁□县栽维那维那，扬拙谷村维那，杨智、杨孟、杨春，乡老杨□，都□□□前石州、□州、康□□男，古田村维那，百泉□□□汝□，社长贺□□、李男、宋张邦彦、张甫，社长刘济、刘进、张安 强宁杨伯川、杨子钦、杨仲□、杨仲□、杨□□，前務官康□孙男、康仲□，孟门县官民官兼诸军□ ，乡老刘克溪、刘□钦、刘□智、刘□、刘，社长张□□、□仲祥、张均、张钦、张□□□ 、杨伯英、房□□、仲□□，副□德至前孟门，主薄刘鼎男、□□西京大同，□尉陈仲民男、刘□□、刘□、刘□郝仲和□□□□，提控刘仲□□□□ □宽、□民、李春、强子文、张宁、刘珦、孙刘思义、刘敬、刘应、刘演、陈伯恭、孙男见充，提控高□祥、高□良大大、弟张彦才、提仲贤张琼□、淮仲良、薛村维那，社长赵仲和提控刘全□、刘子之□□、重孙添村□回□宋彩，太原路官写□，提领陈郁，下□村维那，张彦子、张彦和里正刘□□、□贤庞，乡老王或商子政、南子良、高仲禄、刘□□、□□都维那，孟门前正李资本县前，前孟门務官陈仲安男见授，里正李仲安、里正张□、王□仲、王 戳逯仲□，刘大、刘让、张钦、邢先生、刘伯通、高王男、高坚□，務官李□孙、李福亨福受，延安路四关巡检使孙陈□、高子温、刘仲和王□、张山、刘□□□，提控宋□良、孙清仲祥，南郭下维那，里正冯□、冯□正、张子□□、张子□，方山務官□□□、孙李仲□ ， 延安路阴阳，提领杨□男、杨彦和张子信、杨彦才、杨彦□、杨彦温义、曹仲祥、张王刘宽，□胡英、胡仲元、刘福□汝舟□□□、李思□□□，个官正面供□维那，前務官、前孟门权县康鼎男、康□□、康□□、刘仲祥、王福雷均□、张□□、张□□□、刘□、王清、赵清、高受社长、高山郝仲才、□伯、王□、胡伯远、高□男，乡老高和县高胤，铁匠提控刘仲禄、刘仲□、薛仲成、闫邦□、刘仲□、闫汝梅、刘仲才、刘□□、刘伯英翟，里正□元马、元□村维那，社长张□□、□张□□、张伯□、张伯才，務官高汝□男、高义、高温、高彦，乡老贺满、贺□、贺仲信、陈仲贤、刘□□、王仲民、王□、闫□□□、□仲 良□马子□、刘汝梅泉□□维那，□□□□□□□□仲、□贺□和高汝训男、高良、高汝舟男、高恭、薛文拣、里正董仲才、董□□子温，屈仲、王□□、□□伯□□进男、张文秀、庞仲成、庞颜、□仲贵□□、贺□、贺仲良

□□□□□□□□门维那，百户屈□琮、故父前孟门□□，毛子温、毛子良、毛子恭、毛忠仁、毛彦子，社长杨彦文、王文义路□、王惟整、王汝抹，南□村维那，里正高子才、高贺、高仁、张□□、高进、王仲和、屈来兄、屈仲宝□男、屈伯□、毛朗□，正南海南聚、薛宽、薛仲民，散乐提控康嘉和天生俏康宣□，杜仲信、张仲美、毛中威、高琮、高广、贺仲、温□□□□马琮、□□□维那，白泉村社长高仲文、薛仲贺，百户刘□美、刘仲贤、刘仲贵，□村维那，南社王□男、王济、王子寔、王仲禄孙、王子良、邢彦才、马先生，长谷村维那，□□、张□、张□□□□□、高仲义、陈□、陈子威、陈子良、张宽，里正贾庆全、贾庆福、王淮、□仲□，上力田村局长，□堡村维那，□它刘玉，里正王伯均、□□、郭□、高智、高能、高稳孙、高仁善、张子受孙宽、姚晖、张子安、赵□，社长王□、董良□□、贾庆□□□、毛晖、毛□、张子钦，里正焦如舟，文水清泉村□□□，□□副维那干谷村高柔弟、高□、孙林、陈仲元、陈子元、刘洛川、高庆，大夫□仲福、□禄□之才、贾□瑞，厨王□ 长□村维那、□秀张宝、□彦文、李□□□、高子政、高子颜、高五男骠□、宋宝、宋子英、贺玉、贺来、贺福、宋子明，里正正如梅贾□政，王家源里正王子颜李琭、里正□仲文岚州、□□□、高君、高坚，石州孟门务大使孙让，孟门副使□□攒典、张文广□□维那张荣，石州教方，太原路石州孟门县巡险王，司吏刘温人、吏张恭玉，□□□提控剑思义、贺遂村盐官贺伯元里里正薛思珏、□□□施主陈□男陈□。

　　皆大德二年岁次戊戌壬戌月十日，本院主持傅氏□戒师隻溪老人福安立石，石匠本村贺仲信弟、贺伯祥、□里和贺仲□。

重修香严院碑记 本境苏全撰 贺思义书

盖闻上古者统系以来处有古刹。大教法王之殿巍巍，山影永永，松柏常青，阶基之下龙水周绕此者

郭才

佛景丰荣之地，今当年有本境清龙镇善人高增等，遇见原称寺名香严院阁则寺。为因年深，时逢□雨淋漏、檀木朽坏、琉璃宝□少缺无存，墙壁损塌、佛像光稀。是增等谨发虔诚，拜请本寺院主住持僧觉缘，共意谨舍财帛，本寺设斋礼请坛那善众同结良缘，各施木料、米、麦、钱财，投烦良工巧匠倩辏人力，日昼不悉，□载之间寺貌重修鲜完辇玉从新尽可美矣，今故立名，列名于后□禅僧正永

本寺修造僧觉缘门人 性谭 性阐

同修糺首 郭才 男 郭冲 郭大智 郭大□ 郭大旺

扶梁人故父 高巨轻　高增 男 高大旺 高大全 高南寺

　　　　高福 男 高大仓 高大成

　　　　高胜 男 高大谅 高大祥

　故兄 高林 男 高大禄

□大明宣德九年岁次甲寅九月仲秋吉日立石　本村石匠贺大吉　贺得□刊

香严院

　　闻玉亭郡西、黄流之东、青龙镇者，乃州巨藩也。地灵人杰，风俗清秀。北有古寺号曰香严，其胜地尤嘉，翠柏森森，据青流而悬悬如带。乡人择胜地建刹于此，自唐宋迄今世，革兴与废代有建。正殿巍巍，廊堂齐整，东有伽蓝殿，时深木朽，墙壁崩颓，无人修葺至今。景泰初，西雪山寺僧悟贤，俗姓李氏，乃河曲人也。自幼出家，斋戒严肃。南于玉亭云游，寺中随喜，殿相端严。回见伽蓝损坏，由是，悟贤苟乃发心诱请四远檀那，化施钱物，倩凑人工。于正殿西橛地下基，方五七丈许，于基中起建五檩四椽三间殿一座，正面塑崇宁真君，并立侍四尊，壁昼一十八位护伽蓝神，仍昼两壁圣贤大功。装塑光辉，灵威熠烨，燃玉齐整，壁昼鲜明，灿然心月，苟完苟美，护国护民。奇岁，比丘悟贤成千百□不朽之功，可谓有德之君子也。

老人 杜发谅 刘胜 杨大原

维大明天顺元年岁次丁丑三月甲辰十五日戊寅立

藏经记

香严寺讲经法主住持信公无疑临终遗嘱印取大藏宗经记

径[1]律论者扵我唐土尚无也，实在西域佛遗雷音。存者见而获福，□者闻而生天。若无诚者，此法尚不得矣。于大唐贞观年间，有玄奘法师向西数十年，十生九死，以白马等荷屓而来，安扵长安大慈恩寺后，与罗什等译出其文，吾教大兴矣。今于我朝大明，教之胜扵前代也。今玉亭郡南六十里许，有刹曰香严寺。住持曰道信，乃本州薛氏□族也。幼而出尘，□而戒德。学穷三藏，教演一乘。思大径[2]以难逢，备金资而印取。欲往金陵，□然带疾。呜呼！知命尽矣。嘱弟道法、善士高普通、门徒兴达："吾示寂已有予银三百两许，印造其经满，余存日之愿乎！"师扵弘治十二年七月二十一日，香汤自□，俨然化去。谨取是月十五日，积缁素人□□□千余，将师全身葬于本刹之右，有法不□其嘱，遂与师兄道澄道□兴锐高敬宗不惮其劳，前往南京，不年载间，印取其经，运回本寺。命僧通□鸣□□□四龛琅函□□内而盛径丼而朱漆□事周圆，望满兄心。恐失其后磨□□□□□刊石永垂不朽耳。

弘治岁在乙丑年正月初八日□

本寺住持祖□□祖□金 真人 真安 真能 道□□□□□□□牲天本空性空独□□□东辉月辉天□南京送经□□□。

---

[1] [2]推测为误刻，应作"经"字。

香严寺重修石陵记

　　香严寺在州治青龙里，世传唐贞观中尉迟敬德奉命督造。盖地之灵宜作佛庐，且得势然也。北据高冈，南……民数千百人避兵斯寺，虏遥缩，弗敢薄其下，意佛力……且悍始竟付之吁叹。里中善士高公讳崩，偕妻刘……惧不起，里人私祷，且下泪。公忽作欲言状，喉舌格格然……世尊大破悭囊，施银陆拾余两为斋具，集诸寺僧付之，盖夫若妻勤俭……寺作不朽事，我辈为师弟子，敢不虔共廼事。复集里善人高晴杨道南等一百余人……门，於右建楼其上，其高且固，盖十倍於昔。是役也，公虽老病，每为斋……之力。且天若助顺，河若效灵，岁且献丰，不逾年而告成……将老且死，犹皇皇然敝精神坏心术以营家治富，一旦……右初未有……积之喜舍散之过诸寺者望而知有公则公当与寺……宫而因以知有殉也。余於公益重有感矣。寺之中……而营家治富者何也？众曰："然，请并记之。"公复有言曰："寺之左右地险而……"以望后人。

　　　　本寺募缘僧性存 祖宁 远琴
　　　　赐进士出身观兵部政高三重沐手撰记
　　　　庠廪生高象斗书丹
　　　　恩贡生高儒斗篆额
　　　　陕西绥德州乙卯科举人贾同春
　　　　宁乡县辛酉科举人刘三聘
　　　　永宁州戊午科举人王四维
　　　　宁乡县鸿胪寺序班王世鼎
　　　　西院藏主兼施财法僧宽云 宽理 宽雾 祖宣……
　　　　东院住持兼施财法僧性川 宽现 宽智 宽印……
　　　　旹大明崇祯二年岁次己巳七月既望

重修七佛殿罗汉殿碑记

　　香严寺，去州六十里许。背倚峰峦，□俯清流，殿在东隅焉。夫有唐迄今千余年，其间祠宋□隆茸，而七佛殿、罗汉殿仍故。释子与萍颜兹败坏□右详其事，寔远来具本白余□文，以地持云一昆婆尸、二尸业三昆舍浮四。西方有圣人荡乎！民嫌能名焉文中三秉法门者也，昔宋元年间女旱谷梦也，职是以推堪为人天福雨于真□则火能任者，而设达任之，尧□唐之私□滋□此殿。

　　丁卯科副康熙五年

重修地藏十王碑记 香严寺

粤闻舟山有藏壑泽，可恃庸讵，知有力者夜半负之走，而寐者不觉乎。苑道升沉随其业力，果报临头难容悍拒，离云大造冥□□□，倘所谓阎罗君邪？是邪宗洛阁者等。诸六合之外，存而不论释氏，则斋戒以言之，诡拜以奉之，遂使天下人留如诅盟保□□□束瓣香力。奔走于研福免罪之人，行尽如驰，而漠之能止，以故梵宇建必列冥祠。若塑若绘，土则较勘，下则诸孽苦等众，盖所以□□来为恶者之心，而使之知惧，以食生主云为恶无近刑其，亦兼幽明而言之。与吾石香严寺郡西大观傲作无稽，金大定间重修□□，犹有存焉者，大约为隋唐旧物也，规模肇举历千百年而不夷于瓦砾茂草焉，重修是赖。而重修之功与开创等何也。试观五台□□胜甲海内，卓锡开山，录与载笔，必历代重修，始克香火绵绵，水行者锦缆相续，陆走者笔与青骢，之络绎纵，运数波流，而山景如一□，岂非重修之力哉？唐王摩诘舍辋川为寺，若非重修有力，则摩诘虽传，而辋川之名亦湮没而不彰，故曰重修之功与开创等兹。寺口西两翼谷殿之重修者，更仆难数，而翼地藏殿以志，故将后显旃如和尚举之早入□岁而事，遂躐崙极和尚以重修自任，而重修□艰。其崙极，屏山赵氏子也，法名道栋，性憨直，丽衣枥食力田外无余务。悼前功之不竟 以齿牙节减誓矢合尖诸小怀大，沿门持钵，癯影热肠，几以性命相殉。阅再岁告竣，慈氏殿亦连及之。而两殿之金碧交映，噫嘻其志坚，其形若，真沙门之翘楚矣乎。盖沙门荤之贪货财也，甚于贪生，恶穷约也，甚于恶死。然香者断臂者，创寺起塔者，每敛十方之膏利，充一己之私囊。今崙极不私肥己，已加人一等，而更输生平苦辛之所蓄，诚可谓沙门翘楚。而大破悭囊者矣，法华云波罗蜜六，而檀第一之人也，檀波罗蜜者。卢阁大雄殿亦稍陵夷矣，今兹不葺行浸大坏，先贤不云乎。蚁穴不塞，将至溃堤。星星不灭，将至燎原，甚言夫微元不可不慎也，慎之□可不蚤也。

大清康熙三十四年元日一月吉日后学散人王运新撰 男 甘生书

重修关圣帝君碑记

尝读《横渠书》云：以王宰言谓之帝，以至妙言谓之神。乃知神为至灵，而帝为神宰，其帝之灵尤灵于神也欤。关夫子诞降汉末，浩气符乾，赤心贯日，□始逮终，冈遇普净。夫固生而神，神而帝者也。后之人新□称义，称文称武众。仅假陈寿之糟粕，万分中将一分以颂美之，是旨等况□精者询圆扣槃，问光扪烛，且唐宋来暨今，大清序传记赞□匾刊联锥，呕血拟肖而于荡荡之德，卒难罄所底蕴。神载灵载与赫，帝载毛锥生楮，显奴惧□也。兹香严寺为古石州□刹，敕建贞观，代兴补葺，阅镶珉颠，末如画马。东隅之偏有关帝君庙一所，始寺时即建之，厥设闻为重修，前明贾氏碑尚志。普云逮来历年已久，地之动、雷之震、风雨之飘飖，渐摧渐败，仰视屋上驹下瓦也，周览墙侧鼯穷墉也，榱栋流灰蠹作蛊也，息扃蒙垢蟵合丝也，法座金身之刹落，且时见蜴□附而鸟夜棲也。住持法清鼻酸其故，爰为默祷，乞灵冥相，不量修资 若何而胃然毁之，遂请纪首持缘化众。至村，村中民咸称善。至镇，镇檀越谷破悭囊，共结因果，期月内募金二百许。时盖壬申岁也，佛载上已竣。孟冬前此帝君武像也，易而九旒平顶，握笏垂绅，马平周地，立也。易而左右傍侍，各安台坐，马止老少，二丞相也。增而有青龙、白虎将军各一，马观其外，瓴脊高响，瓦缝也。合廊庑十揓间，金碧闪灼，葩彩耀人。入庙则圣容穆穆，两列有森严气，香火者晨暮临之，每寓目览，金阙在咫尺间矣。夫神者人之所敬也，圣事者人之所助也。然他之举必先募而后修，兹之修独先举而后募，而乃人心之齐也。若此成功之早也，若此其其故，或曰士广之处士，恭不敢居；或曰住持之诚，住持不敢居其功。而余用是尊而信之 以为帝之灵灵，载神于赫，维主宰之帝，载是为记。

陕西直隶绥德州米脂县辛酉科举人拣选知县张尔琇薰沐拜撰 东院经理僧法

大清乾隆二十年岁次乙亥十二月巳丑初三日壬寅告立

无名碑二

　　窃谓凡事因积以而弊生，亦以年远而多疑，故传曰无使滋蔓，蔓难图也。如我柳林镇香严寺巍巍然，坐伟观焉。盖来养资颇多，僧徒亦众，迨其后所有寺地俱系镇人作租，视为己产，不由住持作主。况乾隆年间僧人隆瑞买来本寺演祯老君观梁坡地十二，圹内有下积坪地八亩，被镇人杨育先租去，每年与寺出钱贰千文。去年僧人界宗因向杨纪德讨租不与，致相劣讼，视其契据内载余等先人名讳西姓，经理僧人法门叩祝不得已，而赵州绘图公起。蒙胡天断令与伊出工力钱肆拾千两 造遵断具结，自九月起讼至本年正月。又蒙胡天复镇谕令地归本寺，方得息案。余等复会纠首等，将东西两院产业一一稽查明白，择其地之肥硗而定其租课，睹其人之善良而立其租约。今后僧人得以留净地，而寺主亦得频相往来，勤补葺、谋修造、殿宇永为辉煌，神灵于焉，呵护三镇。蒙福慧之庇，四方来祷化之众，其谓僧人一旦志之力欤，抑寺主相助之力欤。而实则遭此仁明之青天，而为之作主之力也。夫郡勤上里书代办五甲柜书高而钦沐手绘图。

　　廪 膳 生 员 高景柴修撰并书

　　大清同治三年岁次甲子腊月上 铁笔孙大义刊

重修天王殿碑记

柳林镇之东北隅有香严寺焉，并自唐代迄今已千有余年，其节经补葺者，不知几几然。地震雷动，风雨飘飙。成者固易就败，补者难仍难常。新寺中正面其佛龛也，南为天王殿，殿之左右钟鼓二楼。殆补而复坏者，与迩年来惟天王殿□题堕落尾土堆地。非特无以女神灵，亦且无以壮观瞻也。纠首怒马忧之，同谋重修，奈工程浩大，为费亦钜，而寺无积款曷。克气办不得已，一面派人募化，一面将寺中柏树二株伐以变价，计共积钱七百有余缗，于宣统三年五月间集材鸠工冯冯登登不数月而厥之告竣。将见废者修，而缺者补，其辉煌壮丽固非前日之可比矣。余纠张君致祥欲不没其经理者，捐赀者报枝以襄□成者之功德，慨然愿输囊资，勒碑垂记因索序于余不揣简陋略述梗概以记之。

前充县议会□长县

大清宣统三年十二月初八日立

参考书目

[1]李九林主编，柳林县志[M]，北京：中国海潮出版社，1995.10.

[2] 清雍正版《山西通志》

[3] 清嘉庆十六年版《永宁州志》

[4] 清光绪版《永宁州志》

[5] 清乾隆版《汾州府志》

[6] 朱锦平主编，爱我吕梁[M]，山西：山西人民出版社，2006.

[7] 牛宁主编，文物保护工程监理报告选编[M]，北京：文物出版社，2008.10

[8] 文化部文物保护科研所主编，中国古建筑修缮技术[M]，北京：中国建筑工业出版社，1983.

[9] 梁来茂主编，吕梁风景名胜[M]，山西：山西人民出版社，2005.12

[10] 王立平主编，文物保护工程典型案例 第1辑[M]，北京：科学出版社，2005.

[11] 杨继平，香严寺砖雕艺术初考[J]，吕梁高等专科学校学报，2010.1.

[12] 展海强，浅谈柳林香严寺古建筑的文物价值及保护[J]，山西建筑，2006.11.

[13] 乔云飞，柳林香严寺及其保护初探[J]，科技情报开发与经济，2005.17.

[14] 香严寺研究课题组，香严禅院自唐来——全国四大香严寺考察报告[J]，吕梁高等专科学校学报，2010.3.

[15] 展海强，山西柳林香严寺保护与修缮初探[D]，太原理工大学研究生论文，2003.

[16] 王峰，山西中部宋金建筑地域特征分析——以经济、政治与文化等因素影响为主线[D]，太原理工大学研究生论文，2010.

[17] 张钦楠，中国古代建筑师[M]，北京：三联书店，2008.

[18] 李允，华夏意匠[M]，天津：天津大学出版社，2005.

[19] 梁思成，中国建筑史[M]，天津：百花文艺出版社，2005.

[20] 左丘明(春秋)著，蒋冀聘点校，左传[M]，长沙：岳麓书社，2006.

[21] 李吉甫(唐)撰，元和郡县图志[M]，北京：中华书局，2008.

[22] 顾祖禹(清)撰，贺次君，施和金點校，读史方舆纪要[M]，北京：中华书局，2010.

[23] 陈邦瞻(明)著，宋史纪事本末[M]，沈阳：辽海出版社，2011.

[24] 山西通史志研究院编委会，山西通史[M]，北京：中华书局出版社，1997年4月

[25] 傅熹年，中国科学技术史·建筑篇[M]，北京：科学出版社，2008.

[26] 山西省地质矿产局编，山西省区域地质志[M]，北京：地质出版社，19890

[27] 刘泽民，原崇信，梁志祥，张国祥，山西通史·宋辽金元卷[M]，山西：山西人民出版社，2001.

[28] 朱向东，赵青，王崇恩，宋金山西民间祭祀建筑[M]，北京：中国建材工业出版社，2012.

[29] 石四军主编，古建筑营造技术细部图解[M]，沈阳：辽宁科学技术出版社，2010.

[30] 殷亚方，罗彬，张之平等.晋东南古建筑木结构用材树种鉴定研究[J]，文物世界，2010.4.

[31] 潘谷西，何建中，《营造法式》解读[M]，南京：东南大学出版社，2005.

[32] 郭黛姮，论中国古代木构建筑的模数制[C]，建筑史论文集第五辑，北京：清华大学出版社，1981.

[33] 柴泽俊，柴泽俊古建筑文集[M]，北京：文物出版社，1999.

[34] 王贵祥，刘畅，段智钧，中国古代木构建筑比例与尺度研究[M]，北京：中国建筑工业出版社，2011.

[35] 梁思成，梁思成谈建筑[M]，北京：当代世界出版社，2006.

[36] 李会智，山西现存早期木结构建筑区域特征

浅探(上、中、下)[J]，文物世界，2004.2.

[37] 陈明达，中国古代木结构建筑技术 [M]，北京：文物出版社，1990.

[35] 罗哲文，罗哲文古建筑文集[M]，北京：文物出版社，1998.

[36] 傅熹年，傅熹年建筑史论文集[M]，北京：文物出版社，1998.

[37] 王其钧，华夏营造——中国古代建筑史[M]，北京：中国建筑工业出版社，2005.

[38] 中国科学院自然科学史研究所主编，中国古代建筑技术史[M]，北京：科学出版社，2000.

[39] 李玉明，山西古建筑通览[M]，山西：山西人民出版社，2001.

[40] 宿白，中国古建筑考古[M]，北京：文物出版社，2009.

[52] 李灿，《营造法式》中椽材间广屋深的模数初探[J]，古建园林技术，2005.1.

[53] 何建中，唐宋木结构建筑实例的基本尺度与《营造法式大木作研究》[J]，古建园林技术，2008.4.

[54] 潘谷西，《营造法式》初探(三)[J]，南京工学院学报，1985.1.

[55] 李大平，中国古代建筑举屋制度研究[J]，吉林艺术学院学报，2009.6.

[56] 郭黛姮，十世纪至十三世纪的中国佛教建筑[J]，文物，1994:71.

[57] 程民生，略论宋代的僧侣与佛教政策[J]，世界宗教研究，1986:4.

[58] 王万志，金代山西宗教文化简论 [J]，牡丹江大学学报，2009:5.

[59] 脱脱等，金史[M]，北京：中华书局，1975:216，530.

[60] 杨晓国，金元时期全真教在山西活动探索[J]，晋阳学刊，2004.4:22.

[61]（宋）李诫编修，营造法式(1-8册) [M]，北京：中国建筑工业出版社，2006.

[62]（宋）李诫编修，梁思成注释，《营造法式》注释[M]，北京：中国建筑工业出版社，1983.

[63] 陈明达，《营造法式》辞解[M]，天津市：天津大学出版社，2010.07.

[64] 陈明达，营造法式大木作研究 [M]，北京：文物出版社，1981

[65] 朱瑞熙等著，宋辽西夏金社会生活史[M]，北京：中国社会科学出版社，1998.

[66] 牟钟鉴，张践，中国宗教通史（上下 修订版）[M]，北京：中国社会科学出版社，2007.

[67] 马西沙，韩秉方著，中国民间宗教史[M]，上海：上海人民出版社，1992.12.

[68] 何建中，唐宋木结构建筑实例的基本尺度与《营造法式大木作研究》[J]，古建园林技术，2008.4.

[69]王文楚，古代交通地理丛考[M]，北京：中华书局，1996.

[70] 国家文物局，中国文物地图集·山西分册[M]，北京：中国地图出版社，2006.

后 记

柳林香严寺保护修缮工程是一处严格按照《文物保护工程管理办法》要求践行的文物保护修缮工程。从2002年开始调查、测绘、规划编制、方案设计等前期研究工作，到国家文物局批复同意修缮方案后，2003年保护修缮工程开工，再到2007年工程告竣，工程施工进行了五年。作为保护规划、修缮设计、工程施工的项目负责人，我亲历了此次文物保护工程的全过程，受益匪浅。2008年工程验收后，自己深感编写出版保护工程修缮报告的重要性，由于各种原因，书稿断断续续编写了五年，今日才得以完成，我似乎应该安心，至少其意义呈现了出来。然而修缮前资料留存的不足和修缮中科技检测手段应用的不够，显然这本书让我内心装了太多的遗憾。

编写、整理过程中，常常回想起当年工作的场景，想起与项目组同仁王春波、张藕莲、肖迎九、李海英同志和太原理工大学朱向东教授、王崇恩副教授等，大家白天爬梁架、测斗拱，量尺寸，晚上一起查阅资料和整理测稿，讨论文物现状病害的应对保护措施的情形。尤其记忆深刻的是工程施工中，李玉民、焦丹丹每天坚持与工人同吃同住，白天亲自示范一些传统工艺操作方法进行工程技术指导，晚上还要加班整理汇总施工资料，真可谓苦中有乐。在此，对他们为香严寺保护工程所付出的辛勤工作深表敬意和感谢。

在书稿即将付梓之际，感谢国家文物局、山西省文物局领导和同仁给予的大力支持，感谢张之平、吴锐、任毅敏、李会智、董养忠等专家在保护工程实施中给予的技术指导，感谢柳林县委、政府领导李润林、张亥生、王宁、庞鹏峰、武跃飞、贺国琳、李双会、刘建国、王琴、王秋英等以及文物同仁王震宇、王进军、王志成、肖丽萍、柳来卷、冯世平、刘国荣、高冀平、赵贵平等同志在保护修缮工程中给予的支持、帮助，最后感谢山西省古建筑保护研究所一直对此项目和我个人的支持和关心。

《柳林香严寺研究与修缮报告》一书在撰写过程中，根据内容需要，参考吸纳了国内外一些专家学者的精辟论点和实践成果，在此表示感谢！由于经验不足，水平有限，该书定然存在许多缺点错误，恳请方家批评指正。

著者

2013年6月于北京